モード誌と戦争

宇野千代が『スタイル』で描いた夢

和田博文

平凡社

藤田嗣治が『スタイル』の表紙を飾る

1936年６月に創刊された『スタイル』の表紙は、エコール・ド・パリを代表する画家の１人、藤田嗣治が描いている。左の図版は同年７月号の表紙を飾った藤田の絵。藤田は33年11月にマドレーヌ・ルクーを伴い日本に帰国していた。『スタイル』編集部はモダン都市の人的ネットワーク（本文16頁参照）を利用して、藤田に依頼したと思われる。シュールレアリスムが盛んになる20年代半ばのパリで、藤田と交流していた東郷青児は29年に宇野千代と同棲を始め、阿部金剛は同年に三宅艶子と結婚した。その７年後に宇野は『スタイル』の編集長に、阿部艶子は編集部の中核的なスタッフになっている。フランス語版や英語版のモード誌『ヴォーグ』を視野に入れながら、『スタイル』を船出させるときに、表紙の絵を藤田に依頼することは、最善の選択だったに違いない。

上段左より『スタイル』1936年6月号、8月号、9月号、10月号（以上、藤田嗣治）、下段左より11月号、12月号（以上、赤羽喜一）、1937年1月号、2月号（松井直樹）。( ) 内は表紙の絵の制作者

画像協力：世田谷文学館

スタイル社編集部のデスクに積まれた『ヴォーグ』

館真は「ヴォーグ・スタヂオ――パリスオプニング早見案内」(『スタイル』1938年11月）で、英語版『ヴォーグ』９月１日号の「パリス・オプニング」の特集を紹介している。スタイル社編集部のデスクには、『ヴォーグ』などの海外モード誌が積み重なっていた（本文130頁参照)。

(上)「スタイル」編集室の様子

(下）左より、フランス語版『ヴォーグ』1935年10月号、フランス語版『ヴォーグ』1939年２月号、英語版『ヴォーグ』1937年11月号

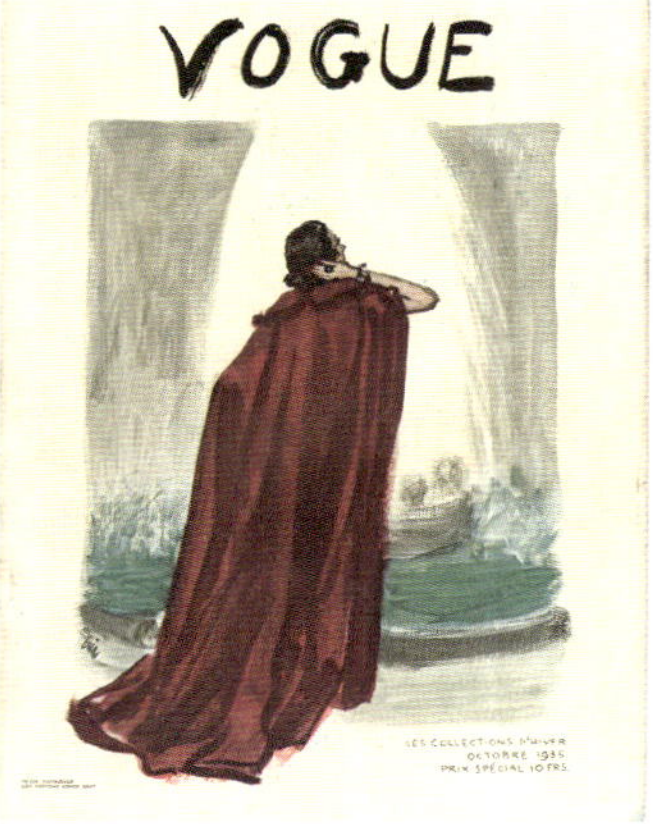

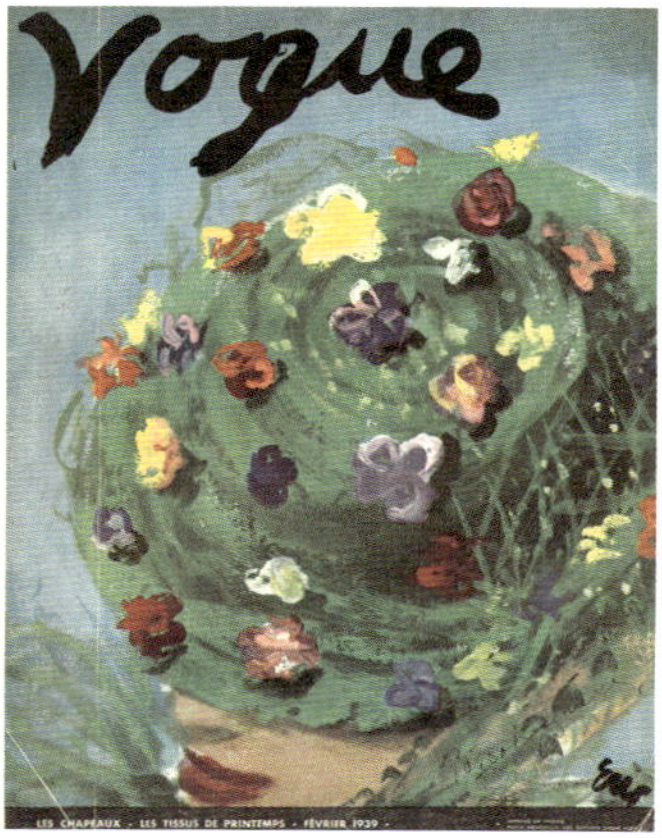

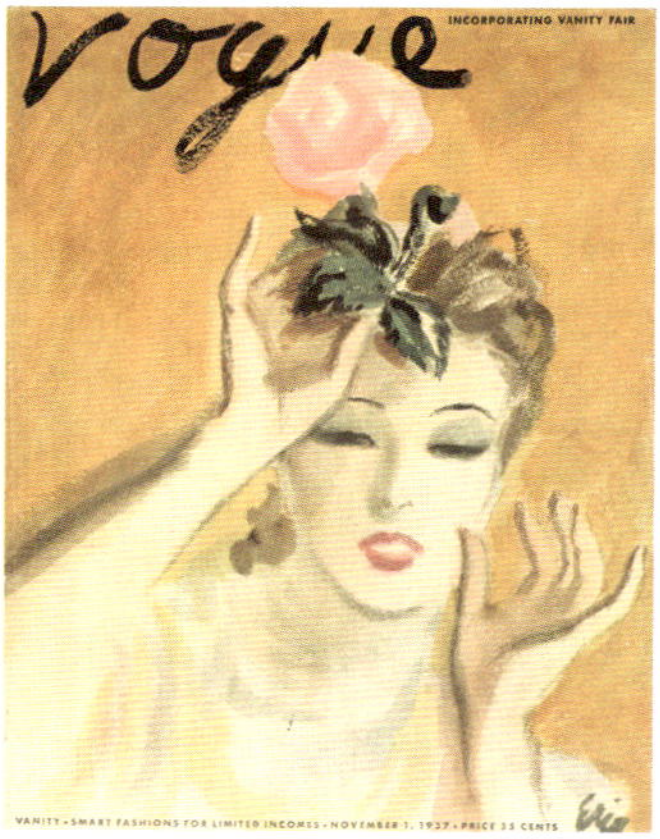

パリの競馬場——社交界のモードのお披露目スポット

パリには高級住宅街の16区に隣接するオートゥイユ競馬場と、ブローニュの森の奥のロンシャン競馬場がある。前者はパリ大障害レースが、後者は凱旋門賞レースが有名だが、競馬場は同時に、社交界のモードのお披露目スポットとして機能していた。『スタイル』1937年８月号は、競馬場に姿を見せた田中路子やマダム・デュラン（足立節子）のファッションが、新聞やモード誌で紹介されたと伝えている（本文26頁参照）。『ヴォーグ』（英語版）37年11月１日号に掲載された図版の、左の女性のパステルカラーのコートは、この年のパリの最新トレンドだった。右の女性は、ウエストラインにフィットして、襟が鼻先近くまである、グアナコの革製のエルメスのコートを着用している。

シャネルの広告への遠い距離

ジョージナ・ハウエル『IN VOGUE——ヴォーグの60年』（TSG・海野弘訳、1980年3月、平凡社）によれば、ハリウッドでは1929年に初めて「映画の衣装に時の流行を取り入れる動き」が具体化した。パリから最初に招聘されたのはココ・シャネルである。『ヴォーグ』の編集者はこの頃から、「格段にレベルが高くなった映画のモード」に注目するようになる。そんな『ヴォーグ』の誌面は、編集長宇野千代の目標だったが、到達できない高みも意識させられていたに違いない。図版は、『ヴォーグ』（英語版）37年11月1日号の、シャネルの香水No.5の広告。香水の瓶を使った広告は珍しくないが、この広告はオテル・リッツ・パリ内の、シャネルのアパルトマンのリビングの写真と組み合わせてある。ドレス姿のシャネルが立つ洗練された空間を見て、宇野は嘆息を洩らしただろう。

スキャパレリ、ルロン、ヴィオネ

1930年代にシャネルとしのぎを削ったのはスキャパレリだが、他のオートクチュールもハリウッドで活躍した。『ヴォーグ』（フランス語版）35年10月号に掲載された右上の図版は、ルロンの白いレースで作られたドレスで、ラインストーンのボタンで留めてある。グロリア・スワンソンやグレタ・ガルボは、ルロンの顧客だった。『ヴォーグ』（英語版）37年11月1日号が紹介した左上の図版は、スキャパレリのドレスである。美容師が後頭部の髪をまとめてバンドを作り、その髪をスキャパレリの帽子が縁取っている。『ヴォーグ』（フランス語版）39年２月号に掲載された左下の図版は、ヴィオネのドレスで、ゴールドラメのシースにチュールをあしらっている。キャサリン・ヘプバーンはヴィオネによく姿を見せた。

Lamb, llama, opossum
One of the most attractive inexpensive coats in Paris is this—Revillon's coat of opossum dyed very dark slate and frosted with white hairs. Navy-blue leather, hand-stitched in white, makes the military collar and cuffs. Agnès crêpe toque with a fur tail
93

ヨーロッパに立ち込める第二次世界大戦の暗雲

エッフェル塔が遠くに見えるこの図版は、『ヴォーグ』（英語版）1937年11月１日号に掲載された。宇野千代も目にしたに違いないが、左の女性が着ているのは、パリのレヴィヨンのコートである。襟と袖口のミリタリー仕様が、次第に深まる戦争の気配を感じさせる。39年９月１日に勃発した第二次世界大戦によって、『ヴォーグ』を発行できなくなったと聞いた宇野は、『スタイル』で世界に「文化的使命」を果したいと、40年３月号の「編輯後記」に記した。

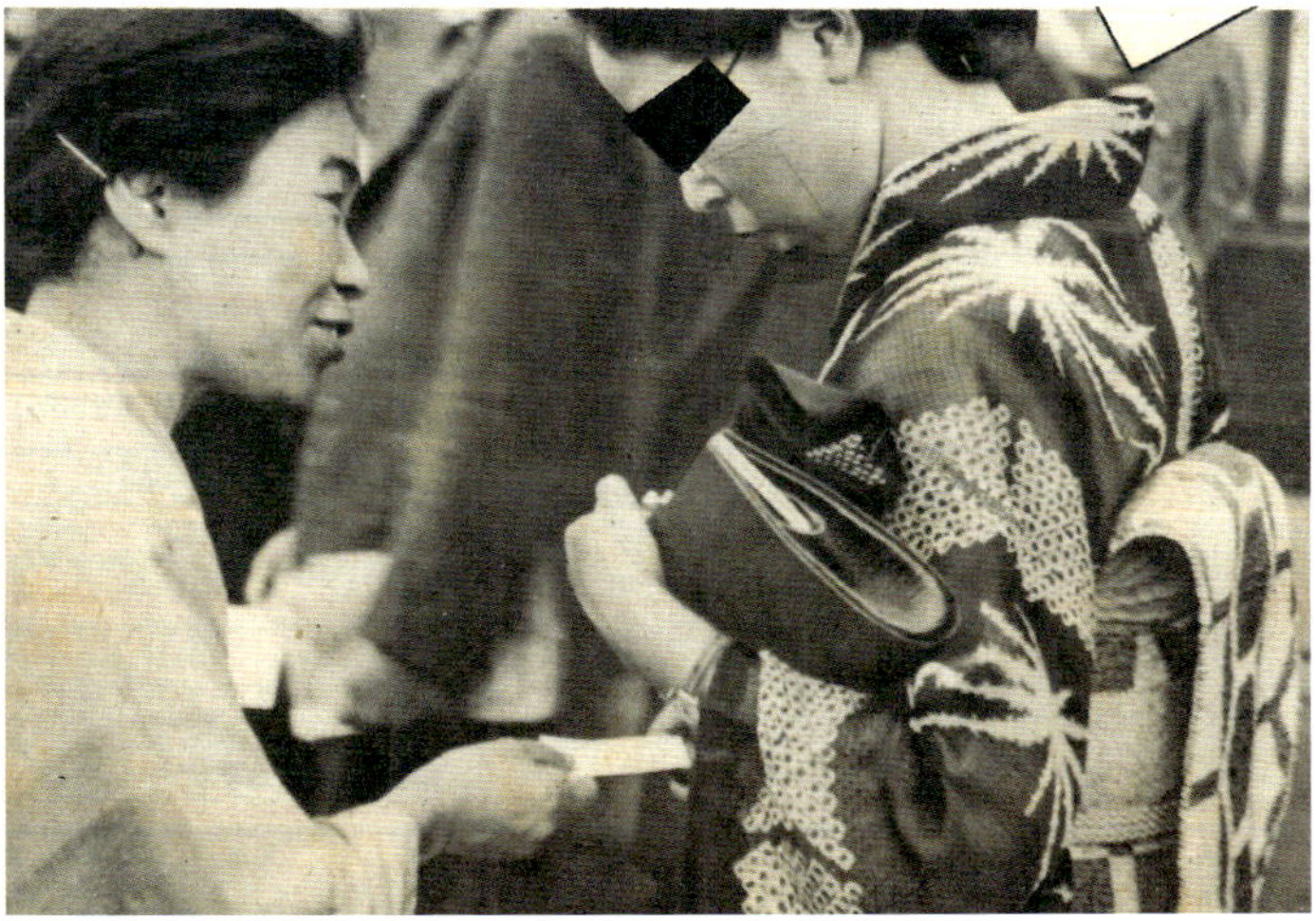

日中戦争下のスローガン「ぜいたくは敵だ！」

1940年８月14日に出た『写真週報』129号は、同月１日に実施された興亜奉公日の様子をこう伝えている。広島の街頭では、女子挺身隊が「贅沢全廃、戦時生活ノ徹底」を呼びかけた。京都のデパートでは、米の代用食の馬鈴薯で作った海苔巻きを提供している。「ぜいたくは敵だ！」の看板が目立つ東京では、「華美な服装はつゝしみませう」「指輪は此の際全廃しませう」と記したビラを配布した。図版は、同号に掲載された銀座尾張町角の様子で、該当者が警告カードを渡されている（本文253頁参照）。午後４時から４時40分の間に、24人の「違反者」にカードが渡され、そのうちの80％が20〜30歳だった。

「大東亜戦争」下の断袖運動

大日本婦人会東京都支部は1943年９月１日に、銀座などの盛り場で、長袖の着物姿の女性に「長袖追放」のカードを渡した。写真は『アサヒグラフ』同年９月22日号の表紙で、銀座で撮影されている。「決戦です！　すぐ、お袖をきつて下さい！」と呼びかけたが、「余りに末梢的」「袖を短くするために糸を配給して欲しい」などと不満が出た。わずかな袖でも工夫すれば、買物袋や風呂敷、座布団や羽織下に、再利用できると、大妻コタカは同誌に語っている。華美な着物姿や指輪をはめた女性に、警告カードが配られてから３年。女性文化は「心の長袖も切りませう」という場所まで追い込まれている（本文287頁参照）。

目次——モード誌と戦争

第2章 日中戦争下のファッション・化粧・髪型 1937年9月〜1938年3月……79

第4章　第二次世界大戦勃発　興亜奉公日　モードの衰退　1939年9月～1940年7月

プロローグ

モードの発信と、モダン都市のネットワーク

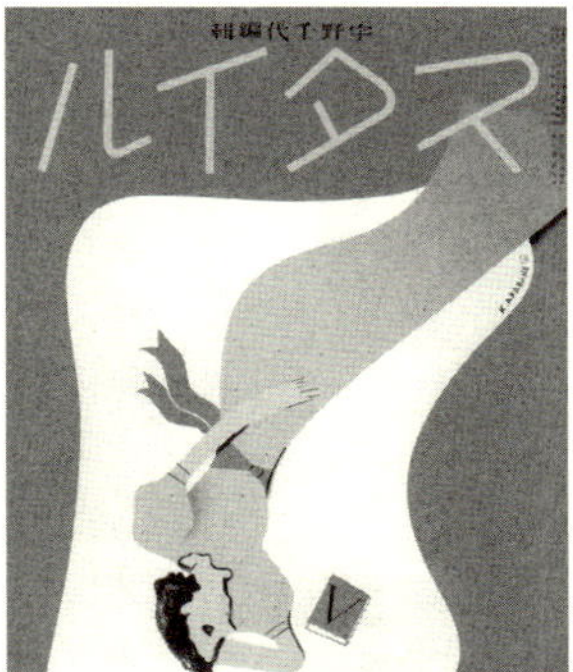

宇野千代が編集長を務めた雑誌『スタイル』(一九三六年六月～四一年九月)は、日本でモダン都市文化が花開く一九三〇年代の、最も洗練されたモード誌だった。これまで『スタイル』はしばしばファッション誌と見なされてきた。たとえば「生誕110年没後10年特別企画」として出版されたレブン編『決定版宇野千代の世界』(二〇〇六年三月、ユーリーグ)は、「「スタイル」発刊」という記事の冒頭に、宇野が「日本初の本格的ファッション誌の編集長になる」という一文を配置している。ファッションは髪型や化粧とも連動しているから、「ファッション誌」を広義の意味で捉えると、身体の装いに関する情報を掲載した雑誌ということになる。

一九二九年一二月～三二年六月に朝日新聞社の特派員として、ロンドンを中心に欧米の文化に触れてきた漫画家の岡本一平は、「婦人の服装漫談」(『スタイル』一九三六年一〇月)に、現在は「日本人の洋装といふものが出来かけ」ている時代だと記した。洋装が「一番板について」いるのは子供で、最も「躊躇して」いたのは「中年以上」の女性である。モダンな女性像を提案しようと、資生堂が三科(美容科・美髪科・子供服科)を設置したのは二二年二月。洋装をまず子供から普及させようと、資生堂はフランスやアメリカの子供服を販売した。それからすでに一四年。子供服で洋装に慣れた子供たちは大人になり、日本人女性の洋装は「出来かけ」の段階にさしかかった。

写真(一一頁)は、『スタイル』一九三六年一一月号に掲載された西村ユリの洋装姿。西村は一二年生まれだから、資生堂が三科を設置したときは一〇歳だった。キャプションによると、服は「紺地に赤と白のきつて張りつけたやうな織出し模様のタフタ」で、靴は「紺色スエードのパンプス」である。洋服を着こなした姿で、「洗練されたご趣味のほどが忍ばれます」と評された。ただ同世代の誰もがそうだったわけではない。

ユリは文化学院を創立した西村伊作の次女。伊作の九人の子供のほとんどが、海外を体験している一家である。つまり同時代の平均的な日本人女性ではない。ユリは三年後の三九年に結婚するが、夫はル・コルビュジエに師事したモダニズム建築家の坂倉準三である。

洋装がまだ「出来かけ」の時代なので、小説家は洋装女性を描くときに苦労した。「洋装断想」（『スタイル』一九三七年一月）で片岡鉄兵は、「新聞小説など書いてゐると、女の服装などに拘泥《かか》はることが多い。さういふ時に、私はいつも困る。単に「彼女はイヴニングを着て」とか「今日はスポチイな洋服で」などと云つただけでは済まされぬ場合もあるので、つひスタイルブックを拡げて見ることさへある」と告白している。

西村伊作の次女、ユリの洋装姿（『スタイル』1936・11）。

スタイルブックを見るといっても、自分に似合う洋服を探して試着し、購入するわけではない。小説にどう書けばいいのか分からず、スタイルブックを覗き込む――そんな自分の姿を、冷静に距離をおいて眺め直すと、「可笑《おか》し」く思えてくる。

スタイルブックのファッションをそのまま、作中人物に着せても、付け焼刃的な描写にしかならない。溝口歌子は「文芸時評」(『スタイル』一九三六年一〇月)で、小説を読んでいると「妙にそぐはしくない服装の人物」に出会うと述べて、こう指摘した。「和服では割合に良い趣味を見せてゐる人たちも、話が洋装となると、ぜんぜん恥しい許りの無恥さをバクロなさる。まるで知りもしない他人聴きや、婦人雑誌の「洋装欄」から抜け出して来たやうな節々も間々発見される」と。菊池寛は「年頃のお嬢さんをお持ちの割には洋装に対する知識がキハク」で、「豊かな家庭の令嬢」が「余りに貧相な失礼な服装」で旧友を訪問する。藤沢桓《ふじさわたけ》夫《お》「大阪」に登場する「大阪一流の金満家の嬢《いと》はん」のファッションはとても「お粗末」で、中野実「女性の冠」の潤子のイヴニングは「仰々し過」ぎる。例外は宇野千代で、「桃子の貞操」ではいつも「凝つた服装」を選んでいて、「さすがにお目が高い」と賞賛された。

洋装の「出来かけ」と並行して、モダンな髪型も流行する。一九二九年に村山知義が設計した山の手美容院を開いた吉行あぐりは、「最近・髪型の傾向」(『スタイル』一九三七年二月)に、「花の巴里から、近代文化の殿堂紐育《ニューヨーク》から、海を渡つて来るもろもろの髪型の上に於ての流行も、唯、絵そらごととのみ考へられてゐましたのも、もう、きのふのこと」と書いている。髪型は日本髪から束髪に、洋髪に、そしてモダンガールの断髪へと変遷した。最近はさらに「方向転換」して、「ウエーヴにコイルにひどく技巧の勝つたクラシックななかに近代感覚をもつ」髪型になっている。

（上）見開きの「10.A.M.」では、パラマウントのゲイル・パトリックなど５枚の写真が配されている（『スタイル』1936・６）。
（下）「夜風に薫る」ではドレスのコレクションが紹介された（『スタイル』1936・６）。

創刊時の『スタイル』の誌面には、ハリウッド女優のスチール写真が溢れていた。一九三六年六月の創刊号を例に取ろう。「朝」「10 A.M.」「午後」「夜風に薫る」と、一日の経過に合わせてファッションが提示されている。「朝」で「白いサテンのパジヤマの上に羽織つた目の覚める様なガウン」姿で立つのは、パラマウントのマレーネ・ディートリッヒ。「10 A.M.」で「フリート・ブルウと白のスリイピース」を着て、初夏に外出するのはRKOのアン・シャーリー。「午後」で「黒クレープのテユニツク」に身を包むのはパラマウントのグレース・ブラッドリー。「夜風に薫る」で「金糸銀糸ぬひとりのテユールのケープと前にタツクをとつたスカート」姿を披露するのはパラマウントのゲイル・パトリック。彼女たちが着ているのは、パリで発信され、あるいはハリウッドで採用された、最先端のファッションで、読者の生活との間には大きな隔たりがある。しかし若い女性読者は夢を紡ぐように、男性の小説家よりはるかに真剣な眼差しで誌面を見つめただろう。

高級なファッションに手が届かなくても、モードの先端から、自分のファッションのヒントを得られるのではないか。髪型・眉毛・化粧の仕方が参考になるのではないか。そんな読者を励ますように、「もしも彼女が……」(『スタイル』一九三六年八月)はこう語りかける。「ハリウツドのスターたちも、決してミロのヴヰナスではありません」「彼女たちも結構、アラを持ち合せてゐます」と。誰もが「アラ」を持っている。ただ「化粧師と美容師と帽子屋」の助力を得て、女優たちは「禍ヲ転ジテ福トナス術」を身につけた。彼女たちの美はすでに「最大極限まで開発」されている。しかしあなたの美はまだ「未発掘の金鉱」の状態である。――この言葉に励まされるように、一九三〇年代後半の日本の若い女性は、『スタイル』の頁をめくっていった。

ワーナーの美容部長パーク・ウエストモアのアドバイスも、女性読者の背中を押してくれた。『スタイル』一九三六年九月号に、「どうすればこんなに顔が変へられる？　スターだつて決してオバケぢやありません！――ワーナーの美容部長がこつそり教へてくれた変貌とお化粧のカンドコロ！」という記事が載っている。「どうすれば顔を変へられるか？」という「無理な質問」に対して、美容部長はこう答えた。「顔貌を変へる秘訣は髪と眉毛の型」にある。スターは研究に研究を重ねて、独特の髪型を決める。だからもしあなたが有名スターに似ていたら、その髪型を真似るのが最も賢明だと。誰にも似ていなかったらどうするのか。「大きなウエーヴと小さな捲毛」が「最も魅惑的」なポイントになる。マレーネ・ディートリッヒでもグレタ・ガルボでも、ジョーン・ブロンデルでもケイ・フランシスでもいいから、「あなたに適応する長所をご遠慮なくお盗み遊すよう、おすすめいたします」と美容部長はアドバイスを結んだ。

ファッション・髪型・化粧の記事は多いが、『スタイル』は身体の装いに関する情報に特化したファッション誌ではない。『スタイル』第二号（一九三六年七月）に、「スタイル第三号よりの分担編輯者」が紹介されている。「流行」は成富妙子と原奎一郎が、「和服」は宇野千代が、「嗜好・食器」は阿部艶子《あべつやこ》が、「家具・建築」は山口蚊象《やまぐちぶんぞう》が（本文二三〇頁参照）、「カメラ」は金丸重嶺と岸英雄が、「スポーツ」は広瀬謙三が（本文一二四頁参照）、「モーター」は和気本久が、「音楽」は大田黒元雄が（本文一八一頁参照）、「舞踊」は蘆原英了が（本文一八二頁参照）、「映画」は飯島正が（本文七八頁参照）、「美術」は有島生馬が、「随筆・小説」は宇野が、それぞれ分担編集することになった。第二号の「編輯後記」で宇野は、読者の要望を受けて「日本もの」「犬」「スポーツ」の頁を編集したが、次号からもっと多方面の「スタイル」を取り入れたいと書いている。多くのジャンルを横断して、最先端の情報を伝えるモード誌として、『スタイル』は出発した。

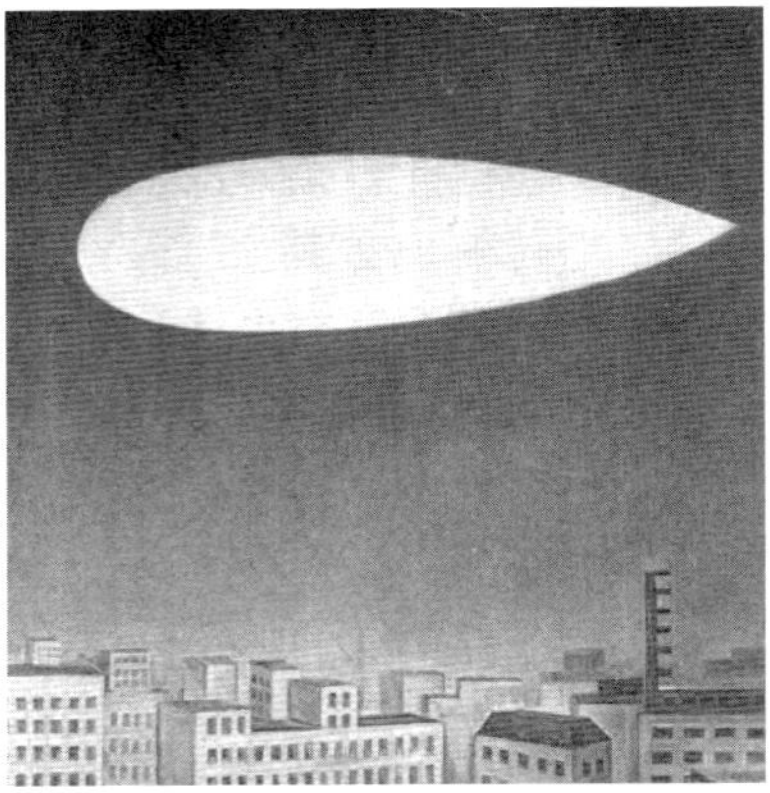

（右）東郷青児「超現実派の散歩 No.1」（『東郷青児画集』1931・9、第一書房）。同書に収録した「解題」で東郷は、「超現実派の散歩 No.1」「超現実派の散歩 No.2」について、「超現実派の散歩とは、散歩のつもりで超現実派の試運転をやつた意味である」と述べている。

（左）阿部金剛「“Rien” No.1」（『阿部金剛画集』1931・9、第一書房）。同書の「解題」で阿部は、「『流行の尖端』は常に新鮮であらねばならない」と書いている。

モード誌『スタイル』の活動を背後から支えたのは、モダン都市の人的ネットワークである。パリを体験した画家の藤田嗣治・阿部金剛・東郷青児、小説家の岡本かの子・林芙美子・吉屋信子、デザイナーの田中千代・谷長二・山脇敏子、美容家の駒井玲子・早見君子・山本鈴子、女優の桑野通子《くわのみちこ》・高峰三枝子・水の江瀧子らが、誌面を彩っている。それ以外にも、淡谷のり子（流行歌手）、石井漠（舞踊家）、永戸俊雄《えいとしお》（新聞記者）、榎本健一（喜劇俳優）。小野佐世男《おのさせお》（漫画家）、今和次郎《こんわじろう》（風俗研究家）、玉置真吉（社交ダンス教師）、徳川夢声（漫談家）、野口久光（ジャズ評論家）、野村光一（音楽評論家）、花柳寿美《はなやぎすみ》（日本舞踊家）、福田勝治（写真家）、三浦環《みうらたまき》（オペラ歌手）など、多様なジャンルをリードした人々がこの雑誌に執筆した。

モダン都市の人的ネットワークは、どのように形成されていったのか。多様な人脈の一端を、編集の中心にいた宇野千代—阿部艶子のラインから垣間見てみよう。『復刻版『スタイル』別冊　総目次・執筆者別索引』（二〇〇三年五月、臨川書店）によれば、全六四冊で執筆回数が最も多いのは宇野で一六八回に上っている。阿部も三桁で一〇四回執筆していた。二人にはこんな共通点が存在する。一九二〇年代半ばのパリで、シュールレアリスム運動を間近に目撃した日本人画家が、以前の恋人や現在の配偶者だった。画家の一人の東郷青児は、一九二一年〜二八年にフランスに滞在して、パブロ・ピカソの影響を受ける一方、ギャルリー・ラファイエットにデザイナーとして勤務している。帰国後の二九年〜三三年に東郷は、宇野と共に暮らした。

もう一人の画家の阿部金剛は一九二六年にパリに渡っている。アカデミーで学び、ロジェ・ビシエールの指導を受けて、その翌年に帰国した。二九年一月に紀伊國屋画廊で、阿部は東郷青児と二人展を開いて、「リアン」というタイトルの作品を出品する。この展覧会を機に交流が始まる竹中久七《きゅうしち》は、三月にシュールレアリスムとマルクス主義を接木する詩誌『リアン』を創刊した。この展覧会ではもう一つの出会いがある。三宅艶子「紀伊國屋書店と私」(『株式会社紀伊國屋書店創業五十年記念誌』一九七七年五月、紀伊國屋書店)によると、文化学院の廊下でポスターを見た艶子は展覧会を見に行き、そこで阿部金剛と親しくなった。二人はこの年の一二月に結婚している。

竹中久七が「食器と味覚——逆説的にそして毒にならないことは料理のやうに」(『スタイル』一九三六年八月)を

(右) 東郷青児と暮らしていた頃の宇野千代 (レブン編『決定版宇野千代の世界』2006・3、ユーリーグ)。
(左)『東郷青児画集』(1931・9、第一書房) に収載された制作中の東郷の写真。

加藤春鼎と竹中久七の共著、『陶器を見る眼』（1939・6、春岱寮美食会）の表紙。

執筆したのは、二人展での出会いがあったからだろう。「食器」の担当は、阿部金剛の妻の艶子だったからである。「食器は形式で、料理が内容だなんてデタラメな形式主義論はいけない。又料理さへ良ければ食器はどうでもよいと云ふのは誤つた内容主義である」と、エッセイは主張している。ところで竹中の名前の前に「春岱寮」と記されているが、それは、どのようなスポットだったのだろうか。

竹中久七にはシュールレアリスム詩人という顔の他に、春岱寮美食会の関係者という顔がある。実家の料理店・米久は、春岱寮美食会と改組し、雑誌『寛閑観』を発行していた。同誌第二四号（一九三六年六月）には、「古陶としての志野・織部」や「加藤春鼎師新窯焼成品目録」の他に、「春岱寮半懐石料理御献立　五月之部」と「春岱寮食卓仏蘭西料理ムニュー　五月之部」が掲載されている。メニューはどちらも、上旬・中旬・下旬で替わった。加藤は古陶器を収集・研究している、瀬戸の作陶家である。『陶磁往来』（一九三九年一月）と『陶器を見る眼』（一九三九年六月）という二冊の本が、加藤と竹中の共著として、春岱寮美食会から出版されている。

高見順は東京帝大英文科に進学した一九二七年の秋に、三宅艶子の姿を見かけた。学友会の文芸部に関係していた高見は、芥川龍之介の追悼講演会の講師を引き受けた三宅やす子を迎えに、神崎清と三宅宅に行き、そこでやす子の娘の艶子を見たと、「往復『私の手紙』」（『スタイル』一九四〇年二月）で回想している。文化学院の杉田千代乃のグループが、制作座という劇団を結成して、高見に仕事を依頼する。しかし艶子は杉田とは違うグループだったので、高見との交流が深まることはなかった。大学を卒業する何ヵ月か前に、高見は銀座のサイセリヤで、やす子と艶子と阿部金剛を見かけている。劇団といえば、三〇年六月に築地小劇場で蝙蝠座第一回公演が開かれて、阿部金剛・古賀春江・佐野繁次郎・東郷青児が舞台装置を手掛けたと、阿部は「舞台装置雑記」（『アトリヱ』一九三〇年八月）に記した。このときに主役のルル子を演じたのは阿部艶子である。

阿部金剛は宇野千代といつ出会ったのだろうか。「気のおけない友達」（『スタイル』一九四一年七月）で阿部は、一二〜一三年前を回想している。その当時はホテルや旅館の業界で、文学者・美術家を招待することが流行していた。阿部は三宅やす子に誘われて、結婚前の艶子に同行したことがある。上野駅で池谷信三郎や川端康成や宇野と落ち合い、一行は伊香保温泉に向かった。初対面のような気がしなかった阿部は「ヅケヅケ」と話しかけて、後でやす子から聞いた話では、「失礼な奴」と宇野に思われたらしい。宇野は旅先で見るもの聞くものをノートに書く習慣があり、このときもノートと「首つ引き」だった。新緑の山道で馬の背に揺られる宇野の姿を、阿部は印象深く記憶している。

『リアン』第6輯（1930・5）に掲載された「ルル子」の広告。池谷信三郎・今日出海・中村正常・舟橋聖一らも、この舞台に関わっていたことが分かる。

藤田嗣治が『スタイル』に頻繁に登場するのは、阿部金剛や東郷青児と交流していたからだろう。阿部の「お洒落知人録」（『スタイル』一九三七年一一月）によれば、「乃公《おれ》はもう、このおかつぱで、世界中どこでも噓のつけない顔になつちやつてるんだけど、お前は山高でもかぶつてさ、オックスフォードの入学試験でも

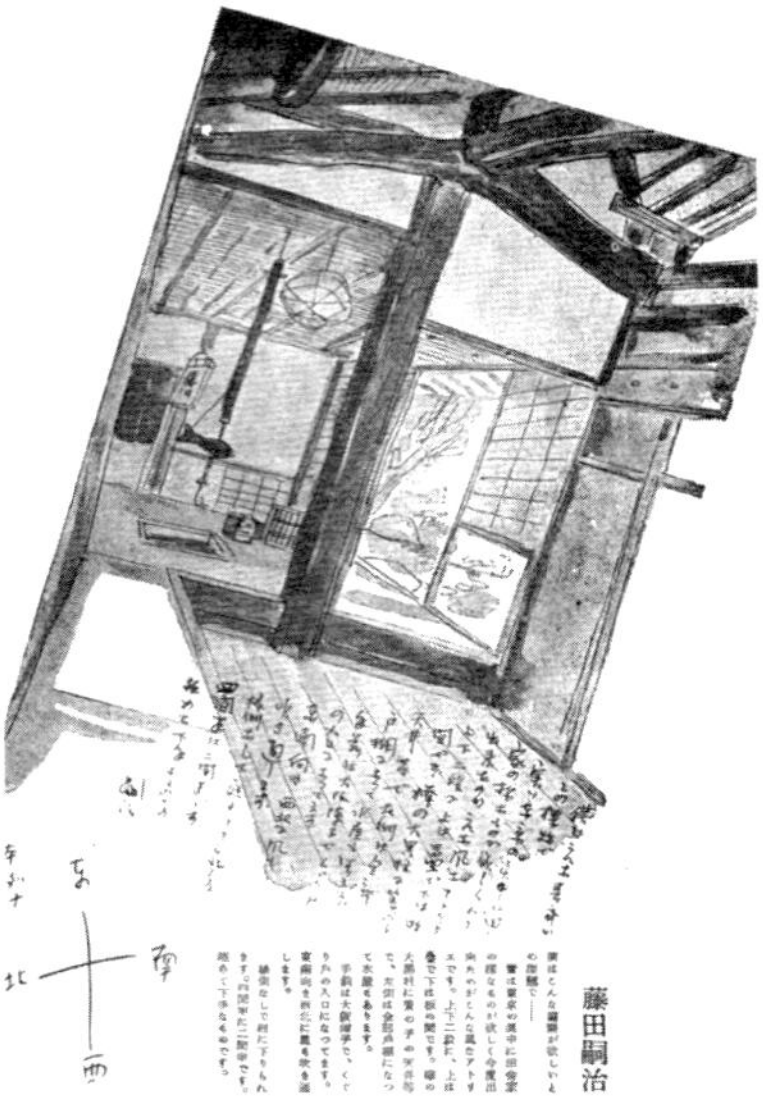

藤田嗣治は1937年8月に東京市麴町区下6番町17番地に自宅兼アトリエを新築した。「僕はこんな書斎がほしい」（『スタイル』1937・10）のコーナーで藤田は、「東京の真中に田舎家の様なもの」が欲しくて、図版のようなアトリエを作ったと述べている。手前は板の間で、奥が畳。奥に「藤田」と書いてある。

落第して巴里へ遊びに来てるつテナつらをして」いたらいいと、阿部はパリで藤田に言われた。そこで阿部はパリで山高帽を被って、藤田と一緒にあちこちに出歩いている。東郷青児はその姿をよく記憶しているから、同席したことがあったのだろう。藤田は『スタイル』の表紙絵やカットを描いただけではない。一九三三年一一月から三九年三月まで日本に滞在し、三六年～三九年にたびたび寄稿している。

創刊して半年後の一九三七年一月号から、『スタイル』はそれまでの発行所の時事新報社から独立して、スタイル社の発行になった。同号の「雑記」で宇野千代は、「素人の集りで始めた三二頁の雑誌が六四頁にまで育つて、一本立が出来るやうになつた」と、喜びを率直に表明している。『スタイル』にはどのくらいの読者がいたのだろうか。三七年四月号に掲載された「スタイル読者サークルに御加入下さい！」には、「欧米の、尖端流行雑貨が目下続々と輸入されておりますので、今後も珍しい入荷品のあるごとに、特に本誌読者の皆様の為に「特輯カタログ」を作製し、無代で御贈呈申し上げます」と書いてある。これは最初の呼びかけではない。「第一回は、圧倒的御加入お申込みにより発表旬日をもつて予定一万名突破の大盛況裡に締切りました」という人気ぶりだった。第二回となる今回の募集も定員は一万名になっている。

『スタイル』の発行期間は、一五年戦争の時代と重なっていた。一九三一年九月に満洲事変が勃発し、翌年三月には満洲国建国宣言が出される。日本は国際連盟を脱退して、国際的に孤立する道を歩み始めた。『スタイル』が創刊された翌月の三六年七月にはヨーロッパでスペイン内乱が始まる。日独防共協定の調印は、この年の一一月である。三七年三月号の無題の後記に、宇野千代はこう記している。「「愉《たの》しい綜合雑誌」ある日、こんな肩書を考へました。——軍部と政党がどうなつてもスペインの内乱がいつまで続いても、せめてそんなイザコザの一行も書いてない雑誌が一冊位あつても好いんぢやあないでせうか」と。しかしそのような宇野の編集方針は、日中戦争の深まりのなかで次第に押しつぶされていく。

一九三七年七月に日中戦争が勃発すると、戦争の影響は都市のあちこちで見られるようになる。ナショナリズムを掻き立てるように軍歌が頻繁に流れ、繁華街では千人針の呼びかけが目立つようになった。スタイル社の編集部でも、戦地への出征者が出てくる。双葉十三郎は「戦争映画大流行」(『スタイル』一九三七年一一月)を、「西にスペインの動乱、東に支那事変、ひとはそれを、第二次世界大戦の前夜であると云ふ」と書き始めた。『スタイル』に大きな影響を与えたのは、三七年九月の輸出入品等臨時措置法だろう。舶来品を自由に輸入できなくなっただけではない。ファッションや化粧品の原料が入らないと、今までのモードのレベルを維持できなくなる。洋画の輸入が禁止されると、モードの情報が狭まってくる。ただ『スタイル』の編集方針は大きく変わっていない。パリやハリウッドは依然として、夢への通路という役割を果たしていた。

1937年11月号のVOGUEの表紙。

一九三七年八月に国民精神総動員実施要綱が閣議決定されても、三八年四月に国家総動員法が公布されても、宇野千代はハリウッド女優をモードのお手本として誌面に掲げ続けた。「～風のお化粧法」シリーズや、「お化粧研究」シリーズを新設して、どのようにメーキャップするかという情報を、読者に提供している。物資不足になり、代用品が氾濫する時代が訪れても、「代用品研究室」の欄を新設し、古物再生の方法を伝授して、可能な範囲でモードを維持しようとした。『スタイル』のような明るい雑誌は、戦地の兵士の慰安になっている、だから時局には配慮するが、兵士のニーズにも応えるというのが、モード誌の後退戦を戦う宇野の論理構成だった。しかし双葉十三郎の言葉通り、三九年九月に第二次世界大戦の火蓋が切られる。『ヴォーグ』など欧米のモード誌が届かなくなると、ハリウッド女優は誌面から姿を消し、日本の女優に交代した。

後退戦を続けながら、『ヴォーグ』のようなモード誌を模索していた宇野千代の、志を断ち切ったのは、一九四〇年六月から始まる新体制運動と、七月に公布された七・七禁令（奢侈品等製造販売制限規則）である。すでに六月には、ドイツ軍がパリを占領している。もはや夢に誘《いざな》ってくれる、パリもハリウッドも存在しなかった。『スタイル』は表紙に掲げていた「健全」「娯楽」という言葉を外して、「新生活」「指導雑誌」という言葉をその代わりに掲げる。『スタイル』がモードを追うことをやめたのではなく、追うべきモードが消滅したのである。どのジャンルも一斉に挙国一致に雪崩《なだ》れていったとき、多くのジャンルのモードを提示してきた『スタイル』は、雪崩の中に姿を消した。五年間の『スタイル』の歩みは、単に一モード誌の歩みなのではない。一九三〇年代のモダン都市の女性文化の興亡が、そこには映し出されている。

第1章
『スタイル』を『ヴォーグ』のように
1936年6月～1937年8月

パリへの憧憬、ハリウッドへの憧憬

一九三六年六月の『スタイル』創刊号には、パリへの憧憬が詰まっていた。「巴里・コアフユール」という記事は、その一例である。Coiffureとは髪型のことで、パリで流行していた三つの髪型を紹介している。「パリジヤン」という写真の髪型は、「日本のお嬢さんに応用出来る」と書いてあるので、読者は心をときめかせただろう。創刊号の表紙画を描いているのは、エコール・ド・パリを代表する藤田嗣治である。雑誌を目にした瞬間に、読者はパリの香りを感じたに違いない。創刊号からは、ハリウッドへの憧憬も読み取れる。最初の頁に登場するのは、パラマウントのマレーネ・ディートリッヒ。ドイツ生まれの女優だが、キャプションは「フランス人形を思はせます」と述べている。パリへの憧憬とリンクさせながら、読者はハリウッド女優の写真を見つめたのではないか。

パリへの憧憬と、ハリウッドへの憧憬は、どちらがより大きかったのか。何に着目するかによって、見方は異なってくる。石黒敬七・飯田蝶子・林芙美子・松井翠声・宇野千代「お色気お洒落座談会」(『スタイル』一九三七年六月)で、「フランスの人つて、実際はとても地味ですね。大概真つ黒が多い」という松井の感想を受けて、「本当に地味ね。二色以上は着けてゐませんものね。だから、アメリカのお上りさんが来ると直《す》ぐ分る。赤だの青だの黄色だの、まるで七面鳥みたい――」と林は発言した。それに対して宇野は、「でも活動写真の女優の着物は、フランスのは悪いです。アメリカの方が良いですね」と異論を述べている。「アメリカの人が来てフランスの街歩いてると、一遍に分る。その趣味の悪さが……」と、林はさらに発言を重ねた。
宇野千代と林芙美子のやり取りは、一般人に着目するか、映画女優に着目するかの、差異を浮き彫りにしている。フランスは階級社会だから、一般人と上流階級では、ファッションが大きく異なる。東京日日新聞社のパリ特派員だった永戸《えいと》俊雄は、「エシヤンチヨン――マヅシイコヒビトタチニクワイラクヲアタヘルモノハ?」(『スタイル』一九三七年五月)を、「パリの女はいゝ意味のおしやれである」と書き始めた。「いゝ意味のおしやれ」とは、なるべく金をかけずに、自分の個性を強調できる、シックな服装を指している。レディメイドの服でも、選択に時間をかける。各種の無料のÉchantillon(きれ地の見本)をもらってきて、どれが自分に似合うのか、恋人と相談する。それが「貧しい恋人たち」に与えられる「快楽」だと、永戸は考えていた。一九三一年一一月から半年余り渡欧した林が、パリの街頭で見慣れたパリジェンヌは、そのような女性たちである。

パリは現在でも世界の「モードの女王」で、「そのお株を、ニューヨークに、ハリウッドに奪はれつつある」というのは皮相な見解だと、永戸俊雄は「巴里流行界の楽屋裏」(『スタイル』一九三七年三月)で断言する。「シック・パリジアン」の商標が付いた服は、アメリカのどの都市でも売れた。パリの一流の「仕立屋」は、シーズンごとに三〇〇~五〇〇種の新しいデザインを創造する。作り手は一人で、「店の魂(ラーム・ド・ラ・メーゾン)」と呼ばれていた。「店の魂」に次ぐ大役は「マヌカン」である。採用試験には、多くの応募者が押し寄せる。「売子」の仕事も重要だった。臨機応変に客を識別し、どの「マヌカン」にどの服を着せるのか、決定しなければなら

パリジャンと名付けられた髪型(『スタイル』1936・6)。

ない。
　翻訳家の高橋邦太郎は「斬新な女性のモオドの尖端は巴里から電光のやうに世界の隅々まで瞬く間に」伝わると、「型を盗む話」（『スタイル』一九三七年四月）に記している。ヴィオネやランバン、パトゥやスキャパレリなどの店は、年に四回、「布地に、型に類と真似のない新味を出してその季節《セエゾン》のトップを」切ろうとする。パリで発表されたモードは、ニューヨークやリオデジャネイロに、東京や上海に、航空機で運ばれた。どのような新しい意匠を準備しているのかは秘密で、他店に知られてはならない。だから店の一日の仕事が終わると、布地の数が揃っているかどうか厳重にチェックして、翌日まで金庫に保管した。それでもシーズンが始まると同時に、有名店のデザインなら揃えて見せますという、「盗賊市《どろぼう》」のファッションショーが開催される。それがこのエッセイのタイトルの意味である。

声楽家・女優の田中路子（『スタイル』1937・8）。

　上流階級の女性が、新しいモードを身にまとってお披露目をするのは、オートゥイユ競馬場やロンシャン競馬場である。「パリ便り」（『スタイル』一九三七年八月）は、「素敵なフルウーのマント」姿の田中路子が、オートゥイユ競馬場に姿を現したと報じている。田中はウィーン国立音楽大学で学んだ声楽家で、ヨーロッパでは女優としても活躍した。前年にフランスで制作された映画「ヨシワラ」に出演して、注目を集めている。「路子さんの外套が日本でもご存知の流行誌〝オフィシエル〞に紹介されましたが、日本人始《ママ》めてのことです」と、「パリ便り」は紹介した。

『ヴォーグ』で知る、パリのデザイナーの仕事

翻訳家の矢野目源一は「デザイナアの横顔――En marge de la mode」（『スタイル』一九三六年六月）で、欧米の一〇人のデザイナーを取り上げている。「象牙の塔から街に降《くだ》つて恰好なお値段の服を作つて大勢の女性の要求を満足させる」リュシアン・ルロン。アイルランド出身で「物静かな英国風」のデザインが特徴のエドワード・モリヌー。メタルジャケットやケープ式スタイルを誕生させたジャンヌ・ランバン。フランスのファッションを初めて「アメリカのマネキン」に着せたジャン・パトゥ。羅紗の服のデザインでは「右に出るものがない」と評判のココ・シャネル。衣裳を「建築的に発見」していくエルザ・スキャパレリ。そんな有名デザイナーの一人に「マアンボシエ」が挙げられている。パリ在住のアメリカ人デザイナーで、フランスの『ヴォーグ』の編集に携わっていた。

『スタイル』1936・8の「プロムナアド」で紹介された、「夏のアフタヌーンにふさはしい帽子」。

パリに赴いた日本人女性は、『ヴォーグ』をよく手にとっている。富士幸子は「プロムナアド」（『スタイル』一九三六年八月）で、「ヴオーグやフエミナを見てゐてもこれはいゝなと思ふと、

洋装で帽子を被った田中千代（『スタイル』1937・1）。

みんなモリヌウなので、不思議な気さへいたします」と述べた。

　パリで富士が特に喜んだのは帽子である。洋服は日本でもいいものを手に入れられる。日本で作ったイヴニングは、移動の船中でもパリでも、何度も賞賛された。しかし帽子は、「作る人の考へ方」が違うらしい。パリでは「しつくりして」気持ちよく被れる帽子を購入できる。アメリカにも渡ったが、洋服はパリがはるかに優れていた。例外は靴である。アメリカでは「出来合ひ」でもいい靴がたくさん並んでいる。

　一九三二年にフランスから帰国したオペラ歌手の佐藤美子も、パリでよくモード誌を眺めていた一人である。だから彫刻家・流行研究者として有名な「ムシユ・アントワヌ」に紹介されたとき、「流行雑誌で度々見る写真」とは印象が違うと思ったと、「巴里ジェンヌ」（『スタイル』一九三六年一〇月）に書いている。半年後に彼を訪問すると、「ほんとの意味の巴里ジエンヌになつたお祝ひをしませう。そのローブはこのセーゾンのパトウの作でせう」と言われた。確かにその通りだが、自分で買ったわけではないと話すと、「だからこそ貴女はほんとの巴里ジエンヌになつたと云つたのです。モンパルナスのマダムMでせう。アメリケンでも誰でもパトウからは買へますよ」と彼は続ける。パトゥやランバンやルロンのマヌカンが、一度着たローブを、マダムMはアーティストに特価で譲った。そのことを知っているのは、パリジェンヌのアーティストだけだったのである。

　ファッションデザイナーの田中千代は、一九三七年のモードの原稿を依頼されて、難しいと困惑している。

「刺激と新鮮さ――流行の多岐性」(『スタイル』一九三七年一月)に田中は、欧米の「最近のスタイルブツク、又は衣裳店で発表する写真等を見ましても、流行が一つの線の上に乗つてない、あらゆる点で其の線の上をはずれ、あらゆる方面に、その着想の延びてゐる」と記した。アメリカ版『ヴォーグ』の三六年一一月号を例に取ると、ファッションが想起させる世界のエリアは、インド・オーストリア・チェコスロバキア・ギリシャ・ロシアなど多様である。だから田中はデザインのときに、参考までにスタイルブックを開きはするが、自分が作りたい形を追求していた。

デザイナー以外の日本女性も、海外の流行雑誌を見ている。「最近Schiaparelliが緑と赤の配合を考へ出したら、たちまち巴里の流行にその色がひろまり出した。アメリカの流行雑誌にもその配合を使つたデザインが沢山現れて「Schiaparelli の色」と書いてある」と、阿部ツヤコは「流行断片」(『スタイル』一九三六年六月)に記した。緑と赤の色彩から、かつてランバンが「黒とトキ色の配合」を提案したことを、阿部は思い出している。フランスやアメリカの流行雑誌を通して、日本の女性はパリのデザイナーの仕事を知り、海外モードの情報を得ていたのである。

そんな女性たちを念頭に、グラフィックデザイナーの河野鷹思《たかし》は「"Kimono"」(『スタイル』一九三七年四月)で、「ご婦人方は、例へば「VOGUE」から、「DERMONAT」から新しい洋装の型を探し出すために、血眼になる努力を「キモノ」にもむけて下さい」と呼び掛ける。ただ着物に無関心ではないかという河野の心配は、杞憂にすぎなかった。「新しい日本の着物」(『スタイル』一九三六年一〇月)に宇野千代は、「このごろ洋服党の若いお嬢さんたちの間に、また日本の着物を着ることが流行つて来ました」と記している。それは単に、過去の着物への回帰ではなかった。タフタ、クレープデシン、毛織物の布地や、チェックプリントの柄が、大胆に和服に使われている。「和服を一種の洋服の延長として考へる解釈」で、宇野はその自由さに注目していた。

矢野目源一——フランス文学者の顔、美の探究者の顔

矢野目源一は詩集『光の処女』（一九二〇年一二月、籾山書店）の詩人で、フランソワ・ヴィヨンなどフランスの詩の翻訳者でもある。ただ矢野目にはもう一つの顔があった。『美貌処方書』（一九三七年七月、美容科学研究会）や『美と魅力への道』（一九三八年九月、美容科学研究会）をまとめた、美の探究者でもある。前者の「序」には、「本書に収録いたしました各種の処方は欧米の最も新しい美容科学界の処方にもとづき、私の研究会の会員諸姉と協力実験して真に卓効あるもののみを厳選して編纂した」と記されている。約三〇〇種の処方のうち、冒頭の「洗顔クリーム」を例に取ろう。材料と分量は、白蠟（半オンス）、鯨蠟（一オンス）、アルモンド油（四オンス）、硼砂（半ドラム）、ラヴエンダア油（一〇滴）、ラヴエンダア水（二オンス）である。薬局で調剤を依頼してもいいし、材料を入手して自分でも調合できるように編纂されている。

詩人・翻訳者・美の探究者という三つの顔は、矢野目源一に『スタイル』で独自のポジションを与えることになった。矢野目の「美容化学——たべてるうちにきれいになる」（『スタイル』一九三七年二月）はこう始まる。「羅馬の詩人プロペルチウスの仏訳本を読んでゐたら恋人のキンチアに与へた言葉に「自然が与へた容貌が一番美しい」といふ意味のものを発見して之ある哉《かな》と同感しました。洗練された教養のある婦人が普通の美容院の上塗り的メーキアップを慊《あきたら》なく思つて更に根本的なものをと求められるのは当然のことと思ひま

す」と。エッセイはマグネシウムや鉄分など、美容食の「美容素」について解説している。その導入部で、紀元前一世紀の詩人セクストゥス・プロペルティウスを引用したのは、「洗練された教養のある婦人」が目を留めると判断したからだろう。

　同じ一九三七年二月の『スタイル』に矢野目源一は、G・Yという筆名で「美を語る逍遥派《ペリパテシアン》」も執筆している。巻頭で引用したのは、一五世紀のフランスの詩人フランソワ・ヴィヨンの詩の一節である。「語れいまいづこの国ぞ／羅馬びと傾国の美姫《びき》フロオラ／いづれをそれと花あやめ／うかれめタイス　アルキビアーダ／麗はしさ人間界のものならぬ」。「傾国の美姫」を提示してから、矢野目は古代ギリシャの哲学者を登場させ、「女性の美しさ」について、散歩中に弟子と問答させている。それがタイトルの意味である。もちろん洗顔法ではクレンジングクリームを、化粧下にはヴァニシングクリームを推奨しているから、『スタイル』の読者を意識した問答にしてあることが分かる。

矢野目源一『美貌処方書』（1937・7、美容科学研究会）の表紙。

　フランソワ・ヴィヨンの詩は、「美容栄養食」でも使われた。「丈長髪の匂やかに　かがやく額　常蛾《ママ》の眉、眼涼しく艶だちて　なさけ盛りのながしめは鉄石心をも溶かすべし　形品よき耳朶や　鼻筋通り尋常に　水の滴る愛嬌は玉に瑕なき顔容に花の蕾の紅い唇　若やぐ頤の下ぶくれ」という詩句を引用して、「歌にあるやうな、絵にあるやうな、物語にあるやうな、美人になつて見たいとはお思ひになりませんか」と矢野目源一に問いかける。エッセイで説いたのは、「食物から創り上げられる美」である。食物を「類似蛋白質」と「含水炭素質」と「中性」の三つに分類して、前二者を胃で遭遇

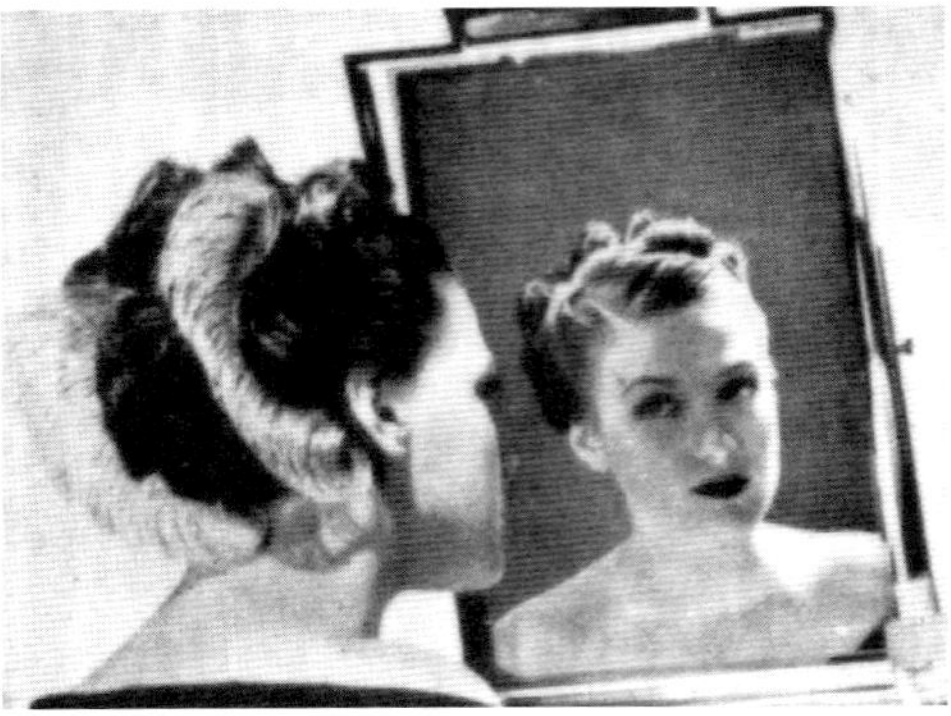

矢野目源一「美貌の建設」（『スタイル』1937・4）に添えられた、女性の顔写真。

させないように、アドバイスを与えている。

同じ号に掲載された「美貌の建設」のタイトルの上には、「美しきもの永遠に愛せらる・ユーリピデス」と記された。「ユーリピデス」とは、ギリシャの三大悲劇詩人の一人、紀元前五世紀のエウリピデスのことだろう。「すべての人々の前に美の門は大きく開かれてゐるのです。すべての人々は古代希臘の伝説の神々のやうに若々しく美しい姿が与へられてゐるのです。現代美容科学の研究はそのことの可能を示してゐます」とエッセイは始まる。矢野目源一の特徴は、詩人・翻訳者の顔と、美の探究者の顔を、接合させたことである。前者で前景化するのは、パリ・ローマの詩人や、古代ギリシャの哲学者だった。タイトルに添えられた女性の写真も、西欧イメージを膨らませる役割を担っている。

ところで『美貌処方書』の発行所である美容科学研究会は、どのような会だったのだろうか。「Q et R――矢野目源一専科」（『スタイル』一九三七年六月）は、美容研究会について多くの問い合わせが寄せられるが、東京では二名分の欠員しかないと述べている。「あまり多くなつては直接の指導が忙しく手薄になる」ので、会員数を限定していた。会の活動の中心に据えられたのは化粧の指導である。会員でなくても、金曜日の一八時からの面会時間であれば利用できた。「お化粧の仕方やフエーシアル・パック」の希望者は、準備の都合があるので、電話予約が必要になる。マックスファクターなどの好意で、化粧品はすべて揃っていた。手数料は無料なので、東京在住の希望者は重宝しただろう。

ハリウッド女優のファッションと化粧法

ニューヨークのウィルフレッド・ビューティ・アカデミーで美容術を学んで、一九三六年に帰国した山本鈴子は、ニューヨークとハリウッドの違いを、「紐育土産」（『スタイル』一九三七年七月）でこう説明している。ニューヨークでは「社交界に出入りする婦人」は、街路を歩かず自動車で移動する。そのため街で最新のモードを見かけない。ハリウッドでは各店が、この帽子は「ジーン・ハーロウ好み」とか、このドレスは「デイートリッヒ好み」と宣伝して飾っている。だからそれを「自分の物」にすることができる。イヴニングドレスやアフタヌーンドレス、ブラウスやスカート、ハンドバッグや靴など、モードは多種類にわたり、月ごとに変化した。

新しいモードの情報を、日本で入手できる媒体の一つは映画である。試写会に招かれる文化人は、一足早く映画を観ることができた。小説家の岡田三郎は「試写室よりの随筆」（『スタイル』一九三七年一月）に、パラマウント社は特に熱心で、どんな映画でも試写会の案内を送ってくると書いている。「あれはどうも見せるほどのものではなかつたので、と、案内を出さなかつた」と、筈見恒夫《はずみ》は岡田に遠慮がちに弁解したことがある。それは筈見が東和商事宣伝部長を務めていたからである。「から試写が多くては困る」と嘆きながら、新居格《にいいたる》は試写室の椅子に収まっていた。岡田が試写室で苦手だったのは、映画評論家たちが申し合わせたように煙草を吸うこと。同じ小説家の中村武羅夫《むらお》は喘息で、楢崎勤は煙草嫌いだったから、岡田と同様に試写

アフタヌーン用の帽子姿の、パラマウントのジュリー・ヘイドン（『スタイル』1936・6）。

室では苦行の時間を過ごしていた。

苦行の時間でも、そこで出会う映画は魅力に溢れている。中村武羅夫にとっての最大の魅力はハリウッド女優だった。ただし美貌の女優というわけではない。「女性の魅力」（『スタイル』一九三七年一月）に中村は、「微妙な「陰翳」とか、「感じ」といふやうな点」に魅かれると記している。だから中村はジャネット・マクドナルドよりも、グレタ・ガルボの方が好きだった。「グレタ・ガルボのためなら、死んでも構はないと思ふほど、遣る瀬無くなる」と告白している。

中村武羅夫の関心は、人物だけに向いている。歌手の淡谷のり子がスクリーンを見つめる視線は少し異なる。女優だけでなく、女優が身につけているファッションを、視線が捉えているのである。「お色気お洒落」（『スタイル』一九三六年一二月）で淡谷は、「外国映画を見てゐる時、私は時々自分の理想に近い色気とお洒落を、スクリーンの女優さんから見出して恍惚となることがあります」と述べている。たとえばマレーネ・ディートリッヒなら、「とろけるやうな大胆な眼差しと、そして洗練された、黒つぽいドレス」を。あるいはジンジャー・ロジャースなら、「肉体全体からあふれるやうな色気とそして軽快なアメリカンスタイルの洋服の数々」を。日本人女性の「田舎くさい色気やお洒落」とは、まったく違う魅惑的な世界が、スクリーン上に展開していた。

モード誌の『スタイル』は、ハリウッド映画の世界をグラビア頁に移し替えている。たとえば夏。一九三六年七月号の「ビーチ・ウェア」で、タヒチ・スタイルの水着を披露したのはヘレン・ウッド。ネット風の

ビューラーを手にする20世紀フォックスのヘレン・ウッドの写真が印象的な「お化粧しませう」（『スタイル』1936・6）。

サンダルや、思い切った大型の帽子も身につけている。パトリシア・エリスは「日本ではちよつとコワくて使へない」けれども、厚手のサテンのブラジャーと、マーブル模様のショーツ姿である。あるいは秋。同年一〇月号の「秋風に乗つて」で、ネイビーブルーの粋なトップコート姿で立つのはゲイル・パトリック。ベティ・ファーネスはダブルブレストの外套や、帽子のリボン・ハンドバッグ・靴をネイビーブルーで統一した。「若いお嬢さんの真似たいなり」と編集部はコメントしている。映画のワンカットで心をときめかせた女性は、モード誌の頁で記憶を再び蘇らせる。モード誌によって、時間をかけてファッションを確認できた。

ファッションだけではない。創刊号には「お化粧しませう――美への近道」という記事も掲載された。「全世界を通じての生地美人、めつき美人の集合地、聖林《ハリウッド》の化粧常識の切抜帳」を謳い文句に、粉白粉の叩き方や、頬紅・眉墨の使い方について解説をしている。ハリウッド女優の名前は、読者の関心を惹くように効果的に使われた。グレタ・ガルボの「冷たさ」や、ジーン・ハーロウの「煽情的な雰囲気」は、眉と唇の化粧がポイントである。上唇を直線的にして、下唇にカーブをつけると、ベティ・デイヴィスのような「意地悪気」な印象を醸し出せる。

ヘレン・ウッドの化粧中の写真も載っている。口紅を筆で整えている場面と、睫毛を反らせている場面である。ハリウッド女優の化粧法を学ぶスポットという役割を、『スタイル』は担おうとしていた。

ただモードはスピーディーに変化する。芹葉輝夫「伊達男雑記」(『スタイル』一九三七年五月)に、日比谷映画劇場で原奎一郎と「限りなき旅」を観た話が紹介されている。原は五〜六年前にロンドンで観た映画だと憤慨しながらも、ロンドン生活の思い出に耽って、センチな気分になっていた。テイ・ガーネットが監督を務めたワーナー・ブラザースのこの映画は、一九三二年に制作されている。少し前の映画だと聞かされて、芹葉は合点がいった。ウィリアム・パウエルやケイ・フランシスのファッションから、「昨日の型」という感想を抱いていたからである。男性の洋服の流行には、大きな変化がないと言われる。しかし五〜六年の幅で見ると確実に変わることを、芹葉は改めて認識した。

映画は流行の羅針盤

映画館で同じハリウッド映画を観ても、職業によって気になることは異なる。「職業別映画観」(『スタイル』一九三六年一一月)はそのことを実感させてくれる小特集だった。「美容家」の項目で片岡マヤは、文化学院で勉強していた頃は「モンタージュ」「コンティニュイティ」などの概念を使って議論していたが、美容師になってから映画を観ると、「新しい髪型」「メイクアップ」「衣裳」に目が行くと語っている。最も洗練されたモードはパリで生まれ、ニューヨークでアメリカナイズされた。「万国向に大槻模《ママ》に商品化された『流行』」は、ハリウッド映画により世界中に伝わっていく。ロサンゼルスやニューヨークで美容技術を学んだ片岡は、帰国して間もない。ハリウッドでメーキャップを手伝ったスターが映画に登場すると、「わけもなくポーッ」としてしまった。

男性服の関係者なら、男優の衣裳に目が行くだろう。服部諭は「テイラー」の項目で、一〇年前の外国映画はスターしか上等な服を着ていなかったが、最近は脇役もいい服を着るようになったと述べている。このエッセイで面白いのは、客の注文の仕方。あそこの映画館で上映中の映画の、この男優のスタイルが気に入ったので、作ってほしいと頼まれ、映画館まで見に行ったこともある。ただ映画から細部を学ぶのは、至難の業だった。袖のツケ、肩の線、襟の形などの流行は分かる。しかしもう一度確認しようとしても、次のシーンでは違う服になっている。また静止した状態での観察は不可能だった。細部に気がついても、スタイル全体を味わえない。映画から得られる情報は、結果的に少なかった。

赤坂で水町洋装店を開いていた水町葉子は、「婦人洋裁家」の項目を担当している。仕事柄、ハリウッド映画の女優の衣裳に目を奪われる。ケイ・フランシスやマレーネ・ディートリッヒ、クローデット・コルベールやジョーン・クロフォードの衣裳を見ると、参考にする前に溜息が出る。また参考にしようと考えると、映画を楽しめなかった。あのスカートはどうなっているのかと思案するうちに、「スーパー・インポーズ」

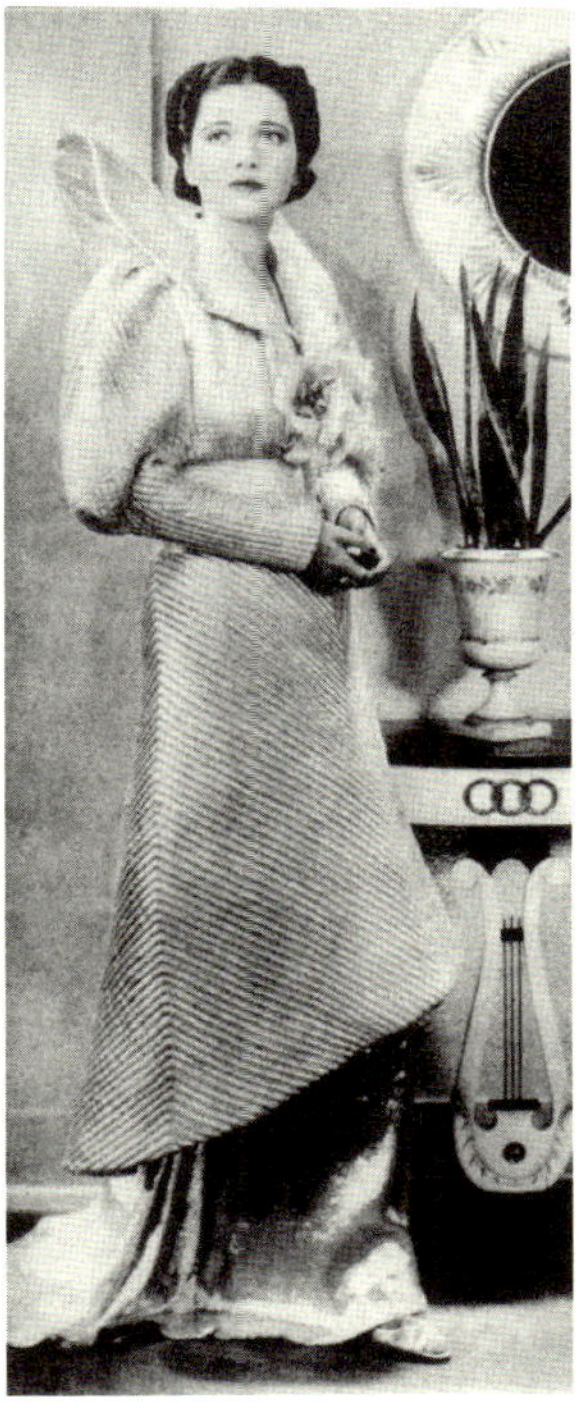

銀色のラメのイヴニングドレスに、銀のラメのコートを着たケイ・フランシス（『スタイル』1936・11）。

「沙漠の花園」のスチール写真（『スタイル』1937・5）。

（字幕）はどんどん先に行ってしまう。以前はモノクロでまだ気楽だった。ところが一九三六年にテクニカラー映画「丘の一本松」が、パラマウントで配給される。「コスチュームの凄いのが出現するやうになつたら、ズイキの泪と一緒にヒメイ」をあげることになると、水町は予想していた。日本映画はハリウッドに比べて、女優の洋装が進歩していない。映画会社がいいデザイナーを付ける方がいいと、水町は提言した。

映画やジャズの評論家だった野口久光も、今秋から登場するテクニカラーによる色彩映画は、衣裳にとって「好都合」だと考えていた。「映画と流行」（『スタイル』一九三六年九月）で野口は、ハリウッド映画から日本の洋装界は多くを学んできたし、今後も日本の「流行の羅針盤」になると書いている。ただハリウッド映画は世界中で「優勢」だが、「真の流行」は生み出せないと、野口は考えていた。ハリウッドは豊かな資金力を背景に、「世界の流行の発源地」パリから、デザイナーを招聘する。またヨーロッパの映画監督・脚本家や俳優と契約を結んでいた。しかし制作された映画には、「土地とか、風土が持つ個性の強さ」が欠けている。ハリウッド映画は「流行に利用され」るだけで、「流行雑誌に及ばない」というのが野口の見解である。

筈見恒夫は「色の着いたデイトリツヒ　その他」（『スタイル』一九三七年五月）で、色彩映画の色は「愉しい」という感想を洩らした。筈見が見たのは「沙漠の花園」と「ラモナ」の二本である。前者のスチール写真には、マレーネ・ディートリッヒとシャルル・ボワイエが写っている。「いやんなるほどなやましい」と、筈見はディートリッヒを賞賛した。ただすべてのハリウッド映画が色彩映画に代わったわけではない。現在は色彩映画の試行中で、映画に色がついても、スチール写真はモノクロである。「色を着けるにしても、未だ枝葉的な作品に限つてゐる。ＲＫＯがやつたから、パラマウントがやつた、パラマウントがやつたから、怖々二十世紀でやつたといふ程度」と筈見は考えていた。

フォックス社やワーナー・ブラザースに勤務した長谷川修二は、ハリウッド映画の衣裳事情を、「米国映画女優と服飾」（『スタイル』一九三七年七月）でこう説明している。映画に出演する女優は、エキストラ以外はすべて、制作会社が提供する衣裳を使用する。男優の場合は、戦争物や時代劇を除くと、自分の服を着用するのが「建前」だった。ハリウッド映画の女優の衣裳は、全世界に「模倣者」を生み出す。グレタ・ガルボが出演すると、老いも若きもガルボ風になる。「日本の若い女の衣裳の九十五パーセントは映画の模写」というのが長谷川の認識だった。

考現学が捉えたモダン東京の服飾の現在

風俗やモードは移ろっていく。たえず変化するモードの現在は、どのように捉えることができるのだろうか――その問いに答えるように、考現学は誕生した。今和次郎「考現学とは何か」（今和次郎・吉田謙吉『モデルノロヂオ「考現学」』一九三〇年七月、春陽堂）によると、一九二三年九月一日の関東大震災で、焼野原になった東京で、眼に映るものを記録しようとしたのが考現学の始まりである。それ以降に作成した記録の集成として、この書物はまとめられた。一例として「デパート風俗社会学」を確認しておこう。二八年一一月二五

男女の洋装・和装の比率を示した挿絵（今和次郎・吉田謙吉『モデルノロヂオ「考現学」』1930・7、春陽堂）。背後の建物は三越である。

日に三越の店内で、男性の六一％は洋装だったが、女性は子供や女学生を含めても、洋装は一六％にすぎない。成人女性に限るとわずか二〜三％だった。女性の結髪は、西洋髪が二八％に達して、一五％の日本髪の倍近い。残りの五七％は、中間の髪型である。しかし大阪に行くと両者は逆転した。日本髪が西洋髪に比べてはるかに目立つ。

一九三六年六月に創刊された『スタイル』はモード誌だから、考現学の記事も掲載されている。今和次郎は「スカートの話」（『スタイル』一九三七年四月）で、スカートの近代史をこう概説する。第一次世界大戦開戦（一九一四年）時の欧米では、「モクネヂ型」のスカートが流行していた。戦地に赴いた男性の代わりに、国内で女性の労働力が要請される。しかしこのスカートだと、ヨチヨチ歩きしかできない。そこで下脚が現れる位置で、裾を切り落とした「筒胴形」に代わる。最近のスカートは、二〇年前のそのシンプルな形から、「文化的にまた多少ロマンチックに」成長してきた。その途上の二七年〜二八年にはショート・スカートが出現している。

ファッションや装身具は、単体で存在するわけではない。今和次郎「パラソルの話」（『スタイル』一九三七年五月）は、パラソルの歴史を追いかけている。この名称が一般化したのは、女性が日除け用に、レース付きの軽快なアンブレラを愛用し始めた、一八世紀からである。一九世紀の中頃にスカート幅が大きくなると、反比例してパラソルの柄は短くなり、携帯品と化した。世紀末にスカートが細めになると、パラソルの柄は長くなり、「ステッキ的傾向」になる。日本では事情が少し異なっている。関東大震災後にスカートが少し短くなると、パラソルの柄も比例して短くなった。両者が最も短くなるのは一九二八年頃で、断髪も流行中だったから、「断裁美学の時代」の観を呈したという。一九三〇年代に入るとスカートは少し長くなる。ただ三七年はスカートが少し短めなので、パラソルも一〜二センチ短くなるのではないかと、今は予想している。

吉田謙吉は考現学の面白さに捉えられた一人である。毛皮襟巻が一般化してきたようだと感じたら、ノートと鉛筆を携えて銀座街頭に出てしまうと、「流行様相と考現学」（『スタイル』一九三七年二月）に記している。モードを認識するには、現在だけを観察すればいいのではない。現在を含めた変容の過程を把握しないといけない。だから吉田は「持久戦」という言葉を使った。実際に毛皮襟巻の数を調べると、すべてのショールの一割強しかない。これではまだ流行とは言えない。しかし女性の洋装が目立ち始めた頃も一割だった。「お嬢さん達が腕を組み合はせて歩くポーズ」の流行を調べたときも一割である。一割という数字は、流行が目立ち始めるときの「最低率」ではないかと、吉田は推測している。

考現学のデータの取り方は、矢野目源一・館真「30秒・考現学——お化粧とドレス」（『スタイル』一九三七年七月）を読むとよく分かる。日時は五月一七日の午後三時から四時の一時間。場所は銀座五丁目のコロンバン横。「考現学的レンズの30秒のシヤツターに映つた貴女の御いでたち」と書いているので、スナップ写真を撮影して記録したのだろう。ドレスを担当した館は、観察対象を色に絞った。「ベストドレッサー」三〇人のドレス・ハンドバッグ・靴・帽子が、黒・白・鼠・茶・赤・黄・緑・紺・格子・プリント・雑色のうち、どの色なのかをチェックしていく。ドレスは紺系統が三分の一を占めていた。帽子の大部分は紺系統、

お化粧とドレス

30秒・考現學《モデルノロジオ》

お化粧　矢野目源一　5月17日 P.M. 3—4

ドレス　舘　眞　於銀座五丁目 コロンバン横

銀座八丁、新橋から尾張町四丁目目指して、折からの薫風をきつて、あだかも、龜屋からコロンバンへ差しかかる、一跤ぎ30秒、落ちくる麗人、淑女ご令孃、頰に若さと青春をたたへ、お召ものは色とりどりの季節の花。

考現學的レンズの30秒のシヤツターに映つた貴女の御いでたちこそは‥‥お氣に障りませんでしたか。

	1	2	3	4	5	6	7	8	9	10	11	12	13	14	15	16	17	18	19	20	21	22	23	24	25	26	27	28	29	30
頭髪 パーマネント及びセットの 有＋	＋	＋	＋	＋	＋	＋		＋	＋	＋	＋		＋	＋	＋	＋	＋		＋		＋		＋	＋	＋		＋		＋	＋
無－							－					－						－		－		－				－		－		
白粉 粉白粉＋ 水白粉－ 誤色×	×		×	×	×	×	＋				＋		×	×	×	×	＋		＋	＋		＋	＋	＋	＋			＋	＋	＋
		－						－	－	－		－						－			－					－	－			
頬紅 適○	○		○							○	○		○				○	○	○				○	○	○					○
不適×		×		×	×	×	×	×	×			×		×	×	×				×	×	×				×	×	×	×	
口紅 明○											○		○						○		○						○	○		
中×	×	×	×		×	×	×	×	×	×		×			×	×	×	×		×						×				×
暗△				△										△								△	△	△	△				△	
肌質 普通◎ ニキビ○		◎	◎		○		◎	○	◎	○	◎				○	○	○	○			◎			◎	○	○		◎		○
ソバカス×						×							×	⊗								×	×						×	
アレ性△	△			△								△							△	△							△			
眉 描き方良○		○							○		○		○				○		○		○		○	○	○		○	○	○	○
否× 描かず－	×		×	－	×	－	－	－		－		×		－	－	－		×		－		×				－				
顔の色質 黒B 中M 白W	M	M	M	B	B	W	W	B	M	W	W	M	M	W	W	M	M	M	M	B	W	W	B	M	B	B	B	B	B	M
効果 良○	○					○	○				○		○				○		○		○		○	○	○			○	○	○
否×		×		×				×				×				×		×		×						×	×			
地味□			□		□				□	□				□	□							□								
二十歳前と推定Y 二十歳以上と推定○	○	Y	Y	○	○	○	Y	Y	○	Y	Y	Y	Y	Y	Y	○	○	Y	Y	○	○	○	○	○	○	○	○	Y	○	Y
採點	8	7	7	7	6	7	8	5	7	6	9	4	9	7 6	7	6	8	6	9	7	8	6	8	8	8	5	6	7	8	7

この統計に現はれた對象は代表的な銀座美人だけが選んだものです。

頭髪のお手入はみな大變よろしく白粉の選び方はまちまちですし、頬紅の色の不適當なのが目につきます オレンヂ系であるとか、若いのに暗い色がえらんでゐる不調和さ、これはもつと研究していたゞきたい。口紅も同樣です。銀座の女の子は大阪と異つて肌のお手入が目立つてよく素顔美といふ事に關心が持たれてゐるのはよろこばしい現象です。眉の描き方は概して個性的でお上手、御存知ないこととは言へ、いろいろ觀察させていたゞきまして失禮いたしました。どうぞあしからず。

矢野目源一

「30秒・考現学」では詳細な記録をまとめた表がページを埋めた（『スタイル』1937・7）。

靴の大部分は茶系統で、ハンドバッグはまちまちという結果が出ている。

化粧を担当した矢野目源一は、「代表的な銀座美人」を三〇人選んだ。チェックした項目は、頭髪（パーマネント及びセットの有無）、白粉（粉白粉・水白粉・誤色）、頬紅（適・不適）、口紅（明・中・暗）、肌質（普通・ニキビ・ソバカス・アレ性）、眉（描き方良・否・描かず）、顔の色質（黒・中・白）、効果（良・否・地味）で、二〇歳前か二〇歳以上かは推測している。各項目を集計して、矢野目は一人一人を一〇点満点で採点した。「頭髪のお手入はみな大変よろしく」「眉の描き方は概して個性的でお上手」だが、「頬紅の色の不適当なのが目に」つくと、総評で述べている。「いろいろ観察させていたゞきまして失礼いたしました。どうぞあしからず」と、矢野目は総評を結んだ。

「お洒落画報」は「動く」女性文化の創造を目指していた

創刊して二冊目になる『スタイル』一九三六年七月号の表紙絵は、創刊号に続いて藤田嗣治が担当している。掲載図版はモノクロになってしまうが、表紙絵の色彩を確認しておこう。金髪の女性の瞳は青く、赤い口紅をさしている。赤いストライプの服を着て、帽子のリボンは青く、花は赤い。藤田の絵だから、読者はパリの女性だと感じただろう。誌名の上には「お洒落画報」と記されている。これが創刊当初の『スタイル』のコンセプトだった。宇野千代は「編輯後記」（『スタイル』一九三六年一二月）で、グラビアは以下の割合にしたいと述べている。洋装が一六（五〇％）、和装は八（二五％）、化粧が四（一二・五％）、男性は四（一二・五％）。つまり『スタイル』の編集方針は、女性を中心化して、和装よりも洋装に比重をおいていた。

下村道子の洋装姿（『スタイル』1936・12）。

宇野千代は『スタイル』（一九三七年二月）の無題の文章に、こう記している。「若い女の人たちの間に『美しい人』の増えたのに驚く。これまでのハンコで捺《お》したやうな『美人』なんか犬に食はれて了《しま》へだ。動く美人、あなたひとりしかゐない美人、さういふ美人はみんな若い人だ。スタイルの売れる所謂《いはれ》だ」と。「動く」という言葉には、さまざまな意味が籠められていた。文章が直接言及しているのは、ハワイへ避寒に出かける銀行頭取夫人と、マニラへ出発した吉屋信子の、二人の行動的な女性である。ただ宇野の文章の横に、「せにょりた」（『スタイル』一九三六年一二月）の写真を並べると、「動く」の別の意味が見えてくる。「スポーツの大好きな下村道子嬢。山脇敏子女史の洋裁学院で洋裁の御勉強中です。鹿児島高等女学校を御出身です」と、写真のキャプションには記されている。スポーツは身体の運動である。また下村が学んでいる洋装は、和装に比べて、活発に動けるファッションだった。

島津製作所マネキン部顧問を務める彫刻家の荻島安二は、マネキンを通して見える女性の身体の変化を、「マネキン」（『スタイル』一九三七年二月）でこう指摘している。以前の日本のマネキンは、「芸者風のほつそりした不健康な美人型」が多かった。しかし最近は柳腰型が減っている。スポーツ好きな洋装女性は、のびのびとした体格なので、「現代人と等身のサイズの、健康なマネキン」を作るようになったと。図版の新旧二つのマネキンは、どちらも和服用だが、顔がまったく異なる。女性のスポーツが盛んになるのにつれて、動的なマネキンが作られるようになった。「マネキンは流行をリードするもので、その顔や容姿は、常に流行より一歩前進して」いるべきだというのが、荻島の考えである。

日本の女性は一九三〇年代半ばに、洋装が似合うようになってくる。モガ（モダンガール）やモボ（モダンボーイ）を題材に、漫画を描いた田中比左良《ひさら》は、ラジオ放送のネタを仕入れるため、「外国婦人の相当有名な洋裁のデザイナー」二人から聞いた話を、「おしゃれ随筆」（『スタイル』一九三七年七月）にこう記している。日本女性の洋装はここ一～二年で非常に進歩して、幼い少女もデザイン・着こなし・歩き方に気を配るようになった。西洋と比べると、日本の流行は半年遅れである。たとえば西洋ですでに廃れたチュニックが、日本では流行中である。日本の女性の洋装は「雷同性」が強くて、自分に似合わなくても、他人に合わせて着るという話に、田中は深く頷いた。意見が異なったのは脚線美の捉え方。二人の見方は、「垂直で細身の脚線を至上とする」「外人本位」の美意識だと、田中は違和感を抱いている。

式場隆三郎「和服の美」（『スタイル』一九三七年二月）にも、「現代女性の洋装が、もう板についてゐて毛唐の前へ出しても恥しくなくなつ

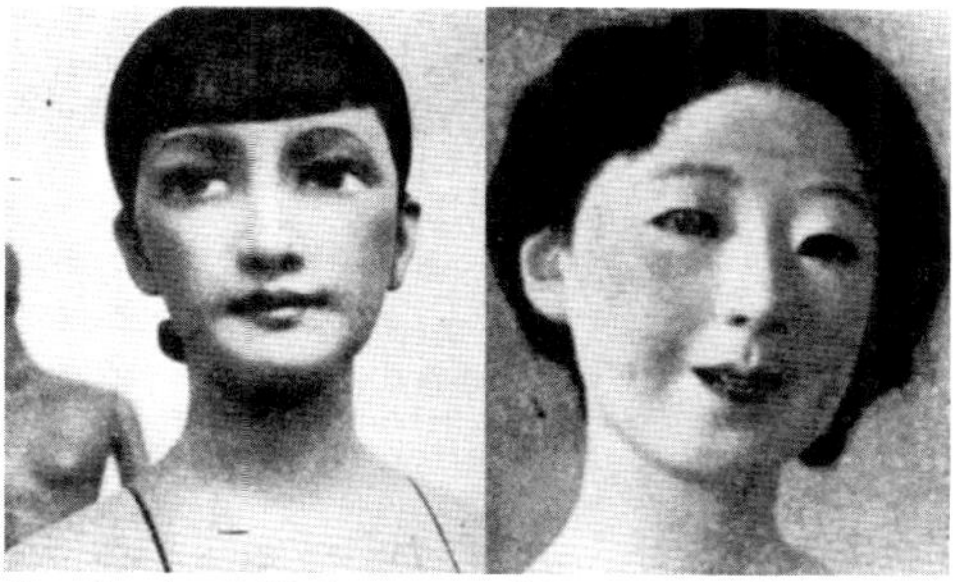
右は「旧来の和服用マネキンの顔」で、左は「新しい和服用マネキンの顔」（荻島安二「マネキン」、『スタイル』1937・2）。

た、といふ話はよくきく」という一節が含まれている。ただ洋服の普及に伴って、逆に和服が目立つようになったと式場は感じていた。洋服は「事務的」なタイプが多く、上等な洋服は知識が乏しい上に、経済的に手が届かないことが理由である。だから外国人の前に出るときは、和服を着てほしいと、式場は希望している。ただ洋服の知識が乏しかったのは、女性だけではない。精神科医の式場が一日の大半を洋服姿で過ごすように、男性の間で洋服は一般化している。しかし洋服の鑑賞眼は少しも進歩していないと、式場は感じていた。

イタリア生活が長いオペラ歌手の原信子は、自分に合う色を一つか二つ決めるように、日本の女性に勧めている。「服装の配合」（『スタイル』一九三七年二月）によると、ヨーロッパでは友人とドライヴに出かけるときも、服の基本的な色や配合を打ち合わせていた。夜会では自分の服の色と合わない人と、隣席にならないように注意している。日本に帰って驚いたのは美しい女性の、洋装の色彩である。青い帽子に黒茶のコート、紺のスカート・赤茶の靴下・黒い靴を、平気で身にまとっている。欧米の「一流の街」なら、この人は「気狂ひ扱ひ」されるだろうと、原は慨嘆した。クラシックの演奏会でも、原は音楽を楽しんでいただけではない。演奏者のファッションを観察しながら、服の形や色の配合について考えを巡らせていた。

避暑地のスポーツとファッション

パリで福島コレクションを作った画商の福島繁太郎は、一九三〇年代の巴里日本美術家協会の後ろ盾だった。妻の慶子は「仏蘭西の避暑地」（『スタイル』一九三六年七月）で、パリで暮らす人々の七〇～八〇％は田舎に家を持ち、夏の休暇を楽しむと述べている。同じ場所に飽きた人や、経済的に余裕がある外国人は、ドーヴィルやビアリッツ、モンテカルロやリドで避暑を楽しんだ。ただし「一流」の避暑地だから、出費がかさむことは覚悟しないといけない。「海岸着、カジノ着、夜会着、散歩着、ヨット着、ドライヴ着、ゴルフ着」というように、スポットごとにファッションが異なる。より大衆向きなら、ノルマンディー地方の海岸や、エクス＝レ＝バンやヴィシーのような山間部の避暑地もある。

日本で避暑地として最も有名なのは軽井沢だろう。ただ堀辰雄は「軽井沢―熊の宿《ベヤアス・ハウス》」（『スタイル』一九三六年七月）で、人が溢れる真夏ではなく、梅雨になる前の六月の軽井沢ライフを推奨している。堀の理想のプランは、こんな生活だった。気の合った友人五人くらいで、各自の部屋がある別荘を借りる。午前中は仕事をして、昼食時に初めて顔を合わせる。昼寝をしてから、一緒に戸外で、テニスや、乗馬や、散歩を楽しむ。夜は音楽家にピアノを弾いてもらい、ベランダで歓談して、ランプの灯りの下で手紙を書く。『スタイル』は創刊号のグラビアで、ハリウッド女優のスポーツドレス姿を紹介している。図版は、乗馬服に身を包んだジーン・チャトバーン。

ジーン・チャトバーンの乗馬姿（『スタイル』1936・6）。

山中湖に小さい家を建てて、ヨットかスカルを楽しむという夢を、「山中湖」（『スタイル』一九三六年七月）に記したのは戸川エマである。夏の朝は涼しいので、セーター姿で外出して、小さい花束作りに熱中する。真紅の野苺を摘んで、ジャムを作ると美味しい。昼からはスカルを出す。波がないから舟は湖面を滑っていく。慶応の学生か、ドイツ人のお爺さんか分からないが、ヨットを楽しんでいる人もいる。夜になると大きい薪を燃やして、トランプに興じたり、映画雑誌を見て過ごす。就寝前にもう一度湖水の方に出ると、ホテルの灯が遠くの水に映って美しかった。スカルを知らない読者もいるが、スカルの乗り方は「スカルABC」(同年八月号)で、広瀬謙三が解説している。

　ささきふさ「上高地」(『スタイル』一九三六年七月)には、天候が怪しかったので、槍ヶ岳から笠ヶ岳へという予定を変更して、上高地ホテルまで下ってきて、休養する光景が描かれている。上海から避暑に訪れた外国人も多く、短ズボンをはいて日除け傘の下で寝そべっていた。夕食前に「彼」は散歩に出かける。帽子を取りにホテルに戻った「私」は、後を追うが姿を見失ってしまう。セーターと薄毛のブラウスを通して、陽射しが「ほかほか」しているが、木陰に入ると熱は逃げていく。「彼」を見つけられずホテルに戻ると、未明に槍ヶ岳へ出発して戻ってきた三人の外国人が、膝小僧を出した姿でぐったりして、レモンスカッシュを飲んでいた。

　山はどんなスタイルで登ってもいいというわけではない。中村正常は「山でもオシヤレは必要」(『スタイ

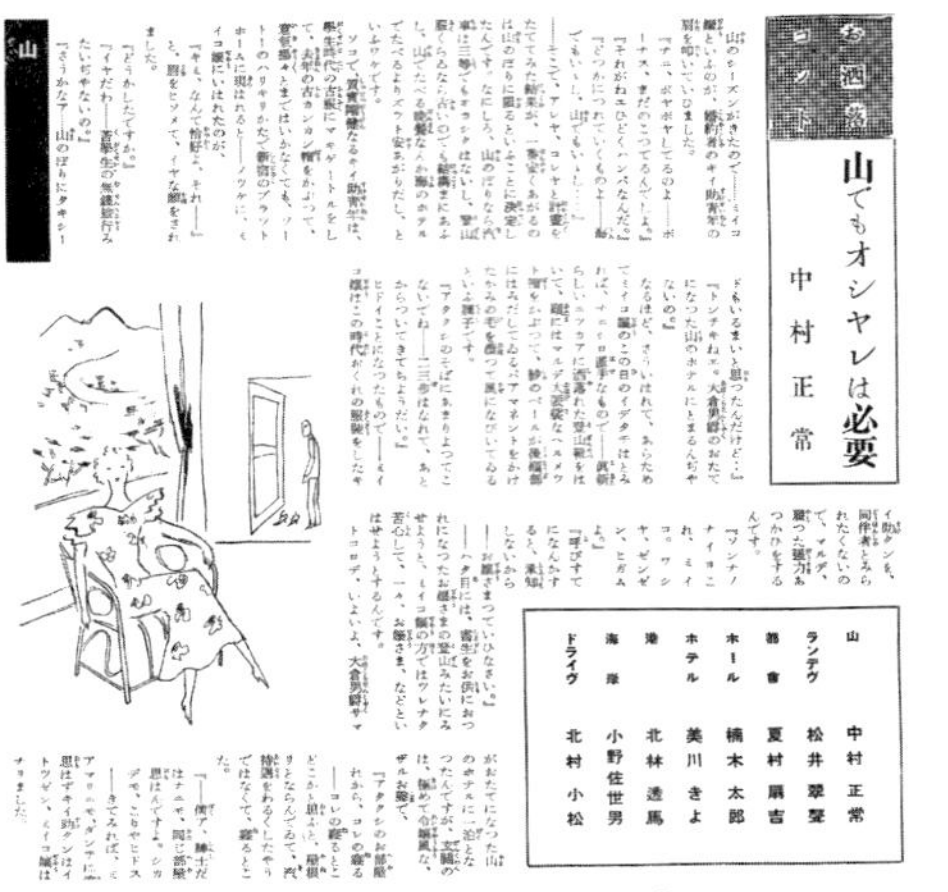
山でもオシヤレは必要
中村正常

物語仕立てで登山の服装の心得を説いた「山でもオシヤレは必要」(『スタイル』1937・8)。

ル』一九三七年八月）に、婚約中のキイ助青年とミイコ嬢を登場させた。ミイコ嬢のいで立ちは、「真新らしいニッカアに洒落れた登山靴」をはき、髪は「紗のベールが後頭部にはみだしてゐるパアマネント」をかけている。質実剛健なキイ助青年は、「学生時代の古服にマキゲートル」姿で、頭に「古カンカン帽」を被っていた。同伴者と見られたくないミイコ嬢は、キイ助青年を三歩下がって歩かせ、書生扱いをして「お嬢さま」と呼ばせる。キイ助青年は「お洒落の教養」が乏しい。「してみると、スタイルなんて雑誌は、一見ウスッペラで貧弱さうにみえますが、ナカナカ、ドウシテ、馬鹿には出来ない必読すべき雑誌です」と、中村はこのコント（短い物語）を結んでいる。

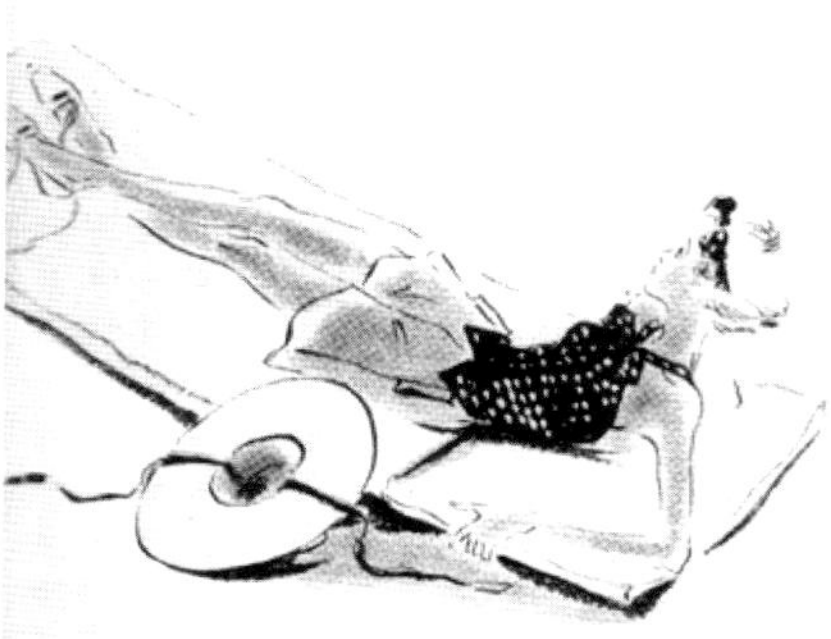

「海へ行く旅行鞄」の挿絵（『スタイル』1937・8）

必読雑誌という観点で見ると、由比ヶ浜の海水浴を描いた小野佐世男のコント「盗られた水着」（『スタイル』一九三七年八月）は、同じ号の記事・広告・写真・挿絵の情報とリンクしている。今和次郎「水着の変遷」は、一八七〇年、八九年、九五年、一九〇〇年、一〇年、二八年の水着の挿絵を載せて、変遷が分かるように紹介した。三八年に海辺の避暑を楽しむとき、ミイコ嬢はどんなスタイルで現れるのか。図版は、「海へ行く旅行鞄」の挿絵の一つである。砂浜で寛ぐためのファッションだが、強い外光とマッチさせようと、「原色の強い色」になっている。谷長二「SMART　ECONOMY」（同号）に、「鎌倉の海辺に派手な海水着を纏て海へ入らずに居る麗人」は、「陸の人魚」と呼ばれると述べた。三八年に流行した水着は、同号の松坂屋の広告「今年の海水着」や、摩耶まりゑ・佐々木信子の水着姿の写真で分かる。海水浴をするときの化粧の仕方は、矢野目源一「太陽の抱擁」が解説している。キイ助青年が予習をすれば、役立つ情報を得られただろう。

和服が似合わず、小説の主人公に着せて鬱憤を晴らした吉屋信子

創刊当初の『スタイル』のグラビア頁は、洋装が和装の二倍を予定していた。しかし和装を無視したわけではない。この時代の日本女性のファッションは、和装が主流である。例外的な一人は吉屋信子。「私と和服」(『スタイル』一九三七年五月)に吉屋は、「地味な粋なものは一切似合はない」ので、黒紋付が似合う宇野千代が羨ましいと書いている。和服が似合わないと考えていた吉屋は、「小説の中の女主人公にふんだんに、凝つた着物を着せて、せめてもの鬱憤を晴らして」いた。写真(五一頁)はそんな吉屋が新居で撮影した、「後にも先にもたつた一枚」の和服姿で、自ら「珍品」と記している。

洋服か和服かという選択には、さまざまなドラマが付随していた。一九二九年から三二年まで四年間渡欧した岡本かの子は、洋行中は和服で通そうと出発時に決心する。「和服次第書き追憶」(『スタイル』一九三七年一月)で岡本は、丸帯・振袖・羽織・長襦袢・ふだん着など、自分の着物のなかで「一番派手なもの」を選んだと回想している。アメリカの俳優ダグラス・フェアバンクスや、カナダの女優メアリー・ピックフォードと、上海ホテルで写真に収まったときも和服だった。ナポリでは周囲が「キネマ、ギアール」と騒ぎ、巡査から一緒に写真を撮りたいと頼まれる。ただヨーロッパの街を歩くうちに、和服は「非実用的」だという思いが強くなっていく。和服の美は静の美で、自動車がスピーディーに走る西欧都市の動とは合わなかった。

裾さばきや、袖の振り栄えは、「西洋の交通機関」に「牴触」するという気持ちが強くなる。パリで岡本は洋服姿に切り替えることを決め、「親しき西洋婦人」に和服をプレゼントしてしまう。

和服が身近にあったために、屈折感を抱くようになるのは美川きよである。深川の呉服屋の娘として生まれた美川は、小さい頃から呉服の色や匂いに囲まれて育った。呉服屋の娘だと自慢したくて、友達を家の前まで連れてきて遊んだことを、「女なんだもの」(『スタイル』一九三七年一月)で回想している。ただし自分の好みの着物を、自由に着られたわけではない。「裁ちそこなつた派手すぎる着物、売れ残つたじみ過ぎる着物」を着せられて、「着物への欲望」は消えていった。着物の良し悪しや値段はすぐに分かる。安物を着ている女性を見ると軽蔑心が湧いてくる。他方で流行中の着物や色は、「浅はかな女心」を見せびらかしているような気がして、好きになれなかった。

吉屋信子「私と和服」(『スタイル』1937・5)に添えられた、和服姿の吉屋の写真。

女優の飯田蝶子は「黒猫の帯とお魚の着物」(『スタイル』一九三七年八月)で、珍しい体験を語っている。三越の三彩会で、ビロードの黒猫を織り出した、西陣の黒地の帯を見つけた。猫の毛並みが浮き上がり、眼には金糸の刺繍を施してある。気に入って買い求めたのはいいが、個性的すぎて、帯に合う着物が見つからない。「淡い水浅黄色に、井桁模様」を散らした着物を、呉

美川きよ「女なんだもの」（『スタイル』1937・1）の頁に掲載された、谷崎潤一郎の娘・鮎子の着物姿。文化学院在学中で、枝垂れ梅の模様の納戸縮緬を着ている。

服屋に注文してみた。しかし黒い帯を乗せてみると、「安カフェーのマダム」のようで失敗に終わる。同色で地紋の着物ならと考え直して、デパートや呉服屋で探し続けた。ようやく見つけたのは、熱帯魚の地紋がある着物。着てみると、猫が魚を狙っているようで、「面白い結果」になったと飯田は喜んでいる。

絽《ろ》ちりめんが好きだったのは小寺菊子である。肌ざわりが爽やかで、梅雨晴れの蒸し暑い日は、生地の透目《すきめ》から涼しい風が入ってくると、「絽ちりめんなど」（『スタイル』一九三七年五月）に書いている。小寺は一〇年ほど、初夏になると、紺地に銀狐色の細い線を斜めにしぶいた絽ちりめんを探してきた。しかしそれが見つからない。しかも最近は大量生産のため、染めが悪くなったと落胆している。小寺が感嘆したのは、紺地に白抜きで染めた、長谷川時雨の絽ちりめんである。京都の日本画の大家が下図を描いた、「そこらに見当らない豪奢な」着物だった。

日本画家の鏑木清方は、日本舞踊家の花柳寿美《すみ》の曙会で宇野千代と出会った。そのときに同行していた娘の着物が、宇野の「鑑賞に適つ」て、エッセイの執筆を依頼されたと、「娘のこのみ」（『スタイル』一九三七年三月）に書いている。着物の図案を手掛けた美術家は少なくない。京都には「草の葉染の会」があって、画家や工芸家が関わっていた。鏑木も友禅や浴衣の図案を描いている。ただ鏑木は娘の着物の選択について、指図をしたわけではない。「おとうさんの選《よ》つたのなんか、地味くたくつて」と、鏑木は二人の娘から言われていた。

洋服か和服かと問うと、両者は厳然と分かれるように見えるが、互いの服地を使えないわけではない。「十月号で宇野さんが書いていらしつたやうに洋服地で創つた和服も面白いけれど、和服地で創つた洋服も、一寸した思ひつきでまあと驚くやうなのが出来る」と、川瀬美子は「和服地の中から」(『スタイル』一九三六年一二月)に記している。川瀬は帯でブラウスを作ったことがある。それは長谷川時雨からもらった帯で、チャイニーズ・ブルーの地に、金・銀・赤・紫・白・緑などの糸で、模様を織り込んだ支那緞子《どんす》だった。川瀬が感心したのは、三浦環の「匹田鹿子のネグリジエ」。それを二〇歳前後の女性が着たら、どんなにエレガントだろうと、川瀬は想像している。

宇野千代の古布あさりと、洋服地で和服を作る先見性

七月末の午後に、広い芝生の前庭を見ながら、白い洋館の客間で、森田たまは人を待っていた。芝生の向こうの木立から蟬の声が聞こえてくる。「お手本」(『スタイル』一九三六年八月)によると、その「静かな画」のなかに、一人の女性が入ってきた。着物・帯・日傘・草履はすべて黒。胸に抱えたハンドバッグの燃えるような紅と、足袋の白さが目を射る。客間に入ってきたのは宇野千代である。後に森田は、その日の宇野の装いが、「触感の冷たさを眼に訴へた涼しさ」だったと気付く。普通の人にはとても真似ができない。「服飾もまた一つの芸術」であるという実感が、森田の心を満たしていった。

それから八ヵ月後の三月、森田たまは再び宇野千代のファッションに目を見張ることになる。前回は着こ

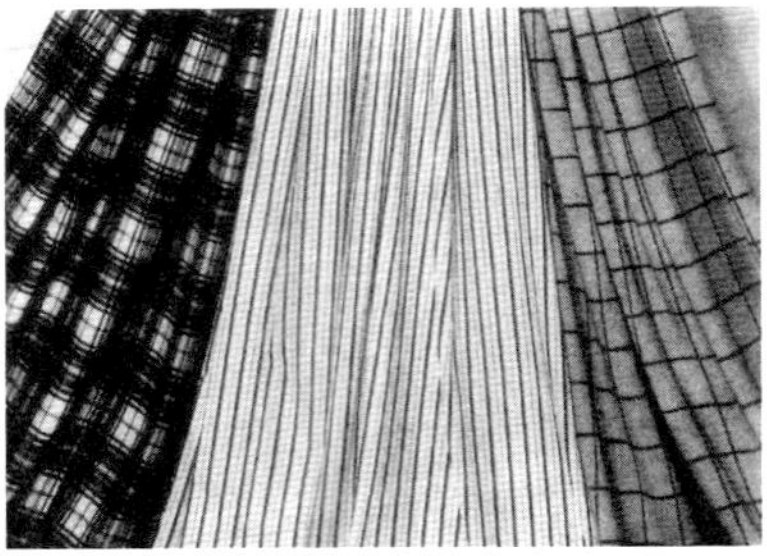

「新しいセルのキモノ」（『スタイル』1937・4）で宇野千代が紹介した洋服地。右はチェック・ホップサック、中央はペンシルストライプコーデュロイ、左はタータンチェック。

なしが難しい黒地だった。今回はうまく着こなせる人がほとんどいない緑地。「緑の着物」（『スタイル』一九三七年五月）で森田は、最も難しい色合いを、宇野はみごとに「征服」していたと感嘆の声を洩らす。深い緑と細い黒の上に、桜の花のような小さい模様が、浮織風になっている。それがお召ではなく、洋服地だと教えられたとき、森田は驚いて、思わず手を伸ばして布地に触れてみた。黒い羽織に黒い半襟姿で、帯は「さびた桃いろに丸い小模様の木綿もの」である。帯〆は、黒と黄のビロードのリボンの縫い合わせ。洋服地を使った着物は、宇野の「先見の明」で、配色やリボンの使用は「新しい美の創造」になっていると、森田はその姿に見とれた。

図版は、宇野千代が「新しいセルのキモノ」（『スタイル』一九三七年四月）で紹介した洋服地である。右はチェック・ホップサックで、「くすんだ、ピンク色地に鼠色濃淡の格子」と説明されている。中央のペンシルストライプコーデュロイは、「白地に黒黄赤の強烈な原色の縦縞」である。左はタータンチェックで、「赤緑白藍黒の強烈な色彩」だった。宇野はこの布地で、ウールの単衣を作ることを提案している。柄や色彩は自由に選択できる。普通のセルに比べると、値段は少しはるが、「実に魅力のある、味はひの深いキモノ」に仕上がる。「バタ臭い感じ」の生地ほど、「面白い効果」が現れた。「断髪の若いお嬢さま」に着てほしいと、宇野は考えている。

宇野千代の試みを支えていたのは、古布あさりである。宇野が古布（古着）を見て回ることは、『スタイル』編集部で話題になっていた。編集スタッフの木村珠子は、「雑記」(『スタイル』一九三七年一月)にこう記している。「宇野社長の古着買ひはますます病コウモウで、今日も全身六円五十銭のイキ好み。長襦袢が一円五十銭で帯側が二円で、黄八丈の着物が二円で羽織が一円——といふ物凄い掘り出し振り。これで、どんな一流芸者衆より、ステキなんだから、一同ダアとなる」と。古布あさりの「病」は、他のスタッフにも伝染していく。「うちの社長のことを書くのは、少し気がひけるのですが」と断りながら、「古着買ひの面白さと言ふものが、おぼろげながら私にもわかりかけて来た」と、濱屋喜久世は「みをつくし」(『スタイル』一九三七年四月)に書いている。「お嬢様方」に勧めたいという気持ちを、濱屋も抱くようになっていた。

古布あさりで手に入れた明治時代の古裂《ふるぎれ》。それを再利用して作った「築地明石町」型の着物には、どんな履物が合うのだろう。「下駄の古典調」(『スタイル』一九三七年二月)に宇野千代は、「新橋のさるイキ向《むき》のお姐さん」が、「眼の覚めるやうに鮮かなセルリアン・ブリユウの革製の草履」で歩いていたと書いている。緑がかった明るい青色は、粋に見えただろう。ただ宇野は草履を「バタ臭く」感じて、着物に合う下駄を探していた。見つけたのは爪先が四角い、スクエアトウシューズを想起させる下駄である。このときも宇野は、それを実際に履く女性として、「思ひきりモダーンな、断髪のお嬢さま」を思い浮かべている。

宇野千代と阿部ツヤコがデザインした「第一回スタイル推薦衣裳」(『スタイル』1936・9)。

宇野千代は古布あさりだけでなく、自らデザインも手掛けた。五五頁の写真は、「第一回スタイル推薦衣裳」（『スタイル』一九三六年九月）で、布地は銀座のミラテス特製の大幅手織銘仙。山の別荘のパーティーを想定して、赤坂の水町洋装店が製作し、映画女優の桑野通子がモデルを務めた。阿部ツヤコの「編輯後記」によれば、宇野と阿部の二人がデザインを考えたという。写真は、宇野が考案した「銘仙のハンドバック」（『スタイル』一九三七年七月）。地は薄い水色で、赤・白・紺の模様が入っている、洋装にも和装にもマッチするようにデザインされた。この製品はスタイル社代理部で販売している。

スタイル社代理部で販売した「銘仙のハンドバック」（『スタイル』1937・7）は、宇野が考案している。

一九三〇年代後半の日本を代表するデザイナー

一九三〇年代後半の日本では、どのデザイナーが活躍していたのだろうか。荒軽人は「デザイナアの横顔—日本版—」（『スタイル』一九三六年九月）で六人を紹介している。まず冒頭で銀座のクローバ洋装店の、小澤静枝を取り上げた。「日本のランヴアン」に譬えて、「巴里、紐育の社交界の雰囲気をそのまゝ東京に移植する実力と自身《ママ》のある服飾家は先づ此の方の他にはない」と、最大級の賛辞を捧げている。「Q et R」という読者からの質問欄に、小澤は回答者としてときどき登場する。「レイン・コート——雨の日も楽しく」（『スタイル』一九三六年七月）というエッセイでは、レインコートの型や布地、帽子や傘や靴について説明した。折り畳むと長さ五〜六寸（約一五〜一八センチ）になる便利な傘が、最近アメリカから輸入されたと紹介している。

次は銀座のロンモ洋装店の中島要子。荒軽人は「中島要」と書いているが、「Q et R」（『スタイル』一九三七年一月）には中島要子という記載がある。このときはアイススケート用スカートの、型と布地の質問に回答している。ロンモ洋装店に行くと、藤田嗣治が描いた「黒地に白の美人画」が目を引くと、荒は述べた。中島は美術家と広く交流していて、有島生馬・津田青楓・東郷青児らが店に出入りしている。教育者としても優れていたようで、「有能なお弟子さん達」を輩出していた。

三人目は東京服飾美術専門学校校長を務める山脇敏子。「お洒落問答」（『スタイル』一九三六年一〇月）の「コーヒはドコ産のものがお好きです?（喫茶店ではドコのコーヒーが一番でせう?）」という質問に、「マズイから日本に帰つてからは殆どのみません。仏蘭西のロトンドやドームの立飲み位の味は中々日本では得られないと思ひます」と答えたように、パリ生活が長かった。初めて渡欧したのは画家としてで、同じ画家の津田青楓と結婚するが一九二六年に離婚している。経済的に自立しようと服飾を学び、二九年にアザレという店を銀座に開いた。『スタイル』の常連

野村小枝子のイヴニングドレス姿の写真は、荒軽人「デザイナアの横顔—日本版—」（『スタイル』1936・9）と同じ頁に掲載された。製作はパリのジャン・パトゥ。

高島屋婦人服部のドロシー・エドガースが、デザインしたドレス（『スタイル』1936・9）。

執筆者で、藤田嗣治のパリでのこんなエピソードを、「本能的な趣味的な」（『スタイル』一九三七年二月）で紹介している。藤田がパリで怪我をしたときに、人々は近くの施療院（無料で貧民を治療する病院）に連れていこうとした。ところが靴を脱がせると、足の爪がきれいにペディキュア（マニキュア）されている。「相当身分のある人に違ひない」と思われ、一流の病院に運ばれたという。

四人目は大阪にイトウ洋裁研究所を開設していた伊東茂平。仕事柄、「Q et R」に洋裁の解説書や参考書の質問が来ると、回答者として登場した。『スタイル』一九三六年一〇月号のこのコーナーに、「洋装用語の原語、図解入りの解説書はありませんか?」という質問が載っている。伊東は木村慶市編『英和洋装辞典』（一九三六年五月、慶文社）を挙げて、こう付け加えた。「私が少しばかり冨山房発行の国民百科辞典に書きました。其ピックアップを現在婦人公論に本年から毎月書いて居ります」と。伊東の服飾論議は、『婦人公論』や『婦人画報』で目にすることが多い。

次は兵庫に田中千代洋裁研究所を開いた田中千代。荒軽人は「千代子」と記載したが「千代」が正しい。文部省在外研究員になった地理学者の夫と共に、ロンドンやパリやニューヨークに滞在して、服飾デザインを学んだ。鐘淵紡績の顧問や、阪急百貨店のデザイナーも務めている。「刺激と新鮮さ—流行の多岐性—」（『スタイル』一九三七年一月）で田中は、以前は「クララボウ型の丸顔の美人」のような、「美人の標準型」が存在したが、今日では標準に当てはまるものは「平凡」と否定され、ファッションも個性を活かす方向に変化してきたと指摘している。「日本に於てデザイナアなる職業の権威ある独立は初めて同嬢に依つて確立された」というのが、荒の見解である。

最後は高島屋婦人服部のデザイナーを務めた、日本生まれのアメリカ人女性ドロシー・エドガース。「三越、白木屋其他のデパートで高級を以て招聘されたデザイナアの多い中、高島屋に於けるエドガース女史程日本の上層階級の夫人令嬢方におうけになつた方は少ないでせう」と、荒軽人は紹介した。人気の理由の一つは、和服の布地で、洋服のデザインをしたことだろう。写真（五八頁）は『スタイル』一九三六年九月号の奥付頁に掲載された、エドガースのドレス。白地に薄いグリーンの縞を染めた「友禅絽麻一反」で作っている。

美容院——パーマネントウェーブの全盛期

パーマネントウェーブが日本で普及するのは一九三〇年代である。銀座・横浜元町・神戸三ノ宮に店舗を構えていたマキシン美容室のスズ・ホソノは、日本の美容界がパーマネントウェーブの全盛を謳歌していると、「着物とカールの調和」（『スタイル』一九三七年三月）で述べている。ただ美容の流行が、いつも「洋装の人」を主対象にしていることを、ホソノは物足りなく感じていた。マキシン美容室の広告（『スタイル』一九三七年一月）も、使用したのは洋装の女性の写真である。だからエッセイのタイトルのように、ホソノは着物に調和するパーマネントウェーブをアピールしようとして、エッセイでは和装の女性の髪型の写真を使った。

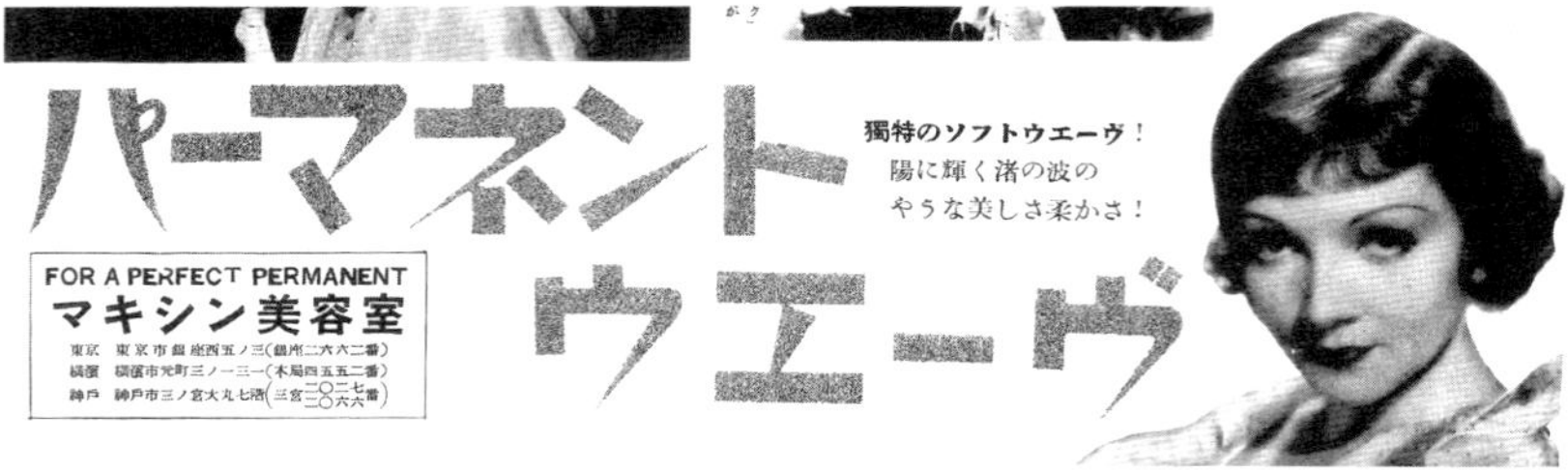

洋装の女性の写真が使用されたマキシン美容室の広告（『スタイル』1937・1）

日比谷にあるクラブ・ビューティ・ハウスのメイ・岩崎は、「パーマネントのかけ方」（『スタイル』一九三七年三月）に、欧米の最新機はワイヤレス・ウェーブだが、まだ「試験時代」であると書いている。このとき同美容院で使っていたのは、コンボ・リングレットのパーマネントだった。ところが一九三七年七月号のクラブ・ビューティ・ハウスの広告では、「パーマネントに新時代来る！」というキャッチコピーが使われ、日本で初めて最新式パーマネント機ミニトンを導入したと謳っている。従来のパーマネントウェーブの問題は、熱による火傷の危険性だった。しかしミニトンには「自働温度調節作用」が備わり、毛髪の性質に合った温度を選択する。したがって過熱による障害が起きない。しかもカーリングの時間が従来の五分の一に短縮されている。

同じ一九三七年七月の『スタイル』には、銀座と名古屋の松坂屋前にある、テルミーハウスの広告も載っている。この美容院のキャッチコピーは、「紐育最新のパーマネント」「１９３７年度米国美容家協会コンテスト入賞」である。山本鈴子『語り継ぐ美容史――近代美容の道を開いて』（一九九三年一二月、ブレーンセンター）によると、山本は三二年に銀座で美顔術や着物の着付けを行う、テルミーハウスを開業した。しかし最新の美容を学びたくて三四年に渡米、ニューヨークのウィルフレッド・ビューティ・アカデミーに入学する。アメリカのレベルは日本とまったく違っていた。日本のパーマネントは一種類だったが、アメリカには五種類あり、コールドウェーブが主流になっている。山本は三六年に帰国して、ニューヨークで学んだ技術を導入した。

写真の渡邊はま子（右）と宇野千代（左）が座っているのは、美容院のソファである。「Snap at Beauty parlour」（『スタイル』一九三六年一二月）に宇野は、「美容院の午後、ちょうどマニキュアのお済みになつたビクターの弗函《ドルばこ》、渡邊はま子さんとサロンで落合ひました。大急ぎ、社長さんは写真部の技師を召集してパチリと一枚、この通りです。はま子さんは粋な茶の一色。帽子も狐の襟巻も、ジャケツもベルトもスカーツも、靴もハンドバッグも、濃淡ブラウンのこころよい諧調を醸し出してゐます」と書いている。前年の秋に横浜高等女学校の音楽教師を辞職した渡邊は、ビクターで歌手活動に専念する。この年の三月に出した「忘れちゃいやヨ」は、六月に内務省から、エロを理由に発売禁止処分を受けた。しかしその三ヵ月後に歌詞の「ねェ」を除いてリメイクし、「月が鏡であったなら」を発売して大人気になっている。

美容院のソファに腰かける渡邊はま子（右）と宇野千代（『スタイル』1936・12）。

社会人を経て歌手活動に専念した渡邊はま子は、すでに二〇代半ばなので、美容院のことは熟知している。しかし女学校を卒業したばかりだと、分からないことがあっても当然だろう。「女優として女として」（『スタイル』一九三六年八月）に真木潤は、高峰三枝子のこんなエピソードを書き込んだ。「おめかしもせず、小ざつぱりとした服装」の高峰が、ある日松竹大船撮影所に現れて、「母を尋ねて」に主演すると語る。その翌日に高峰は、「物凄いパーマネント・ウエーヴでやつて来て、再びひとびとの目を円く」させた。撮影所に結髪部があることを知らず、自費で美容院に行ったのである。高峰は三月に、東洋英和女学院を卒業したばかりで、八月公開の「母を尋ねて」がデビュー作になる。銀座のコロンバンの前に立つ高峰の写真が、『スタイル』一九三七年六月号に載っている。高峰人気はすさまじいもので、撮影時には大群集が詰めかけた。

（上）銀座コロンバンの前に立つ高峰三枝子（『スタイル』1937・6）。布地は銀座のストック、仕立ては山脇敏子、帽子は麻布のマグノリア。
（下）矢野目源一・宇野千代と、スタイル社大阪支社の「セニヨリータ・クラブ」の集合写真（『スタイル』1937・6）。

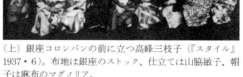

スタイル社の美容関係の催しには多くの人が集まっている。矢野目源一は一九三七年四月二九日にスタイル社の大阪支社から招かれ、大丸で開催された「美容講演と実演の会」に出席した。宇野千代が執筆した『スタイル』同年六月号の無題の後記によれば、宇野も大阪に同行している。大阪支社の「セニヨリータ・クラブ」のメンバーや、矢野目の美容研究会の会員が集まり、当日は盛会だった。同誌に掲載された写真（六二頁下）の最後列、時計の下にいるのが宇野で、その左の男性が矢野目である。写真のキャプションでは、「矢野目源一先生に物を訊く会」という名称の催しになっている。

プライベートを覗く愉しさ①
——高杉早苗やターキーは、どう化粧しているの？

創刊から一年が経過した『スタイル』一九三七年五月号の後記（無題）に、こんな体験が記されている。「銀座でお茶を喫んでゐると、お隣りのテーブルを囲んでゐた美しい二三人のマドモアゼルが何か綺麗なお喋りをはずませてゐたが、フト「それ、スタイルに出てたんぢやない」といふ言葉だけが耳に響いてきた」と。それを聞いて後記の筆者は、「スタイルは若い人たちのお茶や散歩の「愉しい会話」の中には、出てこなければならない固有名詞になつて」いると喜ぶ。「スタイル」（『スタイル』一九三七年八月）の一節も併せて引いておこう。「かういふ流行語を知つてますか？「あの人、ちよつとスタイルね！」雑誌『スタイル』以後、スタイルといふ言葉が銀座を歩いてゐます」。

雑誌『スタイル』の売れ行きは順調で、特に若い女性に好評だった。『スタイル』一九三七年二月号の「編輯後記」は、銀座の何軒かのスタンドで、瞬く間に四〇〜五〇部が売れていくと述べている。好評な記

裏表紙全体を使ったクラブ乳液の広告（『スタイル』1937・5）。

事の一つは、著名な女優や文化人のプライベートを覗く企画だろう。プライベートには化粧が含まれている。企画の口火を切ったのは、編集長の宇野千代自身で、「私のお化粧」（『スタイル』一九三七年一月）を披露した。「朝は昨夜のクリームを洗ひ落す程度に、ざつと洗ふか、拭きとる程度、二三滴のオリーヴ油を顔中、眉にも塗毛にも唇にも、端念に塗り込んだ上、両頬へ、頬紅の替りにラントリツクのNo.2（棒紅）を塗り、指さきでよく伸ばします。それから肌色の粉白粉を適宜、眉を引き、最後に頬に使ったのと同じ口紅で、唇を塗ります」。所要時間はわずか五分。編集長が先鞭をつければ、映画スターにも依頼しやすくなる。

松竹映画女優の高杉早苗が「私の化粧」を発表したのは、『スタイル』一九三七年五月号である。高杉は「朝起きたら」「外出前には」「夜寝る前には」の三つの時間帯に分け、どう化粧をするのか説明した。それだけではなく「常用してゐる化粧品と、美容院」も公表している。化粧品はクラブ乳液とクラブ・ホルモン・クリームを使用し、白粉はコティ。頬紅は決まっていないが現在はクラブで、口紅はミッチェル。『スタイル』には多くの化粧品の広告が掲載されている。クラブは常連で、五月号の裏表紙はクラブ乳液の全面広告だった。コティも「新製香水」の広告を出している。人気女優が愛用しているという記事は、化粧品会社を喜ばせたに違いない。高杉の行きつけの美容院は芝口美容院である。記事を読んで、この美容院に替えた高杉ファンもいただろう。

その二ヵ月後の一九三七年七月号になると、「私のお化粧」は個人の原稿のタイトルではなく、小特集になる。執筆したのは以下の六人である。古賀メロディの歌とシャンソンで知られる、日本コロムビアの淡谷のり子。山田耕筰に師事した童謡歌手のダン道子。国際的なオペラ歌手として活躍し、歌劇研究所を主宰していた原信子。石井漠からモダンダンスを習い、フランスやアメリカでも評価された舞踊家の崔承喜。「エノケンの青春酔虎伝」や「良人の貞操」（吉屋信子原作）などの映画に出演した、PCL女優の堤真佐子。ダンスホール・フロリダのダンサー時代にスカウトされ、映画「彼と彼女と少年達」「感情山脈」などで人気を博した松竹の銀幕スター桑野通子。

映画女優に憧れる女性読者は、女優がどんな化粧をしているのか、興味津々だった。桑野通子が主に使用するのはマスター化粧品。肌に色を合わせるため、粉は四〜五種類を混ぜていた。眉は刷毛で軽く引き、頬紅は明るい色で、口紅はダークを選んでいる。「ほんとうに簡単で御座います」と桑野は書いた。堤真佐子はさらにあっさりしている。「私は厚化粧がきらひなのでお白粉に一寸ほゝ紅をつける程度です」と。朝晩の手入れさえ念入りにしておけば、外出するときも白粉をはたかなくていいという。

当初から二ヵ月連続の企画だったのだろう、「私のお化粧」は八月号にも掲載されて、以下の七人が執筆した。松竹少女歌劇団の断髪の男役で「男装の麗人」と言われ、月刊雑誌『ターキー』まで発行されていたターキー水ノ江（水の江瀧子）。松竹蒲田撮影所の幹部で、「東京の宿」や「一人息子」などの小津安二郎監督映画で活躍した飯田蝶子。小説家の林芙美子。パリから帰国後に、日本初演の「カルメン」に出たオペラ歌手の佐藤美子。随筆家の森田たま。軽演劇劇団「笑の王国」の看板女優で、太秦や東宝の映画にも出演した

『スタイル』（1937・7）のグラビア頁「水ノ江瀧子さん」。キャプションには、「日本一の人気者／白いサンダルごらうじろ／踊るタップに／日本の乙女は手に手をとつて／ロンド踊りををどります」と記されている。

三益愛子。エノケンのカジノ・フォーリーで舞台に立ち、「坊っちゃん」「兄いもうと」などの映画に出演したPCLの女優竹久千恵子。ターキー水ノ江に夢中の若い女性は多かったから、どのように化粧しているのかは、注目を集めただろう。「お化粧はとても簡単」と断って、ターキーは手順をこう説明した。「ロードポーを顔全体によく擦りこんで、しばらくおいてからタオルでスッカリ拭きとります。つぎに資生堂の蜂蜜化粧水を塗つて、その後でマスターの粉白粉を軽くたゝいてをきます。そしてほんのり頰紅と口紅をつけて、うすく眉墨を引きます。口紅はミッチエルのを使つてゐます。眉墨は紙の上に墨をのばしたキハズミが一番使ひ良いやうに思ひます」——雑誌発行後の銀座のカフェでは「マドモアゼル」たちが、ターキーの化粧の話題で盛り上がったに違いない。

プライベートを覗く愉しさ②
——口紅・洋服・美容院・香水・マニキュア

文化人や芸能人のプライベートを覗くことができる企画は、創刊号からスタートしている。その代表的なコーナーがアンケート「お洒落問答」で、『スタイル』一九三六年六月号は三つの質問を用意した。①どこ

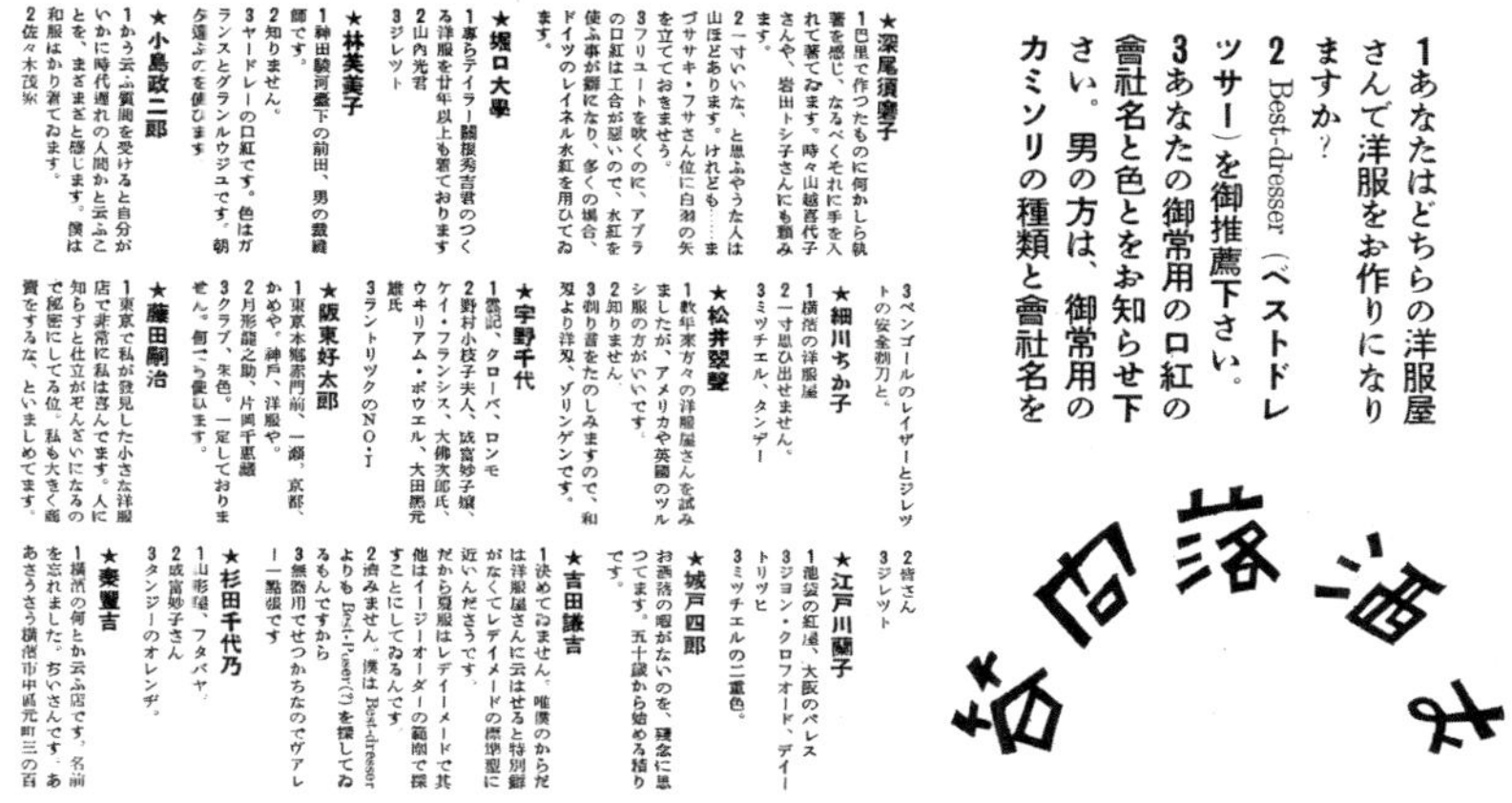
お洒落問答

1あなたはどちらの洋服屋さんで洋服をお作りになりますか？
2 Best-dresser（ベストドレッサー）を御推薦下さい。
3あなたの御常用の口紅の會社名と色とをお知らせ下さい。男の方は、御常用のカミソリの種類と會社名を

★深尾須磨子
1巴里で作つたものに何かしら執著を感じ、なるべくそれに手を入れて著てゐます。時々山越喜代子さんや、岩田トシ子さんにも頼みます。

2一寸いいな、と思ふやうな人は山ほどあります。けれども……まづササキ・フサさん位に白羽の矢を立てておきませう。

3フリユートを吹くのに、アブラの口紅は工合が悪いので、水紅を使ふ事が癖になり、多くの場合、ドイツのレイネル水紅を用ひてゐます。

★堀口大學
1専らテイラー闘根秀吉君のつくる洋服を廿年以上も著ております
2山内光君
3ジレット

★林芙美子
1神田駿河臺下の前田、男の裁縫師です。

2知りません。

3ヤードレーの口紅です。色はガランスとグランルウジユです。朝夕這ふのを使ひます

★小島政二郎
1かう云ふ質問を受けると自分がいかに時代遅れの人間かと云ふことを、まざまざと感じます。僕は和服ばかり着てゐます。
2佐々木茂索
3ペンゴールのレイザーとジレットの安全剃刀と。

★細川ちか子
1横濱の洋服屋
2一寸思ひ出せません。
3ミツチエル、タンヂー

★松井翠聲
1數年來方々の洋服屋さんを試みましたが、アメリカや英國のツルシ服の方がいいです。

2知りません。

3剃り書をたのしみますので、和刄より洋刄、ゾリンゲンです。

★宇野千代
1雲記、クローバ、ロンモ
2野村小枝子夫人、跋當妙子孃、ケイ・フランシス、大佛次郎氏、ウヰリアム・ポウエル、大田黑元雄氏
3ラントリツクのNO・1

★阪東好太郎
1東京本郷赤門前、一瀬、京都、かめや。神戸、洋服や。
2月形龍之助、片岡千惠藏
3クラブ、朱色。一定しておりません。何でも使ひます。

★藤田嗣治
1東京で私が發見した小さな洋服店で非常に私は喜んでます。人に知らすと仕立がぞんざいになるので秘密にしてる位。私も大きく商賣をするな、といましめてます。
2皆さん
3ジレット

★江戸川蘭子
1池袋の紅屋、大阪のパレス
3ジヨン・クロフオード、デイートリツヒ
3ミツチエルの二重色。

★城戸四郎
お洒落の暇がないのを、殘念に思つてます。五十歳から始める積りです。

★吉田謙吉
1決めてゐません。唯僕のからだは洋服屋さんに云はせると特別製がなくてレデイメードの標準型に近いんださうです。だから夏服はレデイーメードで其他はイージーオーダーの範圍で探すことにしてゐるんです
2濟みません。僕は Best-dresser よりも Best-Pxser(?)を探してゐるもんですから
3無器用でせつかちなのでヴアレー一點張です

★杉田千代乃
1山形屋、フタバヤ。
2跋富妙子さん
3タンジーのオレンヂ。

★秦豐吉
1横濱の何とか云ふ店です。名前を忘れました。ちいさんです。あさうさう横濱市中區元町三の百

深尾須磨子や堀口大學など文化人が名を連ねた「お洒落問答」（『スタイル』1936・6）。

の洋服屋で洋服を作っているのか、②ベスト・ドレッサーは誰か、③口紅の会社と色（女性）、剃刀の会社と種類（男性）。③の口紅で多いのは高杉早苗やターキーが愛用したミッチェルで、女優の江戸川蘭子（二重色）・細川ちか子（タンジー）・三宅邦子（アメリカニューヨーク）や、登山家の黒田初子（オレンジ）が、（ ）内の色を好んでいた。他の人とは異なる事情を抱えていたのは深尾須磨子。フルートを吹くときに「アブラの口紅は工合が悪い」ので、ドイツのレイネル水紅を使っている。色にだけこだわりを持つのは岡本かの子で、「何処のでもオレンヂ色のなら」と回答した。

パリ滞在中に洋服を購入した女性は、それを大切にしたいという思いが強い。「巴里で作つたものに何かしら執著《ママ》を感じ、なるべくそれに手を入れて著《ママ》てゐます」と深尾須磨子は書いた。ヨーロッパの都市空間で、和服の移動が難しく、洋服に切り替えた岡本かの子は、「パリとベルリンとウイーンで買つて来た服が未だ残つてますので何処でも作りません」と答えている。パリへの憧憬は強い。銀座カネボウの広告（創刊号）は、田中千代のデザインと、「巴里好みの婦人服地」をキャッチコピー

神宮外苑に散歩服姿で立つ入江たか子（『スタイル』1936・9）。撮影は福田勝治。

にしている。複数の女性が名を挙げた日本の洋服店は、銀座西にある「高級婦人服の雲記」。宇野千代と阿部ツヤコは雲記を愛用していた。②は複数の人が、女性では成富妙子を、男性では大田黒元雄を、ベスト・ドレッサーに推している。

『スタイル』一九三六年七月号の「お洒落問答」は、①愛用するシャボン、②就寝はベッドか畳か、③行きつけの理髪店・美容院を尋ねた。「小生シヤボンなどあまり用ひず、手アタリ次第、今日手を洗つたシヤボンはセンタク石鹸でした」と北村小松が答えたように、男性の多くはシャボンに関心がない。喜多壮一郎は「あてがはれるまま」、萩原朔太郎は「何でも手当り次第」、秦豊吉は「知りません」と素っ気ない。人気が高かったのは資生堂石鹸で、島津保次郎・高田浩吉・中河幹子・林芙美子・堀内敬三が挙げた。女性読者は③の美容院が、気になったかもしれない。吉行あぐりと最近知り合いになったので、伊東屋美容室に行ってみたいと書いたのは村岡花子である。竹久千恵子は銀座のハリウッド支店、中河は四谷見附のスキート美容室に通っていた。意外なのは林芙美子。美容院は恥ずかしくて入れず、近所の理髪店に行くと答えている。

その翌月の『スタイル』の「お洒落問答」は、女性と男性に分けて質問を出した。女性には男性の香水が好きかどうか、男性には女性の真紅の爪をどう思うかと。前者は否定的な回答が圧倒的に多い。条件付きの例外は、「ハンケチへ高級香水をつけない様につけて居るのは好き」と答えた森律子である。深尾須磨子は男性の香水は嫌いだが、「カルナヴァル・ド・ヴェニスのオー・ド・コロニュ（殿方用）」は許容範囲だった。後者もほとんどの回答が否定的である。蘆原英了の「その女の人に依つて好きな時もあれば、嫌ひな時もあります」や、川路柳虹の「姿も顔もきれいな方なら。そして美しい手をもつ人に限る」は、具体的な女性を思い浮かべて答えたのかもしれない。

喫茶店に行くと有名人に会えるのではないか――『スタイル』一九三六年一〇月号の「お洒落問答」は、そんな願望を生じさせただろう。「コーヒはドコ産のものがお好きです？（喫茶店ではドコのコーヒーが一番でせう?）」という問いが含まれていたからである。資生堂かフジ・アイスに映画ファンが入れば、飯島正が二杯目を飲んでいたかもしれない。小説好きの人が朝から松屋の地階に行くと、ブラックコーヒーを注文する林芙美子を目撃する可能性があった。入江たか子ファンが銀座の耕一路を覗くと、浅草オペラで有名な伊庭孝が寛いでいることもある。美術好きがコロンバンに行けば、「ガラスのコップ」でコーヒーを味わう中村研一の姿を認めただろう。フェミニズムに関心がある人は、「くるみの家」の店内で神近市子と議論する機会があったかもしれない。

夏姿の仲田菊弋（『スタイル』1936・8）。「二科会の明星――日本のマリー・ローランサン」とキャプションは伝える。帯留には、ドイツの古い陶器貨幣を使用している。撮影は福田勝治。

文化人の書斎には、誰の額が飾ってあるのだろうか。「OSHARE-MONDO」（『スタイル』一九三七年二月）によれば、堀口大學はスペインで親しかったマリー・ローランサンの絵を二点、詩人の佐藤惣之助は数年前に亡くなった古賀春江の油彩を掛けていた。硲《はざま》伊之助が壁に掛けたエル・グレコ「ボアの女」は、自分で描いた模写だろう。鍋井克之は自分の絵だけでなく、中川紀元が描いてくれた「妻の肖像画」をときどき飾っていた。ダン道子は竹久夢二の肉筆を掛けている。絵ではなく、書を飾る人もいた。上海への渡航歴がある思想家の新居格は、魯迅の七絶を。舞踊家の崔承喜は、師事していた石井漠の「舞踊旋風」という書を。写真が飾られていることもある。仲田菊代は小出楢重のデッサンと一緒に、ピアニストの原智恵子の写真を楽しんでいた。

広告と文化人
――宇野千代の「ゴロナ」、吉行あぐりの「森永牛乳」

企業と文化人がタイアップすることは珍しくない。『スタイル』一九三六年八月号の高島屋の広告は、その顕著な一例である。「紺碧の海、爽快の大空に描く海水着の彩線は、盛夏のリズム、青春のシムボル――今夏は特に、東郷青児、田口省吾、宮本三郎、硲伊之助、野間仁根、吉田謙吉、平井房人、高岡徳太郎諸先生方の、デザインによる、海水着、同附属品、ビーチパラソル、浮袋等の特作品を豊富に取揃へました」と、広告は述べている。図版（七一頁）の水着は右から、宮本の「かもめ」、東郷の「暁」、田口の「嬉び」。モデルに起用されたのは日活の女優で、右から花柳小菊・黒田記代・原節子である。高島屋はファッションのモードを生み出す目的で、一九一三年から百選会を組織し、委員会に文化人を招聘してきた。水着のデザインも、そのような人脈で依頼したのだろう。

ただ『スタイル』の掲載広告に、文化人が関与するのは、それとは異なる行為である。創刊号（一九三六年六月）の「ゴロナ」の広告を見ておこう。カタカナの「ゴロナ」と、算用数字の「５６７」の二種類の表記があり、「ちよつと豪華なおのみもの」と記されている。広告の左側には、宇野千代の次の言葉が配された。「私の作中人物は／よくゴロナを飲む。／作者が好きだからである。／私は殊に、近代型の女主人公に／これをすすめる。／ゴロナの洗練された近代味が／彼女の明るい性格を／物語つてくれるからである」。広告の制作段階から関与しなければ、八行の言葉を広告にはめ込むことは難しい。同じく創刊号の「三共のヨゥモトニック」の広告にも、「朝起きて／顔を洗ふ、／歯を磨く。／（ここまでは／誰でもする）／だが、私は／もう一つ／頭髪《あたま》に／ヨゥモトニックを／ふりかける。」という、宇野の言葉が入っている。『スタイル』創刊に際して、企業の広告を取るために、編集兼発行者の宇野が、積極的に広告制作への関与を申し入れたのかもしれない。

『スタイル』（1936・8）の高島屋の広告で使われた写真。広告にはこれ以外に、野間仁根デザインの水着「海の華」、硲伊之助デザインの水着「南の国」、高岡徳太郎デザインのビーチパラソル「かもめ」の写真が載っている。

宇野千代は「お自慢の紅茶」（『スタイル』一九三七年一月）に、「紅茶、紅茶。私は紅茶の一点張りで、朝のパンにも紅茶、昼間のお客さまにも紅茶、夜の仕事にも紅茶です」と記した。そして自慢の紅茶の淹れ方を、こう説明する。大き目の紅茶漉しに、普通の倍の分量の茶葉を入れる。茶碗にたっぷりのコンデンスミルクと、少量の砂糖を入れておく。紅茶漉しに熱湯を注ぐが、紅茶を浸す分量の最初の湯は捨てる。コンデンスミルクと紅茶を丹念にかき回して、チョコレート色になれば上々。——これだけを読むと普通のエッセイに見えるが、

（上）宇野千代の言葉を使用したゴロナの広告（『スタイル』1936・6）、（中右）宇野千代の言葉を使用した「三共のヨウモトニック」の広告（『スタイル』1936・6）、（中左）宇野千代「お自慢の紅茶」と日東紅茶の写真（『スタイル』1937・1）、（下）吉行あぐりの言葉を使用した森永牛乳の広告（『スタイル』1937・5）。

レイアウト（七二頁中左）を確認しておこう。日東紅茶の写真とのモンタージュである。つまりエッセイは広告として機能するように配置されている。

広告に文章を入れたのは、編集兼発行者の宇野千代だけではなかった。『スタイル』を通読すると、似たような広告が散見される。たとえば一九三七年五月号に掲載された森永牛乳の広告には、美容師の吉行あぐりの文章が使われている。「牛乳は飲むお化粧品です！」というキャッチコピーと、「外面の美容と、内面の美容を具備してこそ完全な美容と申されます。そのために必要な栄養素が、森永牛乳には豊富に含まれてをります」という文章の末尾に、「吉行あぐり」のサインが添えてある。吉行は『スタイル』の編集スタッフではなく、外部の人間である。だから企業の広告を取ろうと、自発的に行ったわけではない。『スタイル』に執筆する文化人の起用を、宇野が広告主に提案しなければ、このような広告は実現しなかったはずである。

洋装姿の新島クラ（「Snap Shot」、『スタイル』1937・1）。

同じ号に載った「春の美容医学」というコーナーも、そのことを裏付けている。「あれ性あぶら性は過労と便秘から」という記事の執筆者は、医学博士の大島靖。「お白粉のノリが悪くてお化粧が思ふ様に出来」ない女性は、「美容を損ふ」三つの原因が考えられると大島は指摘する。①精神的過労。②ホルモンの刺戟。③胃腸方面から来る刺戟と毒害。これだけを読むと、女性の美容の悩みに応える記事に見える。しかし記事はこう続く。胃腸病には「錠剤わかもと」がよく効くと。さらに発売元と値段も明記された。つまり広告として機能するように、記事が書かれているのである。さらに同じ頁には、淡谷のり子「打つて変つた朗らかさ」も掲載された。そこで淡谷は、「錠剤わかもと」を服用したところ、便秘は解消して、吹き出物が治り、皮膚の荒れも少なくなって、化粧が思い通りに仕上がると述べている。淡谷はこの商品の、広告塔の役割を担ったのである。

記事と広告の関係で、少し珍しいケースは、「Snap Shot」(『スタイル』一九三七年一月)だろう。松竹少女歌劇の男役スター、オリエ津阪を含めて、六人の女性の洋装姿のスナップ写真を、見開き二頁に配した記事である。そのうちの一人が、図版(七三頁)の新島クラ。実は同じ号に、クラヤ特殊化粧品本舗の、クラヤ整肌基礎クリームや、クラヤ美肌水の広告が掲載されている。マダム・クラヤをモデルにしたカットも、広告には添えられた。そのマダム・クラヤは写真の新島。つまり広告主が同時に、スナップ写真の被写体として、誌面を飾っているのである。

男性のモードの先端──大田黒元雄と谷長二

ファッションのモードの記事は、女性だけに限っていたわけではない。編集兼発行者の宇野千代が、グラビアの一二・五%を男性に割こうと考えていたように、男性のモードの記事も掲載されている。『スタイル』創刊号(一九三六年六月)の「お洒落問答」で、複数の人が男性のベスト・ドレッサーに挙げた大田黒元雄は、執筆者の一人だった。大田黒はロンドン大学に留学したことがある。同号に発表した「帽子随筆」で大田黒は、どうしてイギリス人が被ると中折の山がいい格好になるのかという、ロンドンの二階建てバスで湧いてきた友人の疑問に、こう答えている。西洋人の頭は楕円形が多いが、日本人は頭が丸い。だから外国製の中折を日本人が被ると、直に山の形が悪くなると。

襟付きシャツが流行して、モーニングやタキシードを着用するときを除くと、カフス釦《ボタン》を使わなくなった。それなのにカフス釦の原稿を依頼され「閉口」したとぼやきながら、大田黒元雄は「カフス釦」（『スタイル』一九三七年三月）に、ヨーロッパでの体験を記している。一九二八年にアムステルダムでオリンピックが開かれた。そのときにカフス釦を失くした大田黒は、同地滞在中の岸清一から借用する。ところがそれも見当たらなくなり、五輪マーク入りの安い貝釦を、デパートで購入して渡そうとした。ところが岸が受け取らなかったので、自分で使用することになる。パリで薩摩治郎八に会ったときに、「素晴らしいカフス釦」だと褒められた。そこで安物だと説明すると、「君のことだからカルティエあたり」で買ったのかと思ったと薩摩は笑った。

税所篤二「洒落もの」（『スタイル』1936・10）の頁に掲載された写真。

税所篤二《さいしよとくじ》は「洒落もの」（『スタイル』一九三六年一〇月）で、「洒落者」には「イミテエションと独創的な者」の二つのタイプがあると述べている。前者は、海外の流行雑誌に通じていて、流行の先端を取り入れようとするいわば「病人」。対照的に後者は、自分の個性を活かす新しいスタイルの創造を目指していく。税所が後者の一例

谷長二「スマートエコノミイ」（『スタイル』1937・4）の頁で紹介された、フォックスの映画俳優アラン・レーン。1937年のこの流行柄は、日本人では「線の強い風貌」の人か、「顔の色の白い」人が似合うという。

として挙げたのは藤田嗣治である。中学生のときに自らミシンで作った制服は、同級生の目に「断然群を抜いて」映っていた。和装で個性的なお洒落をしているのは、木村荘八・梅原龍三郎・山内《やまのうち》義雄・河上徹太郎ら。島崎藤村の渋味のある和服は、「別世界の衣裳」のように見える。洋服を独特の趣味で着こなすのは、大田黒元雄・中村研一・西條八十である。

谷長二は男性のモードの紹介者として、『スタイル』で活躍している。「スマートエコノミイ」（『スタイル』一九三七年四月）で谷は、男性用の洋服の「今春のファッションカラア」を論じた。新聞や雑誌には、今春は茶色が影を潜めるという予想が出ている。しかし谷はこう反論した。「この二三年服地に対する茶色の進歩といふものは大したもので外国の色は殆んど作られて居るばかりでなく、ヨゴレの一番目立たぬ、変色せぬもので、言つて見ればスマ・エコ・カラア」であると。海外のモード誌に目を通しているストックの木村慶市も、海外の流行はブラウンだと説いていた。だから谷は社会に出る卒業生に、茶色の服を一着新調するように勧めている。

谷長二は「夏の背広服」（『スタイル』一九三七年七月）で、自分を「洋服屋」と呼んでいる。「吾々洋服屋は商売意識をはなれて、国際的に恥かしからぬ洋服を作つた事、すべて文化的代表的のスタイルを出せるやうになつたことは、科学者、技術家によつて造られた飛行機に比敵《ひつてき》する位のものであると思ひます」という文章は、「洋服屋」の自負心を示している。これまでは西洋の洋服の「イミテーション時代」だった。しかし現在は「遥かにアチラの服より上手に仕立が出来る」と、谷は胸を張って語る。自負心を支える理由の一つは、銀座のテーラーのショーウインドーだった。「ギンザメードの洋服」が「立派」になったことを、谷は喜んでいる。もう一つの理由は、「スタイル誌のダテオトコの頁」のために毎号集めてきたアメリカの男優の写真である。掲載に価するファッションは少ないと、谷は感じていた。

ただ『スタイル』で「伊達男雑記」の連載を担当する芹葉輝夫の見解は、谷長二と少し異なっている。「伊達男雑記」（『スタイル』一九三七年七月）で芹葉は、最近はだいぶ「伊達の意気」が普及してきたと語った。暑い夏でも、「しつとりしたウーステツド地の上着に軽やかなウーステツド・フランネルのズボン」を身につけた、紳士の姿が珍しくない。その姿は頼もしさを、芹葉に感じさせた。ただ芹葉は、ロンドンよりも東京の方が、「上手に仕立が出来る」とは考えていない。「倫敦のテイラーによつて保たれてゐる男のスタイルの王座」は、依然として揺るがなかった。ただロンドンのテーラーがニューヨークで、イギリス製の極上の羅紗地を仕立てると、いつのまにか「ヤンキー型」になっている。それぞれの土地に合う「独特の形式」を生み出すのが文化であるというのが芹葉の認識だった。

文化諸領域のモード①――映画と飯島正

1936年7月号の「スタイル第三号よりの分担編輯者」は、文化諸領域を分担して編集する方針を明らかにしている。映画を担当した飯島正は、『前衛映画芸術論』(1930年、天人社)や『トオキイ以後』(1933年、厚生閣書店)で注目されていた映画評論家である。『スタイル』には「色彩映画」(1936年9月)や「初冬の映画」(1937年11月)などを発表した。「ラヴシーンは誰が巧いか」(1937年10月)を書いた岡田真吉は、フランス映画にのめり込んだ新進映画評論家である。映画ではなく俳優の情報を発信したのは美町淑夫。桑野通子は江戸川乱歩や横光利一の愛読者だと、「スターは読書家デス」(『スタイル』1937年3月)で述べている。

野口久光は「映画と流行」(『スタイル』1936年9月)の冒頭に、「映画は、二十世紀のジヤーナリストである。だから映画は、現代の社会的現象を、常に反映する」と記し、映画を「流行の媒介者」と位置付けている。最先端のファッションやアクセサリー、髪型や化粧法を提案する際に、『スタイル』はハリウッド俳優のスチール写真を多用した。おのずから同誌には、ハリウッド映画の最新情報が掲載されている。

第２章

日中戦争下のファッション・化粧・髪型

1937年9月〜1938年3月

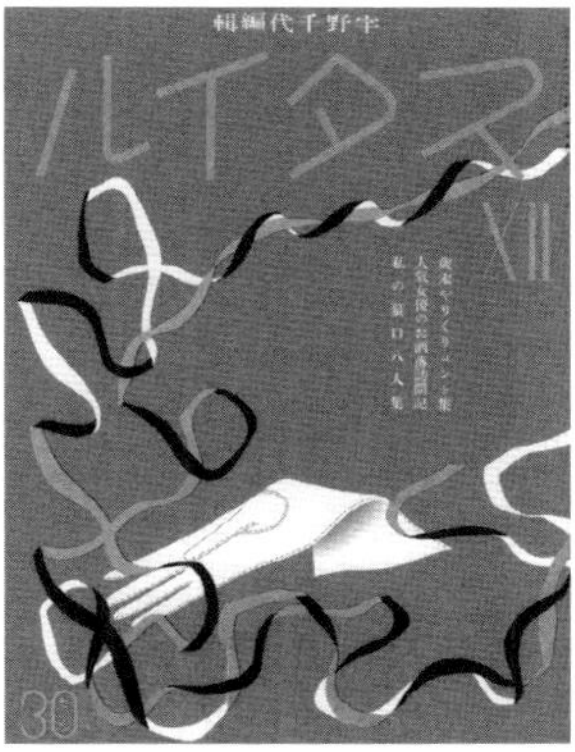

田中絹代が国防婦人会大船分会会長に

一九三七年七月七日に盧溝橋で日中両軍が衝突して、日中戦争が始まった。日本の一五年戦争は、三一年九月一八日の満洲事変勃発以降継続している。しかし三六年六月創刊の『スタイル』の誌面に、戦争の影はほとんど落ちていなかった。戦争の影が見え始めるのは三七年九月号からである。「秋の映画特輯号」と銘打った誌面には、内田岐三雄《きみお》「初秋の映画」の他に、ハリウッド女優を取り上げた双葉十三郎「新人の魅力」、同じく男優を紹介した壬生瑛子「新人の魅力」や、ゲイリー・クーパーらのファッションに注目した夏村扇吉「スタアのスタイル」、ケイ・フランシスらのファッションに言及した阿部艶子「スタアのスタイル」が並び、それまでの号と大差がないように見える。しかし同号の「大船撮影所からの手紙」を読むと、戦争の跫音《あしおと》が聞こえてくる。

『オール松竹』1937年9月号のグラフ頁に収められた、松竹映画「男の償ひ」のスチール写真。下の写真の右が佐分利（さぶり）信で、左は田中絹代。原作は吉屋信子。

手紙にはこう書かれている。「七月廿八日、国防婦人会大船分会が結成されて、満場一致を以つて田中絹代が会長に推された。「男の償ひ」の衣裳を着替へて国防婦人会の服装で壇上に立つた会長田中絹代の宣言は感激のシーンだつた」。大日本国防婦人会総本部編『大日本国防婦人会十年史』（一九四三年三月、大日本国防婦人会十年史編纂事務所）によると、大日本国防婦人会の前身の大阪国防婦人会が発足したのは一九三二年三月。東京の国防婦人会はその七ヵ月後に結成された。両者が総本部結成式を開くのは三四年四月。同書に収録された「大日本国防婦人会々勢進展状況一覧表」を見ると、その時点での分会数は一一三六で、会員数は約五四万人だった。日中戦争直前の三七年六月には、分会数が九四九一で、会員数は約四五八万人まで伸びている。それが開戦後の一二月になると、分会数は一万三〇一二で、会員数は約六八五万人と急増した。大船分会はその一つである。

大日本国防婦人会は、以下のような「宣言六ヶ条」を出している。

一　世界に比《たぐ》ひなき日本婦徳を基とし益々之を顕揚し悪風と不良思想に染まず国防の堅き礎となり強き銃後の力となりませう
二　心身共に健全に子女を養育して皇国の御用に立てませう
三　台所を整へ如何なる非常時に際しても家庭より弱音を挙げない様に致しませう
四　国防の第一線に立つ方々を慰め其の後顧の憂を除きませう
五　母や姉妹同様の心を以て軍人及傷痍軍人並に其の遺族、家族の御世話を致しませう
六　一旦緩急の場合慌てず迷はぬやう常に用意を致しませう

田中絹代が大日本国防婦人会大船分会の会長になった話は、湘南老人「大船夜話――国防婦人分会長絹代

湘南老人「大船夜話——国防婦人分会長絹代先生」（『オール松竹』1937・9）の挿絵。右端に田中絹代が描かれている。

先生」（『オール松竹』一九三七年九月）にも出てくる。「白の割烹着に会名入の襷《たすき》。気ヲ付ケツ、右ヘナラヒツ。号令をかけるは分会長田中絹代」と。挿絵の右端の田中が着ている「白の割烹着」は、大日本国防婦人会の制服である。満洲事変のときに駅などで、大阪の女性が割烹着姿で世話をしたことに由来する。「宣言六ケ条」の「三 台所を整へ如何なる非常時に際しても家庭より弱音を挙げない様に致しませう」という一行とも対応する。銃後で家を守る役割が、女性に課されるようになっていた。「大船夜話」によると、副分会長は飯田蝶子。また規則では、分会に理事・監事・評議員をおくことになっている。桑野通子・高杉早苗・高峰三枝子・三宅邦子らが、役員として顔を並べることになるだろうと、湘南老人は予測している。

撮影所では軍事映画の撮影が次第に多くなってきていた。「大船撮影所からの手紙」にも軍事映画製作部が、「さらば戦線へ」の撮影をちょうど開始したところだと書いてある。撮影所では時局を反映して、「時間の励行」を「国防時間」という合言葉で表していた。撮影所内で戦争の雰囲気が、少しずつ醸成されてくる。映画女優の間でも、戦争の話題は増えていった。

美町淑夫は「映画スターの軍国熱」（『スタイル』一九三七年一一月）で、田中絹代・飯田蝶子・桑野通子・高杉早苗ら大日本国防婦人会大船分会のメンバーが、防空演習の際に「撮影を放り出してまでの大働き」だったと述べている。高杉は「軍事熱」に煽られて、飛行機を熱心に研究していた。上空の飛行機を見るだけで、何式で、最高時速何百キロ、現在は何百キロ程度を出しているかを、解説できたという。三宅邦子は撮影所内で「北支戦線南京戦線」の情報を最もよく知っていて、仲のいい大塚君代に食堂で教えていた。出征する映画関係者も増加する。小津安二郎は歩兵伍長として戦地に赴き、青木勇は陸軍省のニュース・カメラマンになっていた。大船撮影所だけではない。新興キネマの高野由美は、ニュース劇場で同じ映画を何回も観て、脚本部の松崎博臣が写っていないか探していた。山路ふみ子・御影公子・築地まゆみは「大変な鼻息」で、陸軍省に献金に出向いている。

「お洒落コント〝恋人出征〟」の涙と笑い

日中戦争開始後に、映画界ではどのくらいの映画関係者が戦地に出征したのだろうか。美町淑夫「映画界出征譜」（『スタイル』一九三七年一二月）は、その全体像を映画会社全般にわたってまとめている。日活では中田弘二が上海に赴いた。東宝は出征者が多く、歩兵伍長として中国北部に出向いた山中貞雄以外に、高田稔が騎兵少尉、岡譲二は砲兵少尉、渾大坊五郎が歩兵少尉になっている。新興キネマも出征者が目立つ。住吉健嗣・落合吉人が最初に召集され、丹羽一郎・大内弘・小石栄一が続いた。大船の松竹では豊田満・寺尾清・花村千恵松が戦地で戦っている。京都の松竹の廣田昴や、大都の白井戦太郎も応召していた。それ以外に陸軍省派遣記録映画撮影班で、カメラを担いでいる者は多い。

美町淑夫は「先々月来、ぽつ〳〵召集令が下つた」と書いているが、スタイル社からも出征者が出ている。

「大原芳郎君出征記念撮影」（『スタイル』1937・10）。

写真は、『スタイル』一九三七年一〇月号に掲載された「大原芳郎君出征記念撮影」。右から四人目の軍服姿の人物が大原である。出征したのは八月末だった。「平敦盛のやうに薄化粧はしなかつたけれど、先づ翌朝は、忽ちコールマン式の髭をのばし、凜然たる軍服を新調二着に及び由緒ある軍刀を躍起となつて探し廻り、その出征のイデタチこそは、スタイルらしく敦盛の心意気にも似て」いたと、同号の「後記」は伝えている。

映画関係者の出征は、コント（短い物語）にも織り込まれた。『スタイル』は一九三七年一一月号の巻頭で、「お洒落コント〝恋人出征〟」の小特集を組んでいる。真杉静枝「エキストラ」は、映画関係者の出征に材を取った一篇である。撮影所で「戦争写真」のエキストラをしている順太は、アパートで松江と一緒に暮らしていた。やがて郷里に赤紙が届き、順太はすぐに戦地に旅立つ。ある日松江が映画館に入ると、事変ニュースの前に、「戦争ストーリイ」という映画がかかった。「どこまでも小癪な支那兵」というタイトルに続いて、日本軍の弾丸が命中して、真っ先に倒れたのが順太である。「捕虜の支那人の先頭」役も、順太が務めている。「かわいそうな順太、支那兵になつた無念晴らしをいまやつてゐるのだわ」と、松江は涙を流した。

阿部艶子「喧嘩も愉し」の一郎と花子は、奥多摩にハイキングに行くかどうかで喧嘩をしていた。そこへ見知らぬ人たちが訪ねてきて、一人が赤紙を渡し、もう一人が「おめでたうございます」と言う。召集日は明後日で、挨拶回りと送別会で二日間は過ぎていった。二人の仲を両親に話していないので、花子は婚約者として振る舞えない。赤い襷をかけてトラックで出発する一郎を、近所の人たちと一緒に見送るしかなかった。花子は部屋に引き籠り、何も口にせず泣いて過ごす。一郎は面会時間に電話をかけてきた。短い通話時間中も、花子は涙が込み上げてきて、あまり話ができない。

一〇〇〇人の女性が晒木綿に赤い糸を一針ずつ縫い、一〇〇〇個の結び目を作って腹巻にすると、弾丸よけのお守りになるという。この千人針は、日清戦争・日露戦争の頃から作られた。満洲事変下でも新聞に千人針の記事は出ている。しかし日中戦争が始まる一九三七年七月以降は、連日のように新聞紙面を賑わした。「北支の風銀座を襲ふ」（『東京朝日新聞』一九三七年七月一四日）は、一三日の夜に銀座四丁目の街頭に「千人針の青年」が現れ、三万針を目標に、日章旗に糸を縫い付けてもらったと報じている。その翌日の紙面には、「女性群も負けず――千人針に示す銃後の赤誠」という記事が出た。前夜の青年に続いて、一五人の女性が銀座四丁目に現れ、布と糸を持って千人針を呼びかけている。女給や女性店員が休憩時間を利用して、街頭に立ったのである。

中村正常「千人唇」（『スタイル』1937・11）のカット。

中村正常「千人唇」は、千人針をずらしたコントで笑いを誘った。牧少尉が平凡なサラリーマンだった頃は、ショップ・ガールのハルコは彼を意識しなかった。ところが予備少尉になり、凛々しい軍服姿で手袋を買いにきたとき、ハルコは恋心を抱く。千人針を渡したいけれど、出発が翌朝に迫っている。千人針を「自分以外の女には一人にだつて、ふれさせたくはなかつた」ハルコは、口紅を塗った唇を、右に一〇〇〇回押し当て、千人針ならぬ千人唇を作って、見送りの駅で牧少尉に渡した。それ以来ハルコは熱心に新聞に目を通すが、やがて戦死者の欄に牧の名前を発見する。その日からハルコは喪服を着て、口をきかずに、物思いに沈むようになる。ある晩、牧が夢に現れた。「僕は、クチオシイです」と語る牧に、ハルコは「アタクシはクチホシイのよ」と答えている。

輸出入品の禁止・制限と、ファッション・化粧品

日中戦争は貿易や物資の統制をもたらした。開戦から二ヵ月後の一九三七年九月一〇日に、輸出入品等臨時措置法が公布される。政府が物品を指定して、輸出入の禁止や制限を行い、配給や消費に関して命令することが可能になった。「十五日頃実施――輸出入品措置法」(『東京朝日新聞』一九三七年九月一〇日)は、「時局柄その実施を急ぐので」一五日頃に実施すると報じている。また一〇月一一日に商工省は、臨時輸出入許可規則を公布して、贅沢品の輸入と、軍需資材の輸出を禁止した。「消費節約奨励の主品目内定――国民に徹底を期す」(『東京朝日新聞』一九三七年一〇月一〇日)は、家庭生活で消費節約すべき物資として、一九品目とそれを原料とする製品を列挙している。そのなかには綿花と羊毛という、ファッション関係の品目が含まれていた。臨時輸出入許可規則に基づく禁制品の検討はその後も継続して行われ、『読売新聞』は一一月六日に「輸出禁制品更に四種目を追加」という記事を、一二月二四日に「輸出入禁制品の追加・削除決る」という記事を掲載している。

輸出入品等臨時措置法がモードに及ぼした影響には、谷長二が「スマート・エコノミー」の連載でたびたび言及している。『スタイル』一九三八年一月号の「スマートエコノミ」で谷は、洋品雑貨のうち「ネクタイと婦人沓下《くつした》」以外の原料は、ほぼ外国産だと指摘した。帽子・メリヤス洋服地・沓下・セーターなどの羊

毛は、主にオーストラリアから輸入している。ワイシャツなどの木綿の材料は、アメリカ・インド・ブラジルから来ていた。ハンドバッグ・手袋・靴などの、上等な革の材料はすべて輸入品である。国産の化粧品も、クリームの原料や、白粉の粉、香料などは海外から運ばれてくる。洋品雑貨の原料を考えると、国産品が好きでも「さびしく」なると、谷は告白している。

個々の商品への影響を、谷長二はこう指摘した。①舶来帽子はまだ輸入禁止ではなく制限だが、輸入の枠が他の商品も含めて月額一〇〇〇円なので、サンプル程度しか仕入れることができない。数日後には禁止に変わり、国産帽子の原料も輸入制限の対象になる。②洋服地は来年にステープル・ファイバー混入の規則が制定されるので、優良な国産生地は作れなくなる。③メリヤス・シャツは純毛品がなくなって混毛に変わるが、軍部の防寒服のために製品数は減少する。④靴は兵隊の消耗品なので、底革や踵が品不足で価格が高騰した。スウェードやバックスキンはイギリスから輸入していたが、輸入禁止で姿を消す。⑤男性化粧品のポマードの原料は輸入禁止となり、バレーの替刃は品切れ状態である。

谷長二「スマート・エコノミー」(『スタイル』1937・12)の挿絵。

洋服業界にはすでに影響が出ていた。「スマート・エコノミー」(『スタイル』一九三七年一〇月)で谷長二は、「秋の洋服生地は昨年より約二割高」と報告している。生地の価格の上昇は、消費者の懐を直撃したが、谷のような「洋服屋」の側でも「喰へるか喰へないか」に関わる大きな問題だった。少しでも安く洋服を作れるように、谷は「秋のプラン」を考えている。対応策の一つ

ハリウッド女優が愛用したマックス・ファクターの化粧品の棚（「舶来化粧品はどうなつたか」『スタイル』1938・3）。上段はアイシャドーやクリーム、中段は頬紅・粉白粉・口紅、下段はメーキャップブレンダーやアイラッシュ・メーキャップなど。

は、物価が騰貴しても工賃を上げないこと。もう一つは昨年の品物を仕入れること。非常時にモードの鍵となるのは、ネクタイと沓下だった。絹製のネクタイの場合は、輸入禁止の影響がない。沓下の値段は昨年と同じ水準で、不景気でも個人の「趣味性」を表現できる有効なアイテムである。

輸入の禁止や制限によって、海外から舶来品や原料が入らなければ、「洋服屋」は国産の原料を使用して、輸入品と同じレベルを目指すしかない。「スマート・エコノミー」（『スタイル』一九三七年一二月）で谷長二は、『ヴォーグ』に掲載されるデザイナーの作品や、ハリウッド映画のファッションは、一つのアイデアにすぎず、誰もが着る服ではないと指摘した。「都会に於けるインテリ層の人々が着る共通のスタイル」が、日本のモードになるという考え方である。仕入れるときは消費者の「趣味の代表者」として商品を選択し、ニーズに合う商品がなければ、新たに製造するよう注文する——それが「洋服屋」の仕事であると谷は認識していた。

輸入の禁止や制限は、化粧品にどのような影響を与えたのだろうか。「昨年一月には三千円以下なら大蔵省の許可なくして輸入することのできた舶来化粧品は、七月には千円以内に制限され、十月には全く輸入禁止状態になつた」と、「舶来化粧品はどうなつたか」（『スタイル』一九三八年三月）は述べている。輸入禁止になる直前、昨年中に注文済みの舶来化粧品は、四月頃までは入荷が続く。また白粉・ローション・ポマードは、各社のストックが豊富で、一年くらいは需要に対応できそうだった。しかしクリームのように変質してしまう製品は、一ヵ月程度の在庫しかない。輸入が停まれば、エレガントな香水の瓶は、遠い過去の記憶になるだろう。「ウビガンの「ケルク・フルール」のあの綺麗な茹卵子色の空瓶を、インキ壺になさいませんか？　ペン軸が汚れなくてとてもいいです。ルロンの「海の星《ひとで》」の香水瓶に薔薇をお挿しになつてはいかが？　薔薇がゆかしい芳香をたたへませう」と、この記事は提案している。

映画「一九三八年のヴォーグ」が観られない

一九三七年九月一〇日に公布された輸出入品等臨時措置法は、洋画の輸入にも影響を及ぼした。「洋画輸入禁止でファンへの影響を打診」（『東京朝日新聞』夕刊、一九三七年九月二三日）は、大蔵省が同年一杯の洋画の輸入を禁止したことを報じて、「洋画界未曾有の貧困時代が来た」と報じている。ただ同時に各配給会社のストックも調べて、パラマウントやユナイト、RKOは、それぞれ一五〜一六本のストックがあるとも伝えた。MGMは六本しか残っていないが、九本が近く入荷予定なので、合計一五本になる。二〇世紀フォックスも六本だが、少し旧い作品を含めると一四本。したがって年内はまだ、映画ファンへの影響は限定的なものに止まるという見通しだった。ただ秋のシーズンを前に、入荷を予定していた作品は入ってこない。そのなかにはパラマウントの「天使」や、ユナイトの「一九三八年のヴォーグ」「マルコ・ポーロの冒険」などが含まれていた。

このうち「一九三八年のヴォーグ」は、『スタイル』にとって大きな意味を持つ映画である。一九三七年

「一九三八年のヴォーグ」のファッション（『スタイル』1937・11）。

一一月号はグラビア頁五頁を使って、この映画の小特集を組んでいる。「ワルターウエンジヤーの「一九三八年のヴオーグ」」という記事によれば、映画の色彩化運動に賛同する映画プロデューサーのウォルター・ウェンジャーが、初めて手掛けたスペクタクル映画だった。テクニカラー会社の特別指導も受けている。監督はアーヴィング・カミングスが務めた。観客が「物語を楽しむとかスタアの演技を鑑賞する」ような、通常の映画とは異なっている。「現代米国の大ファッション・ショウ」になるように企画され、「各角度から見た米国の「流行」」が映画に詰め込まれていた。「世界中最も美しく写されるモデル達」が起用され、デザイナーはシナリオライターと同じように重要視されている。

映画の主役は誰（何）なのか。二点の写真を確認しておこう。右の図版には、こんなキャプションが付けられた。「ウール地のアフタヌーンドレス。なんでもなくてこんなに珍しいドレスはありません。意匠のうまさ趣好のよさはこんなドレスにあるでせう。オフザフエースのフエルトハツト。オデコのヴオリユームのある束になつたたつた一つの大きなカールが、ブラウスのネツクのフレヤとお似合ひです」と。左の図版は、次のように説明されている。「スポーツ風なスエードの帽子です。無雑作に突き刺したやうな羽根飾り細いグログランのバンド」。二つのキャプションに共通しているのは、モデルの名前が記されていないことである。ファッションと身体は密接な関係を持っている。しかしここでの主役は、ファッションのように見える。

また「この映画に参加した全米の「流行」の支配者達」という記事は、「レーヨン・ファブリック」「靴」「下着」「イヴニング・ガウン」「アフタヌーン・ドレス」「ショート・ドレス」「ベルベット類」「手袋」「宝石類」「衣裳、ベルト類」「ハンドバッグ」「頭髪飾り」「首飾り」の提供企業を説明している。たとえば「靴」は、ニューヨーク五番街を代表する靴商のアイ・ミラー商会が担当して、舞踏靴のデザインには「構図の決定」だけで四ヵ月を費やした。映画で使用した靴はその後、ミラー商会の全米二〇〇以上の支店に陳列されている。すべての「宝石類」は、世界的に有名なアルバート商会のストックである。ウォルター・ウェンジャーは制作中に二〇〇万ドルの保険をかけた。さらに盗難防止のために、七人の私立探偵を雇って監視させている。

一九三七年一一月号の『スタイル』は、なぜグラビア頁を五頁も使って、「一九三八年のヴォーグ」の小特集を組んだのか。無題の後記は、この映画が「既に船に乗つて横浜あたりまで来てゐるやうだが、ヒョッとすると輸入禁止に引つ掛るかも知れない」と述べている。編集部はすでに『ヴォーグ』などの紹介記事で、「今までのファッション・ショー映画とは比較にならないほど傑出した服飾美術的映画」であることを確認していた。また同年の秋から冬にかけてのモードを、トータルに確認できる映画でもある。だから一刻も早く映画を観たかっただろう。ただ「万一を慮《おもんぱか》つて」、グラビア頁に記録を残しておいたのである。

モードに特に関心がなくても、洋画の輸入禁止は、映画ファンにとって衝撃的なニュースだった。映画評論家の飯島正は「初冬の映画」（『スタイル』一九三七年一一月）で、「病気になりさうだと、外国映画好きの僕の若い友達が云ふ」と書いている。飯島のもとには、試写会の案内が届かなくなっていた。映画批評の対象も狭まってしまう。同じく映画評論家の筈見恒夫のエッセイは、「ストック映画あれこれ――」（『スタイル』一九三七年一二月）というタイトルである。「J・F君などは、輸入禁止と聞いて、いさゝか発狂気味でした。本当に洋画がなくなつたら、こんな状態の青年が日本中に充満しないとは云ひ切れません」と、筈見は述べている。

朝はルイーゼ・ライナーのように、午後はクローデット・コルベールのように

日中戦争が始まってから、徴兵されて戦地に赴く人の姿が目立つようになってくる。街頭では「愛国行進曲」や「海ゆかば」のメロディーが流れ、千人針や慰問袋が盛んに作られていた。国民精神総動員実施要綱が決定されて、「尽忠報国」などのスローガンが目につくようになる。ファッションでも化粧品でも、舶来品は次第に姿を消していった。だからといって『スタイル』の誌面が、戦時色一色に覆われたわけではない。「近代人は非常時だからと云つて、軍歌ばかり聞かされたら、反動的に、ロマンチツクなものにアコガレるもので、スタイル誌の行き方も、当然そうであります」と、谷長二が「スタイル・ニツポン」（『スタイル』一九三八年三月）に記したように、読者が憧憬する「ロマンチツクなもの」は、依然として『スタイル』に溢れていた。

高橋邦太郎は「現代のアポロとヴイナス」（『スタイル』一九三七年九月）に、「映画――この不思議な魔法のランプは、現代人の日々の糧であり、これが私たちの美学を倒錯させて了ひます。ハリウツドでは、ミロの

ヴィナスは、決して映画的ではありません」と書いている。誰もが美を同じように感じるわけではない。また同じ人間でも美意識が変化せずに継続するわけでもない。それを高橋は「倒錯」と表現した。「今宵、あなたは、ブリギッテヘルムの大理石のやうな容貌にうたれても、翌朝は、カザリン・ヘツプバーンの獅子鼻が、唯一の性的魅力だと思ふに違ひありません。又、グレタ・ガルボの、あの醜さの角度から、驚くべき豊富な妖美を見出すことも出来るでせう」。

映画「メトロポリス」で二役を演じたブリギッテ・ヘルムに惹かれ、映画「勝利の朝」を見たときはキャサリン・ヘプバーンに魅力を感じ、映画「アンナ・カレニナ」ではニューヨーク映画批評家協会賞主演女優賞を受賞したグレタ・ガルボに憧れる。それは矛盾したことではないし、不思議なことでもない。美は一つしか存在しないわけではないからである。高橋邦太郎はこうも書いている。「現代は、シネマこそ、美学と流行の大学です。これが、ナント毎日々々、新しい美女と美男を創つてゐることであるか」と。スクリーンのなかの女優は、単なる憧憬の対象ではなかった。モードの、ファッションの、化粧の、髪型の教科書でもある。観客は客席で女優を見つめながら、自分の個性に合うものを探した。

ハリウッド女優が憧憬の対象であると同時に、ファッション・髪型・化粧のお手本として機能したことは、壬生瑛子

高橋邦太郎「現代のアポロとヴィナス」(『スタイル』1937・9)に挿入されたキャサリン・ヘプバーンの写真。キャプションには「この小鼻の動き方に新しい魅力があるとは」と書かれている。

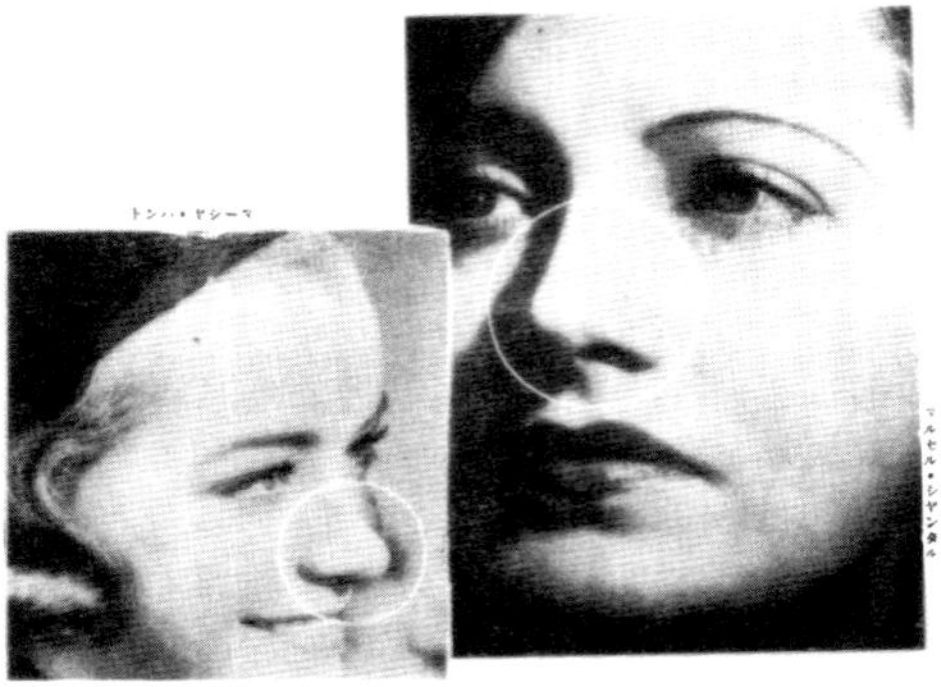

壬生瑛子「鼻も生きてゐる」（『スタイル』1938・3）の写真。右はマルセル・シャンタルで、左はマーシャ・ハント。

「あなたのメイキヤツプ」（『スタイル』一九三七年一〇月）を読むとよく分かる。エッセイは朝・午後・夜の三部立て。「朝のメイキヤツプ」は「頭にはさはやかなオーデコロンの香を楽しんで、ルビー・キーラーやルイゼ・ライナアのやうに、技巧のない髪型」と記された。「午後のメイキヤツプ」で壬生は、「クローデット・コルベールのヘーヤドレッスやお化粧も午後にはふさはしい感じです。バラ色やピンクのパウダーが、午後のお化粧には調和します。眉や、まつげには、マスカラの代りにプリーアンチンをつけませう」と提案している。「夜のメイキヤップ」には、「貴女はしば〳〵グリーンやラベンダーの粉白粉をおつけになりますね。ガルボやデイトリツヒになりたかつたら、それは全く効果的です」という一節がある。女優の名前の繰り返しは、ハリウッドの規範力の大きさを物語っている。

一九三八年一月から『スタイル』では、「ヴオーグ・スタヂオ」「お洒落男子部」「スタイル専科」というコーナーが、二月からは「美貌研究室」というコーナーがスタートした。三八年三月の「美貌研究室」のテーマは「鼻のお化粧」である。壬生瑛子は「鼻も生きてゐる」で、「顔の中で一番性感的なものを感じさせる」のは鼻だと指摘した。そのうえでマルセル・シャンタルは「鼻から先に顔の表情を動かす」「しやれて横を向く時にも、先づ目と一緒に鼻先きから持つて行く」と述べて、「やつて御らんなさい」と読者に呼び掛けている。映画の「沐浴」や「地中海」で、シャンタルの鼻を注視した女性もいただろう。「目より口よりも、鏡に向つて皆さんは鼻の表情を研究しなければいけない」という壬生のアドバイスを受けて、映画を観ていなくても、記事に添えられた写真を参考に、鏡に映る鼻を動かしてみたのではないか。

ただ同じ「美貌研究室」のコーナーでも、阿部艶子「眉」（『スタイル』一九三八年二月）は模倣の仕方にこんな警鐘を鳴らしている。「ガルボかジョーン・クロフオードのやうな眉を描いてゐる女《ひと》が、近くで見ると別にもう一つその人自身の眉毛の剃《そ》り跡が見えてゐたりすることがありますけれど、あんな寒々しいものはありません」と。眉毛を抜くときは電気を使うのが一番良くて、毛抜きで丁寧に抜くならまだしも、剃刀を当てるなどありえないと阿部は思っていた。眉を綺麗に整えるのはいいが、自分の眉の形に忠実にというのが、阿部の考えである。

パリ＝夢への通路

日中戦争下で『スタイル』の読者が憧憬していた「ロマンチックなもの」は、ハリウッド映画だけではない。女性のモードの発信地パリは、依然として夢の場所であり続けた。フランスで暮らした人々のエッセイは、夢の場所への通路の役割を果たしている。『スタイル』の執筆者の一人、山脇敏子の名前を、読者は山脇洋裁学院や洋裁店アザレと一緒に記憶していただろう。しかし服飾の道に進む前の山脇は、女子美術学校を卒業した洋画家で、フランス滞在の経験を持っていた。

山脇敏子「ねぐりじえ」（『スタイル』一九三七年九月）は、読者を夢の場所に誘ってくれる。エッセイはこう始まる。「美しい部屋着、日本にはなかつたネグリツヂヱーこそ現代の若き婦人の面影を髣髴せしめるもの

オートゥイユ競馬場の足立節子（筒井君子「巴里帽子土産」、『スタイル』1937・10)。

だと思ひます」と。同じ頁には、ネグリジェや部屋着やケープのカットが六点掲載されている。エッセイはさらに読者を夢の場所へと誘う。「一夏南仏の海岸に遊んだ時、某国のプリンス、プリンセス、侍女等沢山な麗人達がタフターの水着の裳裾《もすそ》を色とり〴〵に海に開かせて嬉々として遊び戯れてゐたあの美しいローレライの持つ妖花の様な水着姿や、私の部屋の向ひ合ひのベランダに毎朝の朝餐を取る麗人、そしてそのいつもよい趣味のネグリッヂェー姿、ともに、夏に忘れられない思ひ出です」と。

筒井君子は「巴里帽子土産」（『スタイル』一九三七年一〇月）に、最近のパリの帽子の型は、ドレスのデザインが及ばないほど、「自由自在」だと書いている。その一例が今年の夏に流行したフランセー・バトー型。フランスの巨船ノルマンディー号が、イギリスのクイーンメリー号に、大西洋の競争で勝利したことを記念して発売された。ノルマンディー号のストリームラインを活かした帽子で、それを被ったパリジェンヌが街を闊歩している。帽子のモードは、異文化からもヒントを得ていた。インドのターバン風、ロシアのコサック風などのデザインが流行している。写真は、「オートイユ競馬場のショーでル・マタン紙に紹介されたマダム・デュランこと足立節子さんのプルマリンの帽子」。パリの風を感じて、帽子が欲しくなった読者のために、同じ頁にはベルモード婦人帽子店の広告が掲載されている。麹町と銀座と神戸に店舗があり、地方在住者のために通信販売も行っていた。スタイル代理部でも取り次いでいる。

写真（九七頁）は、『スタイル』一九三八年二月号のグラビアを飾った武林イヴォンヌ。前年の一一月にパ

武林イヴォンヌのソワレ姿（『スタイル』1938・2）。

リから東京に来ていた。このソワレ（夜会服）は、パリの衣裳店マギルフで仕立てている。写真を見た資生堂関係者は、感慨深かっただろう。一六年前に資生堂は、三科（美容科・美髪科・子供服科）を設置して、西洋的な化粧・髪型・ファッションの、新しい女性像を提示した。日本人女性と洋装との間には、まだ大きな距離がある。そこで洋装科ではなく子供服科を設置し、パリで買い付けた子供服を販売して、洋装に慣れた子供の成長を待ったのである。子供服科の主任には、武林文子が選ばれた。イヴォンヌは武林無想庵と文子の子供で、二一年に誕生している。まるで資生堂の戦略を実現したかのように、幼いイヴォンヌは成長して、パリで仕立てたソワレを身にまとい、『スタイル』に登場したのである。「大きな、まどらかな真珠のネックレスが、パリの灯影を夢見てゐる」と、キャプションは述べている。写真からパリを夢見た読者は少なくなかった。

夢の場所へと誘うのはファッションだけではない。「チョコレート」(『スタイル』一九三八年一月)で武林イヴォンヌは、パリのチョコレートには、贅沢な品物とありふれた品物の両方があると書いている。イヴォンヌのお気に入りは、「廿五サンチームすべり込ませるとガチヤンと飛びだして来る」、後者の板チョコだった。「社交界の貴婦人方」は前者を楽しんでいる。「有名なマルキイズ・ド・セヴィニエまでわざわざお出掛けになつて特にチョコレートをお飲みになります。色々な恰好をしながらお飲みになります。お茶碗を手にして小指を一寸あげたり、半ば眼を閉ぢて莫然とマルレーネ・デートリツヒのやうな顔をしたり」と、イヴォンヌは書いている。

パリへの憧れを食文化に拡げると、深尾須磨子が「うまいものづくし」(『スタイル』一九三七年九月)でまず挙げたのはフランスパン。それは「人類の最も恵まれた糧」だが、日本のフランスパンは、「下の下」というよりも、「似て非なるもの」の見本だという。パリのパンの形はさまざまで、桂冠形もあれば、「フランワーズ《ママ》・ロゼエの腕」の形もある。「フリユート」と称する横笛形や、三日月形もあった。深尾が一番好きなのは、サツマイモのような形のプチパン。「まだ竈《かま》のぬくい味の残つてゐるやうなのをミシミシとむしつて、門番風にわかしたカフェで食べる朝餉」は、パリを訪れた者が何度も、足を運んで堪能する食文化だった。

桑野通子の化粧室、阿部金剛のコティ

モード誌の『スタイル』は「私のお化粧」や「お洒落問答」で、プライベートを覗く愉しさを読者に提供した。その延長線上で「人気女優――お洒落訪問記」という企画が、一九三七年一二月に誕生する。桑野通子の自宅を、夏村扇吉が訪問した記事を見ておこう。「君がどんな風にお洒落するか聞きに来たんですよ。お化粧室は何処?」と、夏村はいきなり二階に上がっていく。写真が桑野の化粧室。円窓の前の鏡台で夏村は、「ヘチマコロン、マスターと資生堂の水白粉、カピイの艶出し、マスターのコールドクリーム、マックスファクターのバニシングクリーム、資生堂のバニシングクリーム、レオンの洗顔クリーム、メンソレタム」と、化粧品を端から確認した。桑野の化粧法を聞いたときに、夏村は驚く。レオンの洗顔クリームで洗った後で、顔中にメンソレータムを塗り込むと言ったからだ。ヒリヒリしないのか尋ねると、「スベスベ」の艶が出ると桑野は答えた。

桑野通子の化粧室（夏村扇吉「人気女優――お洒落訪問記」、『スタイル』1937・12）。

竹久千恵子の自宅への訪問記は、一九三八年一月号に掲載された。鏡台は二階の寝室の枕元にある。パリでゲランの香水をたくさん購入したが、そのほとんど

女優の竹久千恵子の自宅訪問記には、写真やイラストがふんだんに盛り込まれている（『スタイル』1938・1）。

をプレゼントしてしまったと竹久は語った。鏡台にはあまり化粧品を置かず、ハンドバッグに入れて持ち歩くというので、夏村扇吉はその中を見せてもらう。「光」（煙草）を収納した赤革のシガレットケースや万年筆、レースのハンカチや脂取紙、小さい櫛やキャラメルと一緒に、化粧品が入っている。メンソレータム、ウビガンの頬紅、マックスファクターのドーランと口紅、ルナの眉墨だった。化粧の仕方はとても簡単で、メンソレータムとファウ

仲田菊代の化粧室のデッサン（「私の欲しいお化粧間」、『スタイル』1937・11）。

ンデーションクリームをつけて、粉をはたくかドーランを塗るだけ。

日本の住空間には、化粧室と呼ぶに足る化粧専用の空間はほとんどない。だから「私の欲しいお化粧間」（『スタイル』一九三七年一一月）という企画が成立する。「化粧室と云ふものをまだ持つた事もない私も、さて何でもお好きなやうにつくつて上げると云はれたら考へる」と、美術家の仲田菊代は図版（一〇〇頁下）のような化粧室を空想してデッサンした。直射日光が入らない北向きの窓から、緑の葉が見えて、爽やかな風が入ってくる。窓には目の粗いレースと、花模様のカーテンを掛ける。部屋は小さくて「一間半に二間半位」（約二・七メートルと四・六メートル）。壁は薄いグレーにする。窓の下のテーブルには、真珠色の細い縁が付いた三面鏡を設置した。床には「すみれ色とグレーとの淡濃に配したテピヒ」、つまりカーペットを敷きつめる。布張りの椅子も同じ色に合わせる。部屋の左側は壁一面の鏡張りにして、右側には洋簞笥と和簞笥を置く。空いた壁には小さいマリー・ローランサンの絵を飾る。天井から照明が一つ下がっている。

林芙美子と阿部艶子も同じコーナーに執筆した（一〇二頁）。二人とも小説家で、美術家ではないから、仲田菊代のような上手なデッサンはできない。林は「絵が下手で思ふやうに描けませんが」と謙遜したが、どのような化粧室を希望しているのかは伝わってくる。三畳ほどの和室の東向きの窓は、広い庭に面している。押入れか床の間を作って、鏡台は障子の前に置く。阿部は対照的に洋間にした。左側のガラス扉を開けて、テラスに出ることができる。右側に作り付けの洋服簞笥を置いた。犬好きなのか、ダックスフントが床を歩いている。

化粧室への言及はないが、『スタイル』一九三七年九月号では「私のお化粧」という小特集が企画された。回答者は、入江たか子・岡田嘉子・ささきふさ・高峰三枝子・花柳寿美・深尾須磨子・古川登美。小説家の

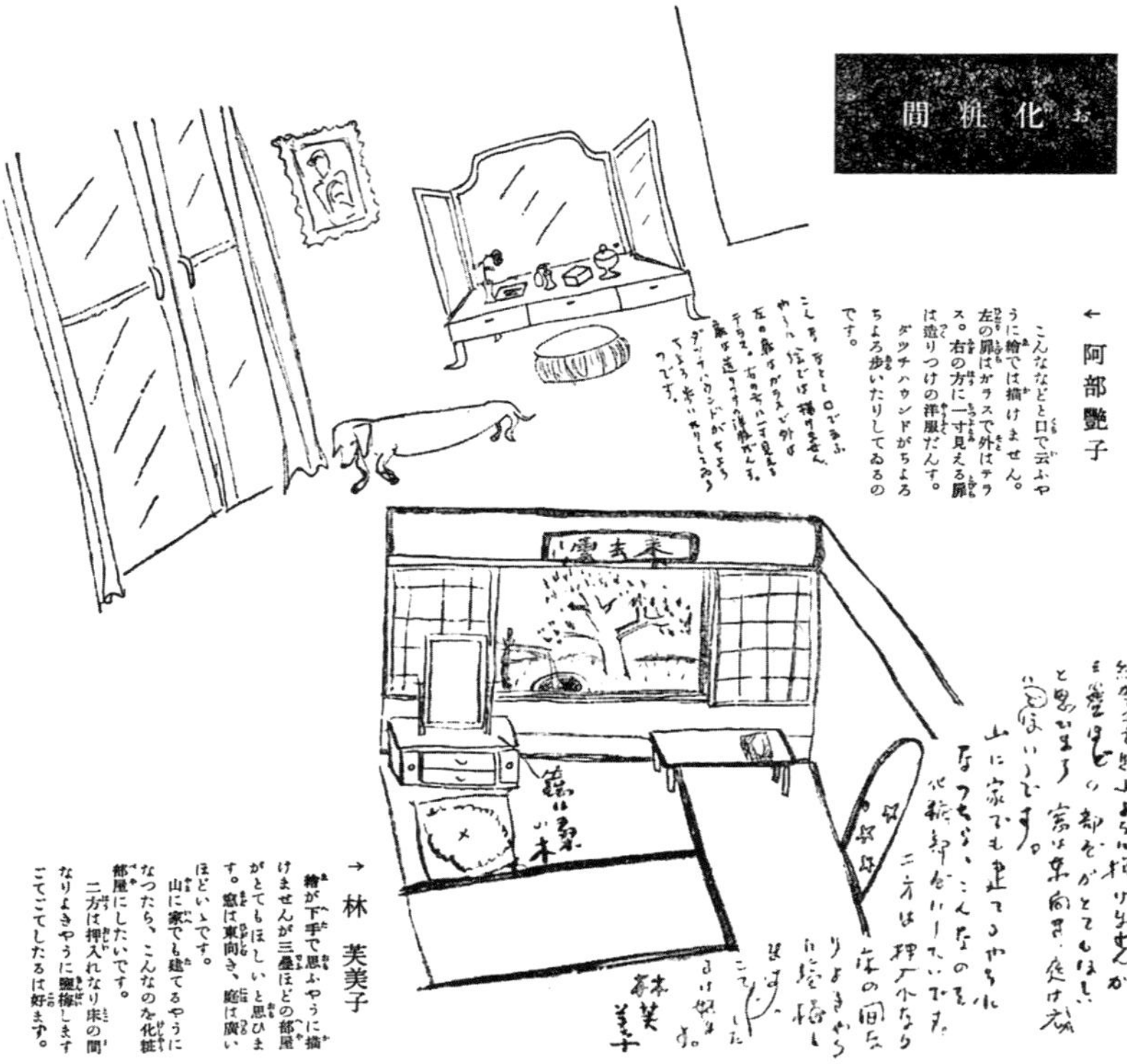

林芙美子と阿部艶子が描いた「理想のお化粧室」のデッサン（『スタイル』1937・11）。

ささきふさは、イノクサを愛用している。外出前は蒸しタオルかイノクサで顔を拭いていた。入浴前もイノクサをたっぷりと使用する。ゴルフや山から帰宅したときは、イノクサで拭いてから、過酸化水素入りクリームを塗っていた。「もし私に二十の若さがあつたら、をそらくお化粧なんかしないと思ひますが、今は仕方なしにいたします」と書いたのは深尾須磨子である。彼女は痛そうな化粧の仕方をしていた。水で顔を洗わない深尾は、まんべんなくコールドクリームを塗り込む。その後で柔らかい木綿の布を使って、顔を「痛いほど」「皮膚が真赤になる」くらい、繰り返しきつく拭く。さらにヴァニシングを擦り込んでから拭き取り、頬紅・眉墨・粉白粉で化粧をして、睫毛を整えれば無事終了となる。

男性の化粧についても『スタイル』一九三七年一一月号は、「僕の化粧」という小特集を組んだ。阿部金剛のエッセイは笑いを誘う。パリに滞在していた頃は、コティのオークル・ローゼを顔に叩いてから、夜遊びに出かけていた。そのやり方を教えてくれたのは藤田嗣治である。ところがある晩に、チャールストンを踊って汗だくになると、化粧がばれて相手の女性に笑われてしまい、それ以来その「お洒落」は中止する。当の藤田は、「何うも五十を越した私が今更お化粧と云ふ時代でもありません。もう嫁も貰ひました」と涼しい顔。ただオカッパ頭だけは続けていた。

富本憲吉作の帯留、奥村博史作の指環

一九三七年一二月の『スタイル』には桑野通子だけでなく、「人気女優——お洒落訪問記」がもう一つ載っている。赤坂に住んでいた細川ちか子である。夏村扇吉は桑野のときと同じように、寝室の片隅にある化粧のコーナーで、化粧品を詳細に調べた。「ロージア・エ・ガレヱ（仏蘭西製ポマード）ユニオンキニーネ、ハウンデシヨンクリーム、マツクスフアクターの水白粉、資生堂のホルモリン、三共のヨーモトニツク、ミツチヱルのタンジイ。この外に、小さな樺入りの箱にマニキユアの道具が入つてをり、パフが一つ転がつてゐた」と、夏村は報告している。「女優」という言葉は同じでも、細川は他の映画女優と少し違う。築地小劇場で新劇の舞台を踏み、新築地劇団を経て、新協劇団に参加した。他方でPCL映画製作所に所属して、三

グラビア頁を飾った細川ちか子（『スタイル』1937・12）。富本憲吉作の帯留と、奥村博史作の指環が見える。

四年以降は映画にも出演している。

新劇の女優として文化人と交流していたことは、細川ちか子の装いにさりげなく表れている。この日は黄八丈の着物姿で、「渋い金箔をおいた」朱の帯を締めていた。帯留は「富本憲吉氏作の瀬戸物」である。銀座・三河屋の「おびどめ」（『スタイル』一九三八年一月）によれば、最近は金具ものの帯留より、「木彫りに色彩の入ったもの、陶器製のもの」が流行している。ロンドンでウィリアム・モリスのアーツ・アンド・クラフツ運動の影響を受けた富本は、やがてバーナード・リーチと交流しながら、陶芸に挑戦するようになった。一九三〇年代は東京で、色絵具で上絵を描く色彩磁器を制作している。細川の帯留も、色彩磁器だったのかもしれない。

帯留は色の種類が多くて、選び方が難しい。帯と調和しないと、せっかくの美しい帯を殺してしまう。濱屋喜久世は「帯と帯留その他」（『スタイル』一九三七年一二月）で、手織りの組紐は普及して、デパートに出揃うようになったと述べている。ただアクセサリーは普及していない方が価値は高いというのが濱屋の考えである。だから彼女はこうアドバイスした。「彫りものや陶器、金具、其の他の細工ものの気の利いたのは如《ど》何《う》でせう。金具とか、木彫ものはどうしても奥様むきでお嬢様向としては、陶器とか、珊瑚とか、それらも思ひきり大きな四角とか六角なぞの変型のものをお手に入れた方が効果的です」と。

帯留と同様に、細川ちか子と文化人の交流を窺わせるのは指環である。夏村扇吉が訪問したときに、金鎖のネックレスや、銀鎖のベルトの腕時計の他に、細川は「奥村博史氏の作つた指輪」を嵌めていた。洋画家の奥村は、新劇協会の組織者でもある。また『青鞜』を創刊して「新しい女」と呼ばれた平塚らいてうと、一九一四年から共同生活をしていた。三三年に富本憲吉に勧められ、奥村は自作の指環七点を、国展に出品して受賞する。指環の製作は、生涯続く仕事の一つになった。奥村の『わたくしの指環』（一九六五年一〇月、中央公論美術出版）という本に、「その人その指環」というコーナーがあり、二五人が思い出を語っている。その序文で富本は、「昭和八年春、国画会工芸部に初めてその作品を発表されるや、会場に於て異彩を放ち、凡ての美術批評家がこの指環のために数十言を費し、その全部が即時に売約された」と振り返った。

富本憲吉と結婚したのは、『青鞜』の同人だった富本一枝（尾竹紅吉）である。同書収録の「青色の石」で一枝は、「インドの洗濯女」がはめていたラピスラズリを、憲吉が日本に持ち帰り、一枝が指にはめていたと語っている。その石に奥村博史は心を奪われ、指環作りにのめり込んでいった。本の「あとがき―追憶と感謝をこめて―」で平塚らいてうは、奥村のその後の活動を、こう綴っている。一九三四年の春に大阪心斎橋の天賞堂画廊で、奥村は油彩と指環の個展を開いた。これが日本における指環の最初の個展ではないか。三七年にも大阪で、指環だけの個展を開いた。二回とも出品作はすべて売れている。やがて奥村は指環だけでなく、ブローチ・帯留・バッジも作るようになったと。

細川ちか子の浴室で夏村扇吉が見つけた「犬の形をしたスポンヂ」（『スタイル』1937・12）。

同書には「奥村博史作　指環愛蔵家リスト」が収録され、愛蔵者一九二人の名前が記されている。舞踊評論家の蘆原英了、小説家の江口渙・林芙美子・吉屋信子、女優の北林谷栄・京マチ子・杉村春子・高峰秀子・東山千栄子、文芸評論家の小林秀雄、精神科医の式場隆三郎、翻訳家の高橋邦太郎、詩人の高群逸枝・野田宇太郎、いけばな草月流の勅使河原蒼風、随筆家の戸川エマ、写真家の土門拳、洋画家の東郷青児・林武・別府貫一郎・益田義信、武者小路実篤の妻・安子と娘・辰子の名前が見える。多彩なジャンルの人々が、奥村の指環に惹かれて所有していた。細川ちか子など『スタイル』の執筆者も含まれている。グラビア頁の写真に写った二五〇以上の宝飾品の、どれが誰の所有物なのかは不明である。ただ写真の指環所有者は、「愛蔵家リスト」に〇が付けられた。土門や小林、林や吉屋の指環も、巻頭のグラビア頁を飾っている。

マキシン美容室、テルミーハウス、銀座美容院

一九三〇年代半ばの東京に、美容師を育成する美容学校はどのくらいあったのか。美容の友社編『美容読本』（一九三四年一一月、美容の友社）に「東京美容学校案内篇」が掲載されている。大きく取り上げられたのは、ハリウッド美容研究室・山野千枝子美容研究所・丸ノ内美容院営業部の三校。同書は「東京市内だけでも八拾余の美容学校が有ると言はれて居ます」と述べながら、三校以外の「信用に足る学校」として、女子整容大学園・高山美容女学校・日本女子美髪学校・巴里院美容女学校・東京美容女学校・日本美髪美容学校・高木女子美髪学校・お茶の水美容女学校・忍ヶ丘整容女学校・佐藤女子美容学校・東京美容寺修女学校・東京整容学校・日本女子美容術学校・整容高等女学院・女子美髪学校・大門美容研究学会・東京理容学

校の一七校を列挙している。また日本の美容術がほとんどアメリカ式であるなかで、フランス式の美容術を教授する学校として、マリー・ルウイズ美容女学校の説明に頁を割いた。

それらの美容学校から毎年、数多くの美容師が巣立っていく。小野佐世男「美容院のひととき」（『スタイル』一九三八年二月）が絵入りで紹介した七つの美容院（美容室）は、モダン東京の美容の、最も華やかなスポットだった。星が降る宵の銀座で、「私」の友はこう語る。「お白粉のにほひがするよ、これはきつと、数ある銀座裏の、美容院からの流れなのだよ、マダムと令嬢の香りが」と。その香りに誘われるように、「私」が立ち寄る七つの美容院は、マキシン美容室、クラブ・ビューテイハウス、メーゾンドボーテ、テルミーハウス、資生堂美容室、銀座美容院、オリムピック美容室（新宿）である。上の図版はマキシン美容室。経営者の細野スズは不在だったが、「映画に出てくる様なマダム」の髪が仕上がり、ロシア生まれのレナーと、

（上）マキシン美容室。
（中）テルミーハウス。
（下）銀座美容院。
以上、すべて小野佐世男が「美容院のひととき」（『スタイル』1938・2）で描いたもの。

細野スズの写真（美容の友社『美容読本』1934・11、美容の友社）。

美容師の原田が、マダムにコートをかけている。外で待機するのはリンカーン。これからお芝居かパーティーに行くのかもしれない。

中段の図版はテルミーハウス。山本鈴子院長が「僕」に、「ハイフリクエンシー」という機械を握らせて、「僕」の顔に手を触れると、「星月夜」のように火花がぱちぱち散った。他にも顔をしめてバイキンやニキビを取る「ワックス、モルデングフエシー」や、「ハゲをなほす機械」が、まるで「天勝の奇術」のように登場する。「さすがアメリカ・ニユヨークの大会で日本代表となり第四位と云はれたるマダムなり」と、「僕」は驚きを隠さずに店を出た。下の図版は銀座美容院。机の上に雑誌の『VOGUE』が置いてある。他の美容院の挿絵と明らかに違うのは、美容師が全員和装であること。「さすがは日本一の着付の先生、早見君子先生」と「僕」は感心した。背中を見せている早見は、細い縞の着物に、梅の花をあしらった黒地の帯といういで立ちである。

山本鈴子と同じように、細野スズもアメリカで学んだ。「東京巴里院美容学校御出身の後、米国マキシン美容大学、ラツカース美容大学等に学び、パーマネントウエーヴを特に御研究になられまして」と、『美容読本』は紹介している。写真は、同書のマキシン美容室の頁に掲載された、コートに身を包んだ細野。「チリチリウエーヴ」だけは斥けるべきだと細野は考えていた。スズ・ホソノ「髪型の近代調」（『スタイル』一九三七年九月）には、「パーマネント・ウエーヴが急激に普及されました今日之に対する一般女性の認識が、漸く、チリチリウエーヴの範囲を脱して、本質に近づきつゝありますことは誠に結構な傾向でございます」と

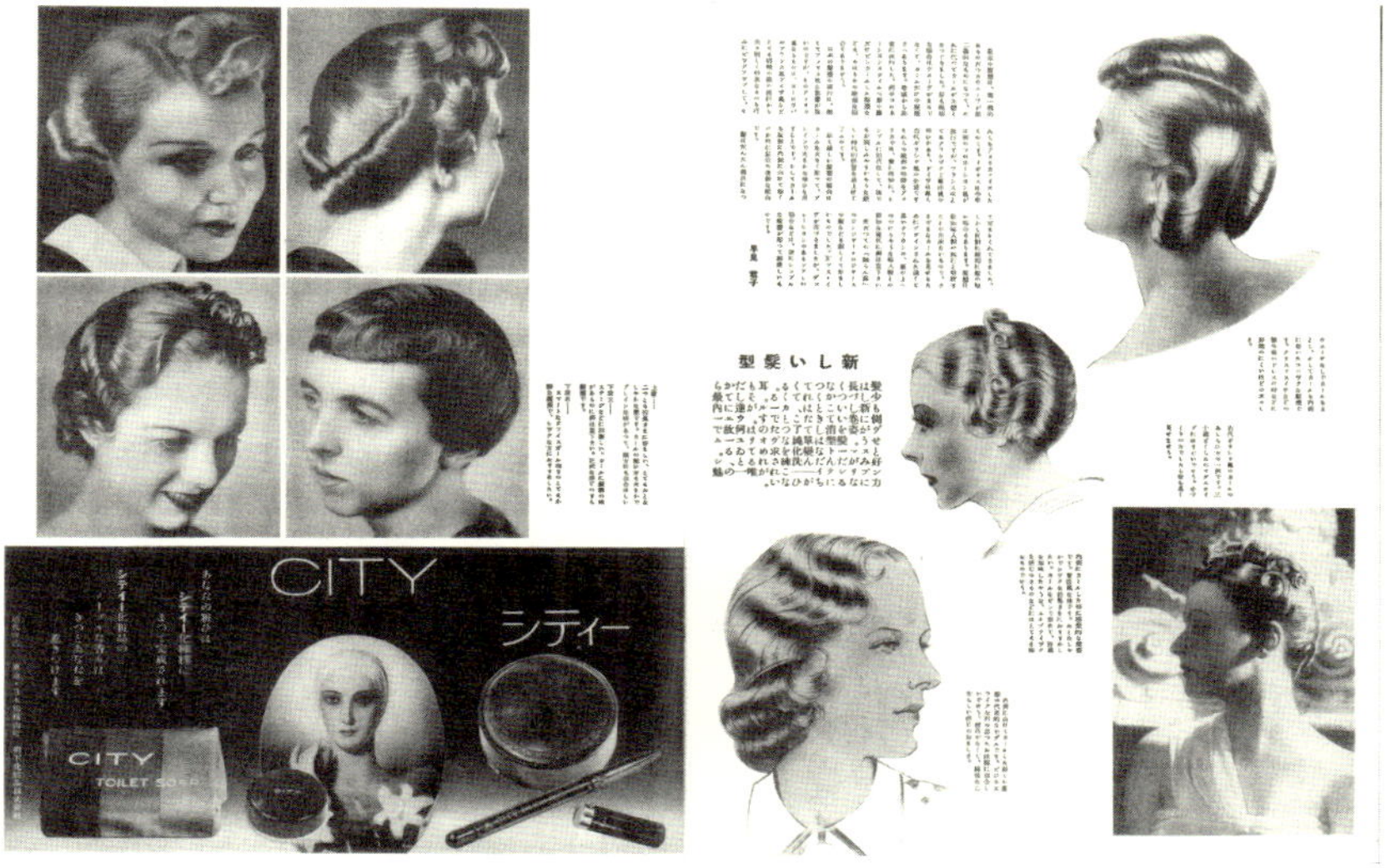

早見君子のエッセイ「新しい髪型」には西洋人モデルの写真が大きく掲載されていた（『スタイル』1937・12）。

いう主張が見られる。アメリカで学んだ髪型を、細野はそのまま日本に持ち込もうとしたわけではない。この記事でも、イギリス国王戴冠記念として考案された新しい髪型と一緒に、日本髪の鬢《びん》を想起させるような髪型が紹介されている。

　日本で流行する髪型が、「アメリカ風」の影響を受けていることは、「新しい髪型」（『スタイル』一九三七年一二月）で早見君子も指摘する。早見のエッセイが興味深いのは、「アメリカ風」の意味を説明していることである。「アメリカ風」とは、ヨーロッパの「フランス風」や「ドイツ風」など「個性の強い」流行から、「新しく特異なもの」をピックアップしてアメリカナイズした髪型である。たとえば今年のイギリスでは「コロネーション風」が流行しているが、フランスでは「クラシックで東洋風の味ひ」が主流となり、ドイツでは「古代ギリシヤ風」の全盛期を迎えていた。それをアメリカは「シンプルに近代化」して、誰でも親しめる髪型に変えている。最近の髪型は、ウェーブが二義的になり、その代わりにカールが前面に出てきたという。早見のエッセイには、女性の髪型の写真や挿絵が八点挿入されている。モデルがいずれも西洋人であることは、日本が西洋の髪型のモードを受容する側だったことを物語っている。

どんなネマキを着ているの？——挿絵のなかの文化人コレクション

モード誌の『スタイル』は、ファッション関係記事に多くの頁を割いた。就寝するときに着るネマキも、ファッションの一つである。有名な女優や文化人は、どんなネマキを着ているの？　そんな読者の好奇心に応えるように、『スタイル』は一九三七年九月号と一〇月号で、「私のねまき十人集」「私のねまき」という小特集を組んだ。最初に細川ちか子の厳しい意見に耳を傾けておこう。一日八時間、人生の三分の一は寝室で暮らすと指摘して、細川はこう書いている。「他人に見られないからと云つて、おむつにでもなり相な浴衣の古いのなどでねる人は、自分の生活をエンヂョイする事を忘れた哀れな人達です。夜中に地震や火事で慌てゝ外へ飛び出す事もあると云ふ例外を考へに入れないとしても」、「お洒落心が、否たしなみが」必要だと。ネマキをおろそかにする人間は、「もつての他」と細川は切り捨てている。

細川ちか子に真っ先に叱られるのは、女性では森田たま、男性では松井翠声だろう。挿絵を見ておこう。原稿を書くのに疲れた森田が、畳の上に横たわっている。昼か夜かは分からない。というより昼も夜も同じ格好で、疲れると着物を着たまま横になる。ネマキに着替えるのは病気のときだけだった。松井は少しましで、いちおう浴衣の用意はある。ただ夏になると、何かを身につけるのが嫌で、真っ裸で寝ていた。「おぽ

ネマキの挿絵コレクション(『スタイル』1937・9、10)。

んぽんが冷へるといけませんからユカタの寝巻を小さくたたんで腹の上へ帯でむすびつけて居ります」というのが、挿絵の姿である。

三浦環は実際に、細川が記した「例外」を体験している。西洋生活が長い三浦は、挿絵のような「シュミーズ風の長衣」が好きで、夏でも冬でも薄いピンク色で、ジョーゼット生地の「長衣」を愛用していた。ところがシベリア鉄道で帰国する途上で、夜中の一時半頃に列車が「ヒゾク」(匪賊)に襲われる。「廣田外相の御親切で、その国際列車をすてゝ憲兵にお伴していたゞいてコウコウケイまで」歩く破目になった。突然の出来事だったので、三浦は「長衣」の上に毛皮の外套をまとった姿。さすがにこのときは、ネマキをパジャマにしておけば良かったと後悔している。

シベリア鉄道の危険性は向井潤吉も指摘している。危険なのでネマキに着替えることはせず、「胴巻の結び目はきちんと臍の上に、チョッキの上で腕組みをして」寝ていた。ただし向井がネマキに着替えないのは、シベリ

上段右より、細川ちか子、松井翠声、三浦環、向井潤吉。
中段右より、原信子、渡邊はま子、竹久千恵子、宇野千代。
下段右より、阿部艶子、東郷青児、藤田嗣治、西條八十。
左、森田たま（『スタイル』1937・9、10）。

ア鉄道でなくても同じこと。「ゴロリと横になればすぐ鼾をかくと云ふ元来が兵隊さん式に出来て居る」ので、ネマキについてもともと関心がない。細川ちか子の顰蹙《ひんしゅく》を買いそうだが、着ているものがそのまま、ネマキの役割を果たしていた。旅館に泊まるときは、シャツ姿で眠りについている。

女性の場合はパジャマ派が多い。原信子は夏でも冬でも、ピンクやライトブルーのパジャマを着ていて、レース付きも持っていた。渡邊はま子は特にこだわりはなく、デパートで購入した既製品のパジャマを使用している。竹久千恵子はファンからプレゼントされた、ピンク色で絹製のパジャマを着ていた。ただ挿絵のようにサイズが合っていない。衿の開きが大きくて胸が出てしまうし、裾を一尺（約三〇センチ）ほど引きずるので、細川ちか子から合格点はもらえなかっただろう。宇野千代は夏になると浴衣で、冬はパジャマ。「袖もパンツもちやうど私の体の一倍半くらゐの長さ」があるので、とても暖かい。秋のパジャマは「だぶだぶの男物」に限ると考えていた。挿絵の阿部艶子は浴衣姿で描かれているが、実は浴衣は一枚しか持っていない。どちらかと言えばパジャマ派で、「縞のフランネル、花模様のギンガム、ときいろのクレプデシン」などのパジャマを、その日の気分で使い分けていた。

意外なのは、パリで暮らしたことがある男性たち。東郷青児はこんな空想を記した。「彼女と彼のパジャマは常に琴瑟《きんしつ》の調和を持たなければならない。パジャマの色がその夜の感情を語り、海を想はせ、山を想はせ、森林を想はせる。カーテンを開けると柔い朝日が寝台に差し込み、大きなはなびらを散らしたやうな彼女がすやすや眠つて居り、朝の空気が冷々とした季節の花の香を寝室に送つて来る」と。しかし実際の東郷は、「よれよれの浴衣」を着ていた。藤田嗣治はパジャマ嫌いで、パリでも挿絵のような「大柄の浴衣（筒ツポ）」を好んでいる。もっとも昼間に着古した浴衣ではない。寝室専用の浴衣であるところに、藤田らし

い お洒落が表れている。西條八十もパジャマを着なかった。日本各地の旅館でもらった手拭いを、ネマキに仕立てている。

洋装の一般化と、洋裁熱の拡がり

一九三〇年代後半に女性の洋装は少しずつ一般化していった。洋服は単独で存在しているのではない。帽子や手袋、靴や靴下、ハンドバッグやパラソル、イヤリングや指環、髪型や化粧など、さまざまなものが洋服とリンクしている。『スタイル』一九三七年一一月号に掲載されたベルモード婦人帽子店の広告は、読者にこう語りかけた。「今日洋装の実際化に鑑み、婦人帽の大衆的普及化を計つて、地方遠隔の方々が新しいモードを安心してお求めになれるやうな新方法を以て皆様の御便宜に供します」と。「新方法」とは通信販売である。ベルモードの店舗は東京の麴町と銀座、神戸にしかない。地方在住者も最新モードの帽子を入手できるように、ベルモードは通信部を設置してカタログを作成した。『スタイル』の代理部でも、ベルモードへの取次を行っている。

多くの女性は和服と洋服の両方を所持し、時と場所によって使い分けていた。しかし洋服しか持たない女性も現れてくる。阿部艶子はその一人である。「私は日本の着物を一枚も持つてゐないのです。七つのお祝ひの時長い袖の着物を着た覚えはあるのですけれど、その頃から洋服ばつかりでした」と、「私の着たい着物」(『スタイル』一九三七年一月)に書いている。阿部の好みというより、母の三宅やす子の方針だったのだろう。ただ二〇代になっても阿部は、「普通のお召とか錦紗とかいふやうな所謂流行色などの着物」には、まったく魅力を感じていない。例外的に着てみたいと思ったのは、「荒いタルタンチエックの（スコットランドの兵隊のスカートのやうな）ウールの洋服地」で仕立てた着物だった。洋服地で洋服を、和服地で和服をという常識をくつがえす試みに関心があり、久留米絣をカーテンやクッションにしたいと考えている。

洋装の一般化は、洋裁熱の拡がりをもたらした。「洋裁の実際化」（『スタイル』一九三八年二月）の冒頭は、「澎湃《ほうはい》として興つた洋裁熱は、今や近代女性の趣味を脱してその常識とさへなつた。この要望に洋裁学校、研究所などが雨後の筍のやうに簇出《そうしゅつ》した」と書かれている。この小さい記事は著者名が記載されていないので、『スタイル』編集部のスタッフが執筆したのだろう。洋裁を学んでも、その成果を必ずしも活かせないという状況に、記事は「遺憾」を表明した。記事が推薦するのは、戸板高等女学校の姉妹校の戸板裁縫学校。「永い歴史と設備の完全なことで名を知られ、その教授法も洋裁の実際化を目的とし、洋裁の外、刺繍、製帽、図画なども併せて教へてゐる為めに同校出身者はそれぞれ独立経営」したケースが多いと書いている。

図版は、戸板裁縫学校手芸研究会編『新刺繍教本』（一九三七年一月、三陽閣）の表紙である。全七章の構成になっていて、「用具」「用布及び用糸」「図案の拡大法及転写法」「製作上の要所」「基本の種類と応用」「基本の種類と応用（其の二）」「参考の部」に分けて解説してある。この本の末尾には、「戸板裁縫学校洋裁専攻科」の印が押され、かつての所有者の名前が書かれている。洋裁専攻科で教科書として使用していたと推定される。刺繍は洋服だけに施されるのではない。「基本の種類と応用」では、花瓶敷き、ハンカチーフ、子供服、ハンドバッグ、クッション、鏡台掛け、テーブルセンター、腕章が対

戸板裁縫学校手芸研究会編『新刺繍教本』（1937・1、三陽閣）。

（右）東京高等技芸学校編纂部編『洋裁店開業案内　附就職案内』（1937・11、東京高等技芸学校通信学部）。（左）文化服装学院内すみれ会が発行した『装苑』（1940・3）。

象になっている。「基本の種類と応用（其の二）」まで進むと、帛紗、帯留、半襟、帯なども対象になる。

卒業後はどうするのか。一一六頁右の図版は、東京高等技芸学校編纂部編『洋裁店開業案内　附就職案内』（一九三七年一一月、東京高等技芸学校通信学部）で、「卒業生の成功を祈つて、学校から卒業生へ——餞《はなむ》けとして贈る虎の巻」と刊行目的を記している。洋裁店には仕立てを行う「婦人子供服裁縫店」、仕立てだけでなく製品・生地・材料の小売りもする「洋装店」、完成品を陳列販売する「既製品店」、デパート・問屋の下請の「ミシン裁縫店」、仕立てのかたわら初心者に教授する「洋裁個人教授」の五つがあった。洋裁店を開業する資金がなくても、洋裁師募集の広告は、新聞やラジオ放送に毎日出ている。母校や職業紹介所も仕事の斡旋《あっせん》をしていた。事務員・店員・看護婦・車掌などと違って、勤めを辞めても、独立は可能だし、家庭で内職もできる。「洋裁は一人前に出来ます」と言えば、縁談もまとまりやすいと同書は述べている。

一九三〇年代後半には洋裁研究の雑誌『装苑』（文化服装学院内すみれ会）が発行されている。少し後になるが、左の図版は一九四〇年三月号の表紙。雑誌が創刊されたのは三六年四月で、この号は第五巻第三号になる。ドロシー・エドガース「心得ておかねばならぬデザインの秘訣」を巻頭に配して、長谷川路可「服装の効果に就いて③」や原田茂「女性美の復活―バッスル調ドレス種々」、「洋裁洋装辞典」といった、洋装中心の記事で一冊が構成されている。文化服装学院人事課の「教職員採用」というお知らせには、「本年度新入学生の大激増に鑑み」「今回又復助手十数名を採用」という一節がある。四〇年代にさしかかっても、洋裁熱は持続していたことが分かる。

和装の常識への異議申し立て

一九三〇年代後半に女性の洋装は一般化するが、和装が退潮したわけではない。「ふところにお金がない時にでも女は百貨店の中を一巡すれば、何となく元気になれるやうです。おしやれ心を刺戟されるからでせうか」というのは、真杉静枝「百貨店あるき」（『スタイル』一九三八年三月）の一節である。女性をデパートに引き付ける商品の一つが洋服だった。高島屋の二階の婦人服部は、「エドガー夫人が、非常に性格を出して」いて、デザインが特徴的だと真杉は書いている。「英国型の若いお嬢さん」に似合いそうな服だった。日本橋三越の特選部の呉服も、真杉の「眼をたのしませ」てくれる。柄よりも「地質の高級さ」をセールスポイントにした呉服は、どの年代でも品良く見える品揃えをしている。三越のショーウインドーの着物は、「渋味」を狙っているように思えた。

一九一八年から三六年までの一八年間をカナダのバンクーバーで過ごした佐藤（田村）俊子は、長い外国生活で和服に関する趣味を忘れてしまったと、「和服の趣味」（『スタイル』一九三八年二月）に記している。そんな佐藤でも、日本で暮らすうちに、着物に袖を通すようになった。その動機は、米飯や甘いものを食べ過ぎて体重が増え、持ち合わせの洋服が窮屈で着られなくなったことだと、佐藤は語っている。反物を買うと、自分の趣味が頭をもたげてくる。海外で洋服を選ぶときに佐藤は、自分に似合う地の色ばかり選んでいた。反物を選ぶときも、柄より地の色を優先している。ちょうど呉服地に金銀の模様や縞を出すことが流行中で、「粋好み」の人たちはそれが好きではないようだった。しかし佐藤は金銀のレースを飾った洋服に慣れているので気に入っていた。

どの色が似合うかは、人によるだけでなく、季節や場所によっても異なる。「秋ともなれば」(『スタイル』一九三七年一〇月)で小寺菊子は、劇場での体験をこう記している。「水も垂《したゝ》れさうな日本髪の、鼻筋の殊に美しくとほつた女子特にぐつと衣紋をぬいた白い頸脚の女の人に、その年齢をとはず、なんと『黒』の羽織のよくもうつり際立つて豪奢に見えることでせうと、私はいつも惚れ〲としてながめるのです」と。黒い羽織は、否定的な意見の人が少なくない。小寺が着物のセンスで一目おく長谷川時雨は、黒い羽織を決して着なかった。黒なら似合わない人はないという「常識」に反して、黒い羽織はめったに着るものではないと考えていたのである。「女が黒の羽織を着てゐるとどうも婆臭く見えてね」というのは徳田秋声の言葉である。

羽織そのものを評価しない意見も多い。『スタイル』一九三八年三月号の「春は早く羽織を脱いで」という小特集は、そんな気分を反映している。執筆者は藤田嗣治・花柳寿美・宇野千代の三人。燕尾服やタキシードの着用を求められる、パリの夜会やオペラのソワレ(夜公演)に、藤田はよく羽織袴の盛装で出かけた。しかし「着流しに角帯を結んで印籠を下げて」登場した夜は、「まるで歌麿だ」と賞賛される。羽織は

「美しい立ち姿の線を破壊」すると、藤田は考えていた。羽織さえなければ、「腰の線の美しさを生かし凡ては美しく」なると、花柳は書いている。「羽織を着た姿よりも着てゐない方が」ずっと美しいと、宇野も記した。その見方が、小特集を企画させたのだろう。

美を求める気持ちは、和装の常識への異議申し立てにつながっていく。日中戦争開始後も、宇野千代は古布あさりを続けていた。「――もしも若い――お嬢さんだつたら」（『スタイル』一九三七年一一月）に宇野は、「この頃古着屋へよく出掛ける。自分の着物を買ふ積りで出掛けて、あれこれと引繰り返してゐる中《うち》に、欲しいなあと思つて手に取るのは、大抵女物ではなくて男物だ」と書いている。女物は派手で、男物は地味という、

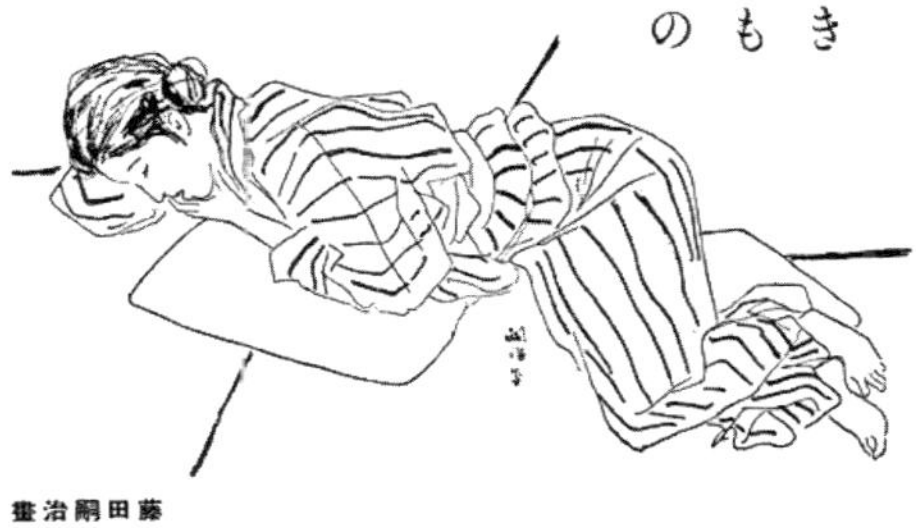

藤田嗣治が『スタイル』1937年11月号に寄せた「きもの」の挿絵。

「日本の着物の習慣」が、宇野は理解できなかった。「長襦袢をそのまま着て歩いてゐるのか」と思うくらい、若い女性は派手な着物を着る。それでは「折角の若さ、明るさ」が、着物の模様に埋もれてしまう。洋服で無地や細かい縞を着るように、無地や細かい柄の女物に仕立てると、新鮮な美しさを発見できるのではないか。

そんな宇野千代の考えを体現したのが、エリコがモデルになった写真である。着物の布地は渋い手織古代銘仙で、銀座ミラテスが担当した。着物を活かすため、帯は「強烈な色の無地か、単純な模様」がいいと黒襦子。下駄もアクセントになるように黒塗りである。「細かい柄のキモノ」（『スタイル』一九三八年二月）で宇野は、「細かい柄のキモノは、からいふバタ臭い感じの顔、バタ臭いメーキャップの場合に一層ぴつたりす

『スタイル』1938年2月号に掲載された「細かい柄のキモノ」の写真。エリコがモデルを務めている。

る」と述べた。撮影場所は浅草寺伝法院だが、「こんなキモノのお嬢さんが、何気なく銀座の舗道に現れた光景を、思ひ浮べて見て下さい。さつと、人波がざはめくほど、驚嘆の的になるのはあたりまへ」と宇野は書いている。確かに真紅の花模様の着物姿が多い銀座で、この着物姿はスポットの空気を一変させるだろう。細かいプリントの洋服地か、薄いウール、縞や絣で、キモノを仕立ててはどうかと、宇野は勧めている。

雪の国境の彼方に消えた岡田嘉子

一九三八年一月三日に女優の岡田嘉子は、プロレタリア演劇の演出家の杉本良吉と、樺太の国境を越えて雪のソ連に姿を消した。「岡田嘉子、愛人と北樺太で消える」（『東京日日新聞』一九三八年一月五日）は、「北緯五十度の国境線近くで行方不明となり関係方面で目下捜索中」と伝えている。「又もや恋の駆け落ちかと関係者に相当センセーションを起してゐる」と書いてあるのは、一〇年前に岡田が日活の「椿姫」のロケ中に、相手役の俳優と駆け落ちして、解雇される事件を起こしていたからだろう。その俳優とはすでに別居して、岡田は杉本への恋に落ちていた。正月には松竹系の井上正夫一座の、明治座公演があったが、岡田には役が付いていない。興行を休むしかなかった岡田が松竹に憤慨して、「三日三晩泣きあかした」ことも報じられている。

一月七日の『東京朝日新聞』は、六日夜に樺太庁が拓務省に打電した、越境当時の詳細な報告を報道した。「〝追ふなら撃つゾ〟脱兎・折鞄一つ」によると、以前に父が『樺太民友新聞』で「文筆生活」をしていたので、樺太に憧れていたと、岡田は旅館で語っている。旅館の主人から国境の状態を聞いて、国境警察官への慰問品として魚を購入した。三日に国境近くの半田に着いた二人は、派出所で氏名を告げて魚を渡し、国境視察を申し出る。派出所は二名の警察官にスキーで同行させることを決め、国境線から四〇〇メートル南の位置で止まった。二人はスケッチがしたいと橇《そり》を降り、国境線に到達すると、「脱兎」のごとくソ連領内に駆け込んでしまう。驚いた御者が追いかけると、「そんなに執念深く追つかけるなら撃つぞ」と脅している。警察官は一〇〇メートル後方にいたため、制止できなかった。

漫談家の大辻司郎は「越境コント」（『スタイル』一九三八年三月）に、昨年八月に樺太の日ソ国境に行った話を書いている。国境と言っても、境を明示する垣根はない。駐在所を兼ねた「国境守備のオフィス」で、国境を見たいと希望すると、特に「挙動不審」ではないので案内してくれた。三人の警官が実弾を塡《こ》め、一人が自転車で先導して、二人は自動車に一緒に乗り込む。七〜八分で国境に着いて、紋章が入った石の前で記念撮影をした。国境線の場所では、木を切り倒してある。一週間に一回、警備隊同士で郵便物を交換するが、無言で行ふ規則になっていた。新聞記事を読んだのだらう、「岡田君は、この守備隊の警官に御魚を持つて慰問に出掛けたと云ふのですから、なか〳〵凝つたもんでした」と大辻は書いている。

岡田嘉子は『スタイル』にたびたび執筆していたから、読者は驚いただろう。ただ後から読み返すと、な

岡成志「おおわが嘉子よ」（『スタイル』1938・3）のカット。

るほどと頷ける箇所もある。「OSHARE-MONDO」（『スタイル』一九三七年一月）の「お炬燵——ご感想はいかがです?」という問いに、「雪に埋もれた町に、彼氏と二人だつたら……」と岡田は回答した。「たべ物行脚—あちこち—」（『スタイル』一九三七年一一月）というエッセイには、次の一節が含まれている。「お腹の空いた時、病気のあと食欲恢復に、真先に浮ぶのは、ロシヤ式のスープ料理、之は、大連に行つた時、初めて味を覚えました。その後上海のロシヤ人の料理店で、素晴しいザクースカを食べて、無上の幸福を舌の上に感じ、結局ロシヤ料理はうまいものだと、それまで支那料理が一番おいしいと信じてゐたのを、サラリと改宗しました」と。岡田には北方への憧憬があった。

岡田嘉子の視線は、夢想を捉えようとしている。新劇女優から出発して、映画にも出演した岡田は、サイレントからトーキーへの移行を体験する。「〝いろ〟」（『スタイル』一九三七年二月）によれば、その移行は「無条件で、うなづけ」るものだった。しかし色彩映画の登場には賛同していない。その理由を岡田は、「今まで、黒と白で、画《か》いてゐた幻想が、皆こわれてしま」うからと説明した。新聞記者で小説も書いた岡成志《おかしげゆき》は、岡田の越境後に、「おおわが嘉子よ」（『スタイル』一九三八年三月）を発表している。そこに添えられた挿絵で、三頭の馬の手綱を引いて、空中を軽やかに舞っていく女性の姿は、夢見る岡田を表象しているように見える。

岡成志はこのエッセイで、岡田嘉子と杉本良吉の越境の様子を想像している。「二人は道を彼方へ走つて行く、走つて行く……。「あ。あ。いかんぞ。待て。危ない。死、死、死刑だぞ！戻れ！おうい！帰らんと命が無いぞ……」駆者は国境で地団太を踏んでゐた」。エッセイはこう結ばれる。「多分、嘉子よ、お前はかう云ふだらうと思ふ。「すべての境は希望への区切りであるでせう、ほほほ」と」。しかし国境は「希望」への入口ではなかった。『東京朝日新聞』は一九三八年一月九日の「嘉子・杉本抑留されソ連領内に生存」という記事で、国境を越えた者に対して、「ソ連邦官憲は極めて苛酷なる取締及び処罰を実行」してきたと報じている。事実、翌年に杉本は銃殺刑に処せられ、岡田は収容所送りとなった。

文化諸領域のモード②——スポーツと広瀬謙三

スポーツの「分担編輯者」を務めた広瀬謙三は、『時事新報』や『国民新聞』の運動部記者として活躍した人物である。1936年に7球団による日本職業野球連盟が設立されると、公式記録員に就任して、職業野球の基礎を確立した。36年8月号の「運動」欄に、「東京に専属の球場が欲しい」と記しているのはその反映である。関心の対象は野球だけではない。この欄の主要記事は「ヨット物語」と「スカルＡＢＣ」の二つ。36年12月号の「Winter Sport」では、ラグビーやサッカー、冬季オリンピック大会のスキーやスケートに言及している。

1920年代に高等女学校でスポーツが盛んになり、26年には日本女子スポーツ連盟が創立された。30年代に入ると女子スポーツが脚光を浴びて、32年5月には『ミス・スポーツ』が創刊される。宇野千代「自転車に乗りませんか」(1936年6月)、猪股功「初秋のハイキング」(1936年9月)、黒田初子「初めてスキーをする婦人へ」(1936年12月)、細田民樹「30円でゴルフを始めるには」(1937年2月)、「紺碧の海は手招く」(1937年7月)、種田豊「登山・ハイキングの心得など」(1937年8月)といった記事は、スポーツの流行を物語っている。

第3章

後退戦——国家総動員法、されどハリウッド女優

1938年4月〜1939年9月

国家総動員法と、第一次・第二次近衛声明

横浜在住の小説家・北林透馬には、横浜を舞台にした作品が多い。「港の女は変貌する」（『スタイル』一九三八年五月）というコントも、そんな一篇である。舞台となっているのは、土曜日の午後のバー・パレルモ。「バツタリよ、この頃」という酒場娘のミミイに、軍需景気のおかげで失業状態を脱して就職した浅野が、「何《ど》うしてさ。毛唐にも国民精神総動員がひゞいてるツてわけでも、まさか無いだらうに」と尋ねる。するとミミイは「国民精神なのよ」と応答する。兵隊を見送るときに上がる花火に、外国人が驚いて、日中戦争前のように飲みに来なくなった。学生を連れて来店していた有閑マダムも姿を見せない。挿絵のように、「頭をチヾラかして、昼間ツから夜会服《イヴニング》を引きずり歩い」ていると、子供にからかわれる。だから工場で働きたいと相談を受けるうちに、ミミイがアパートに押し掛けてきて、浅野は一緒に暮らすようになった。

客がバーから遠ざかり、子供がチリチリパーマやイヴニングをからかうようになったのは、ミミイの言う通り、国民精神総動員の影響だろう。日中戦争開始直後の一九三七年八月二四日に第一次近衛文麿内閣は、国民精神総動員実施要綱を閣議決定する。「挙国一致・尽忠報国・堅忍持久」をスローガンに、女性や子供を含めて戦意昂揚を図った。この日の『東京朝日新聞』に、「映画・レコードに大和魂動員」という記事が出ている。国民の「精神的総動員」が必要だという理由で、内務省が娯楽機関の戦時体制確立に乗り出した。映画会社・レコード会社の代表者を大臣官邸に招き、単なる娯楽ではなく、大衆に非常時を認識させて、質実剛健の気風を醸成するように、要請したのである。非常時の掛け声が浸透すれば、ミミイのバーでも閑古

鳥が鳴くようになる。

北林透馬はモダンボーイとして知られていた。そんな北林が、モダンボーイの変貌ぶりを描いたのが「空は何故変るか」（『スタイル』一九三八年九月）というコント。「僕ね、君好きさ。とてもモダンでシックでね。まるでウノチヨさんのスタイルつて言ふ雑誌の口絵に出てるお嬢サンみたいなんだもの」と語ったのは「坊チヤン」。「お嬢サン」も嬉しそうに、「あたしだツて、アンタ好きよ。ヤノゲンさんの本に書いてあるとほりの、シツクなモダン・ボーイなんだもの」と話していた。ところが次に再会すると二人は、桜井誠人が描いた挿絵の姿になっている。「お嬢サン」は「『スタイル』型モダン・ガール」のままだが、「坊チヤン」は「クリクリ坊主に、カスリの着流しで、ホーバの下駄」という姿である。学校で無理やり坊主頭にさせられたのを機に、外見が一気に「右傾」化した。台詞も一八〇度変化して、「コクサクのセンにそツてるんだゾ。バカヤロ！」「オンナがヨーフク着たり、学生が頭の毛のばしたりしちや、ニツポンが戦争に勝てねえツてことだい！」と勇ましい。その結果二人の友情は消滅した。

（上）北林透馬「港の女は変貌する」（『スタイル』1938・5）の挿絵。
（下）北林透馬「空は何故変るか」（『スタイル』1938・9）の挿絵。

北林透馬の二つのコントは、国民精神総動員実施要綱が閣議決定された一九三七年八月から、ほぼ一年後に発表されている。その一年の間に、国際情勢は緊迫感を増し、国内の動員統制も進展していった。三八年一月一六日の『東京日日新聞』は、「けふ対支重大声明発表――外交関係実質的に断絶」と報道している。第一次近衛声明と呼ばれるこの声明は、抗日を続ける蔣介石の国民政府を「否認」して、「東洋平和の理想においてわが国と一致する新興政権に期待する」と宣言していた。さらにこの声明に対応して、「長期作戦に即応すべき本格的国民総動員運動に乗出す」ことも報じている。日中戦争が外交交渉で終結する見通しはなくなった。「空は何故変るか」の「坊チャン」が、言葉は勇ましくても、「顔はベソをかいて」いたのは、坊主頭が不本意だったからだろう。

一九三八年三月二七日の『読売新聞』に掲載された「重要諸法案の成立で愈よ革新政策実現」は、「政府は今議会に対し国家総動員法案、電力国家管理法案」など九七件の議案を提出して、すべてが通過成立するという、「議会開設以来の驚嘆すべき好成績」を挙げたと報じている。特に国家総動員法案は、「革新政策実現」の礎石を築く法案だった。なぜなら国家総動員法は、国民生活全般にわたって統制を行う権限を、政府に与える授権法だったからである。この法律によって政府は、日中戦争を遂行するために、貿易・運輸・通信や、資本・企業・物資・労務、さらには言論に至るまで、あらゆる部門で統制を行うことが可能になった。国民徴用令や生活必需物資統制令、さらに価格等統制令や新聞紙等掲載制限令は、その延長線上で作られている。

一九三八年一一月三日には第二次近衛声明が報じられた。「日、満、支三国提携し東亜の新秩序建設へ」という、この日の『東京日日新聞』の見出しが、声明の内容を端的に伝えている。声明にはこう記された。「政治、経済、文化等各般に亘り互助連環の関係を樹立するを以て根幹とし、東亜における国際正義の確立、共同防共の達成、新文化の創造、経済結合の実現を期する」と。「日、満、支」の「支」は、国民政府を指していない。それは日本軍の攻略によって、すでに「地方の一政権」にすぎなくなったと声明は述べている。したがって国民政府が、「従来の指導政策を捨て人的構成を改善して更生の実を挙げ新秩序の建設に来り参ずるにおいては敢てこれを拒否するものでない」と、記事は伝えている。

『ヴォーグ』のようなモードを、ただし「時流」への配慮も

一九三七（昭和一二）年九月に内閣総理大臣の近衛文麿が、「帝国の興隆を図るの道は、我が尊厳なる国体に基き尽忠報国の精神を振起して、之を日常の業務生活の間に具現せしむるに在り。今般国民精神の総動員を実施する所以、亦此に存す」（景山鹿造『国民精神総動員教程』一九三七年一〇月、日本青年教育会出版部）と、帝国議会開院式で述べてから一年。日中戦争は終結の兆しを見せるどころか、戦局は深まる一方だった。一二月に日本軍は南京を占領する。三八年五月には徐州を、一〇月には広東と武漢三鎮を占領した。「尽忠報国の精神」を「日常の業務生活」、すなわち『スタイル』の編集でどう見せるのか。また舶来品排斥と国産品奨励の声に、どう応えればいいのか。編集長の宇野千代は、日々頭を悩ませていたに違いない。

日本で『ヴォーグ』のようなモード誌を作るという志は手放したくない。そのために宇野千代が取った戦略の一つは、戦地の兵隊の声を活かすことだった。『スタイル』一九三八年一〇月号の「編輯後記」に宇野は、「北支派遣軍の兵隊さん達から大量に注文を頂いたりして、まごつくやら感激するやら、感謝に堪へませんでした。戦線にゐると、スタイルのやうな雑誌が一番明るくて慰安になるさうです」と記している。同

館真「ヴォーグ・スタヂオ――パリス・オプニングのハイカラ趣味」（『スタイル』1938・12）の挿絵。

時に「この際、特に時流を誤らないやうに努めたい」と書くことも忘れなかった。「時流」（時局）には配慮する。しかし兵隊のニーズにも応えるという作戦である。さらに三八年一一月号の「編輯後記」では、「兵隊さんには日本の女優島田の姐さんが大もてですが、ケイ・フランシスはゲーブルはと喧しいヴオグ氏も無きにしもあらずです」という、「北支派遣軍、久慈伍長」の手紙を引用している。ハリウッド俳優の写真の掲載は、兵隊のニーズだと、強調したかったのだろう。

スタイル社の編集部のデスクには、アメリカやフランスのモード誌が積まれ、それらを参考に企画が組まれていた。ところが輸入統制のために、一九三八年の春からそれらが日本に届かなくなる。館真は「ヴォーグ・スタヂオ――パリスオプニング早見案内」（『スタイル』一九三八年一一月）で、久しぶりにアメリカ版『ヴォーグ』の九月一日号を読みながら、こう解説した。パリでは秋・冬のシーズンに向けて、八月にオープニングが開かれる。その取材のため、『ヴォーグ』編集部のスタッフはパリに押し寄せて、写真やニュースを飛行機でアメリカに急送する。『ヴォーグ』九月一日号と一五日号の二冊を作るため、編集部は「狂気のごとく、上を下への大活動をする」と。

アメリカ版『ヴォーグ』がもたらした一九三八年のモードは、どのような特徴を持っていたのだろうか。館真「ヴォーグ・スタヂオ――パリス・オプニングのハイカラ趣味」（『スタイル』一九三八年一二月）の挿絵を覗いてみよう。右はランバンの黒クレープのドレスで、ラメとレースのコルセット式ウエストライン。中央はレッグ・オ・マトン・スリーブで、スカートの裾から赤いブーツが覗いている。左はルシアン・ルロンの黒クレープのドレス。三つとも「お祖母さまの借着みたいなクラシックなシルエット」と評されている。ファッションだけではない。椅子のカバーには、古いヴィクトリアンドレスが使われた。「かくて一九三八年のモードは、半世紀ほどを矢継早に馳上り、今やヴィクトリアン調のハイカラ趣味を気取つてゐる」と館はエッセイを結んでいる。

館真は驚きを隠せなかったようで、『スタイル』の同じ号の「洋装専門部」には、「昔にかへる女らしさ（ハイネックに現れた新しい傾向）」という題をつけて、こう記した。

巴里ではヴイクトリアン調の大流行で、廃《す》たれた美しさがまた舞ひ戻つてきました。仏蘭西と英吉利との最近の国際情勢が大さうお仲よしなので、ヴイクトリアン時代の英吉利式のモードがあらはれてきたのだと観察することが出来ます。ヴイクトリアン調の流行は今に始まつたことではありませんが、こんなに巴里のデザイナー達が、頭から爪先まで、英吉利好みにしてしまつたのは、ちよつと珍らしい現象です。

『スタイル』1938・12のグラビア頁。久原日出子がモデルを務めた。

『スタイル』1939・1の誌面。右頁に『ヴォーグ』のグラビアを掲載する一方で、左頁では戦争映画を紹介している。

パリの新しいモードは、『スタイル』のモードに移されている。一三二頁の図版は、一九三八年一二月号のグラビア頁で、モデルは久原日出子。「格子タフタのイヴニング」の生地は銀座ストックが用意して、デザインは松井直樹が、仕立ては田辺信次が担当した。「高い衿、膨らんだ袖、リボン結びで締めつけた細い腰、広いフレヤーのスカート」は、一九〇〇年代のシルエットを単純化した「新しいヴイクトリアン調」である。結髪担当は早見君子で、「英吉利風の揚巻の髪」にした。それに合わせて、同号の「スタイルサービスステーション」は、「タータンチエックのマフラ（スタイル製）」を紹介している。よく知られるスコットランドの格子縞のマフラーで、洋装でも和装でも使うことができた。

『ヴォーグ』のモードと、「時流」への配慮——それは『スタイル』一九三九年一月号の不思議な

『スタイル』1939・7の表紙。デザインは松井直樹。

誌面構成を生んでいる。見開きの右頁は、「ヴォーグスタヂオ——一九三九年のアクセント」という記事で、オール・デイ・ドレスや、冬の斬新なモードの「ピイル・ボックス帽」を紹介した。左頁の題名は「世界の注目のうちに完成迫る4大記録映画!!」で、漢口戦を記録した「戦ふ兵隊」「揚子江艦隊」、上海や黄浦江沿岸で撮影した「海軍陸戦隊」「戦友の歌」を紹介している。日中戦争が混迷を深めるなかで、両者の共存によって、『スタイル』を維持していこうとしたのである。

そのような文脈で捉えると、松井直樹が描いた『スタイル』一九三九年七月号の表紙のデザインは、『スタイル』編集部の本音を語っている。夏の部屋着向きのスラックス・スタイルだが、目次頁には小さい活字で、次のように記してある。「聖林では、スタアたちはいつもスタヂオではこのいでたちでくらしてゐます。時節柄モンペイなどと言はずに、そこまでゆくなら何故ズボンをお召しにならぬのでせう。あの時代錯誤の古いものを、この近代非常時に今更わざ〳〵思ひ出すテもございますまい。いくら考へてみたからとて、このズボンほど自由自在な便利なものはありやう筈がございません」と。

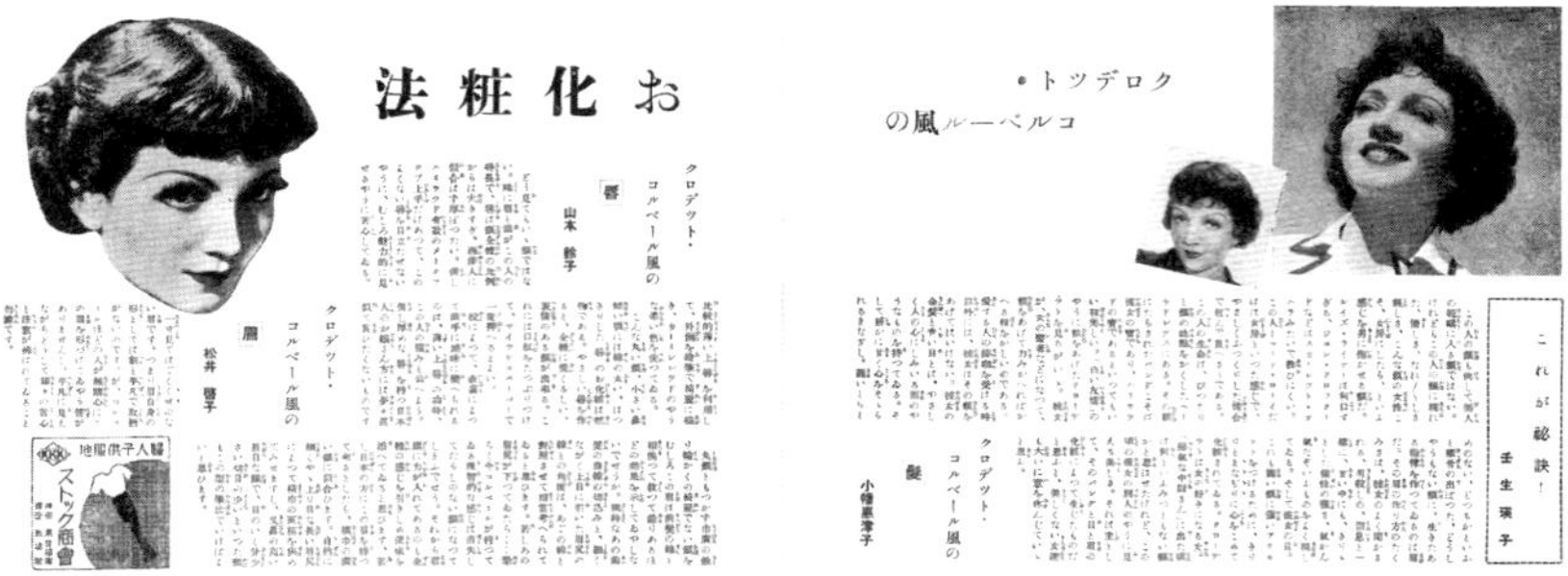
お化粧法

クロデット・コルベール風の

これが秘訣！ 壬生瑛子

「クロデット・コルベール風のお化粧法」（『スタイル』1938・12）。

ハリウッド女優に学ぶ──「〜風のお化粧法」シリーズ

『スタイル』の創刊時から、ハリウッド女優の写真は誌面を華やかに彩ってきた。ただ一九三八年一〇月に日本軍が武漢三鎮を占領した直後から、ハリウッド女優の写真の使い方が少し変化する。写真を掲載して女優の化粧法を研究する、「〜風のお化粧法」「〜風のお化粧」というシリーズが三八年一一月にスタートし、三九年七月まで続くのである。宇野千代は三八年一〇月号の「編輯後記」で、『スタイル』が「明るくて慰安になる」という、戦地の兵隊の声を紹介した。その声に背中を押されるように、非常時であっても、『ヴォーグ』のようにという志を貫いていこうとする強い気持ちが、この連載からは感じられる。各記事の巻頭には、「これが秘訣！」という総論的な性格の文章を掲げた。総論はほぼ毎回、壬生瑛子が担当している。またそれぞれの女優の、髪・眉・目・唇などの顔のパーツについて、どのような化粧の工夫が見られるのか、化粧の専門家が各論で解説した。

まず髪が中心の記事。「クロデット・コルベール風のお化粧法」（『スタイル』一九三八年一二月）の「これが秘訣！」を、壬生瑛子は「この人の顔も決して美人の範疇に入る顔ではない」と書き始めている。クローデット・コルベールの写真を確認しておこう。壬生によれば、「ぴつたりと顔の欠点をかくしたヘーヤドレッス」が、「化粧法」のポイントということになる。各論の「髪」を執筆したのは小幡恵津子。「荒削りのお多福！ コルベールの素顔を日本風に忌憚なく批評すればさう申す外はありません。だがスクリーンに映るコルベールはペルシヤ猫のやうな柔軟な感触と媚惑をたゝえて我々に迫つてきます」と、小幡は評している。スクリーンのコルベールの魅力の源を、小幡は「特有の前髪」に求めた。微かに揺れる前髪は、「そゝり立つ頬の強い角度」を和らげている。

次は眉が中心の記事。「ロレッタ・ヤング風のお化粧法」（『スタイル』一九三九年五月）を読むと、壬生瑛子と早見君子では、ヤングの顔の評価が異なっている。壬生は「これが秘訣！」で、「その美しさは、どんな髪を結つても似合ひ、どんなお化粧でもコスチユームでも似合ふ」と絶賛した。しかし早見は、「特徴を持たない平凡さが、却て此の娘の大きな特徴になつてゐる。輪郭は、むしろ見にくい方でせう」と否定的な見解である。共通するのはヤングの眉を評価すること。「眉は極めて柔かいタツチで引かれてゐる為めに、憂愁味を含んだ瞳の味は、無理に強張もされず、また少しもこはされてゐない」と壬生は褒めた。「此の人ほどデリカシイのある眉を見た事がない」と早見も各論で賞賛する。「此の顔、此の眼には此の眉でなければならな

（上）ロレッタ・ヤングの写真（「ロレッタ・ヤング風のお化粧法」、『スタイル』1939・5）。
（下）マーナ・ロイの写真（「マーナ・ロイ風のお化粧法」、『スタイル』1939・3）。

い約束の眉」というのは、最上級の褒め言葉だろう。

眼のメーキャップはどうするのか。「マーナ・ロイ風のお化粧法」（『スタイル』一九三九年三月）の「これが秘訣！」で、「彼女もまた決して美人ではない」けれども、「美とは、その個性からのみ生れるものらしい」と壬生瑛子は指摘している。どうしたらロイのような眼になるのかは、青山澄子が各論の「眼」で詳しく紹介した。「硼酸水《ほうさんすい》で毎晩毎朝洗つて、曇りなくぱつちりさせ」ておき、「寝る前にまつ毛にオリーヴ油をぬつてしつとりさせておく」というのが準備段階。化粧をするときは、「アイシヤドウを、二重瞼の中側だけにうつすらとぬつて一寸鼻にしわを寄せたりしていたづらしく眼で笑つて」みる。青山のアドバイスに従って、ロイの眼のようになりたいと努力した女性もいただろう。

シリーズで最も多く取り上げられた顔のパーツは、唇かもしれない。「ダニエル・ダリウ風のお化粧法」（『スタイル』一九三八年一一月）の写真を確認しておこう。「唇をとんがらすのは、パリ女の最大の魅力の一つ」と、壬生瑛子が「これが秘訣！」で述べたように、ダリューの唇は少し突き出ている。各論の「ダニエル・ダリウ風の唇の作り方」に、早見君子も「この娘の印象は唇から始まる」と記した。「この唇は、唇以外の外側のラインをきれいに」作っているという。その結果、「やゝ細い平凡な鼻と、少しばかり長めな鼻の下のつまらなさを上手に美化」しているというのが、早見の評価である。パリからハリウッドに移動すると、女優の顔の印象は変化する。ハリウッドのメーキャップによって、ダリューの「清純さ」が薄れ、「ハリウッド製品型」にされてしまった。しかし唇だけは元のままで、早見は「魔の唇」と呼んでいる。

ハリウッドのメーキャップがいつもお手本になるわけではない。「シモーヌ・シモン風のお化粧法」（『スタイル』一九三九年六月）の「これが秘訣」で、壬生瑛子はこんな辛口の批評をした。「お化粧がどんなにその個性美に影響するかといふことは、アメリカ風のメーキアップをほどこしたシモーヌが、どんなに穢らはしくつまらなく見えるかといふことでも解る」と。シモンはフランス生まれである。壬生が気に入らなかったのは、髪をすべて持ち上げて、「人の好い、程よい上品」なイメージにしたこと。その結果、「意地悪で、甘つたれ」の個性が失われてしまった。ただ壬生はシモンの口に感心している。口紅は、上唇にずっと濃い色を使用し、下唇はやや厚く化粧する。両隅は誇張して描く。「あのままの顔で、少しやつれて来たら、持ち前の精カンさが、一層光り輝いてくるだらう」と壬生は予想した。シモンのファンは多い。各論の「眼」の文章で吉行あぐりは、「シモンの御大層なファンで、シモン礼賛に、毎毎熱をあげてゐる」と告白した。

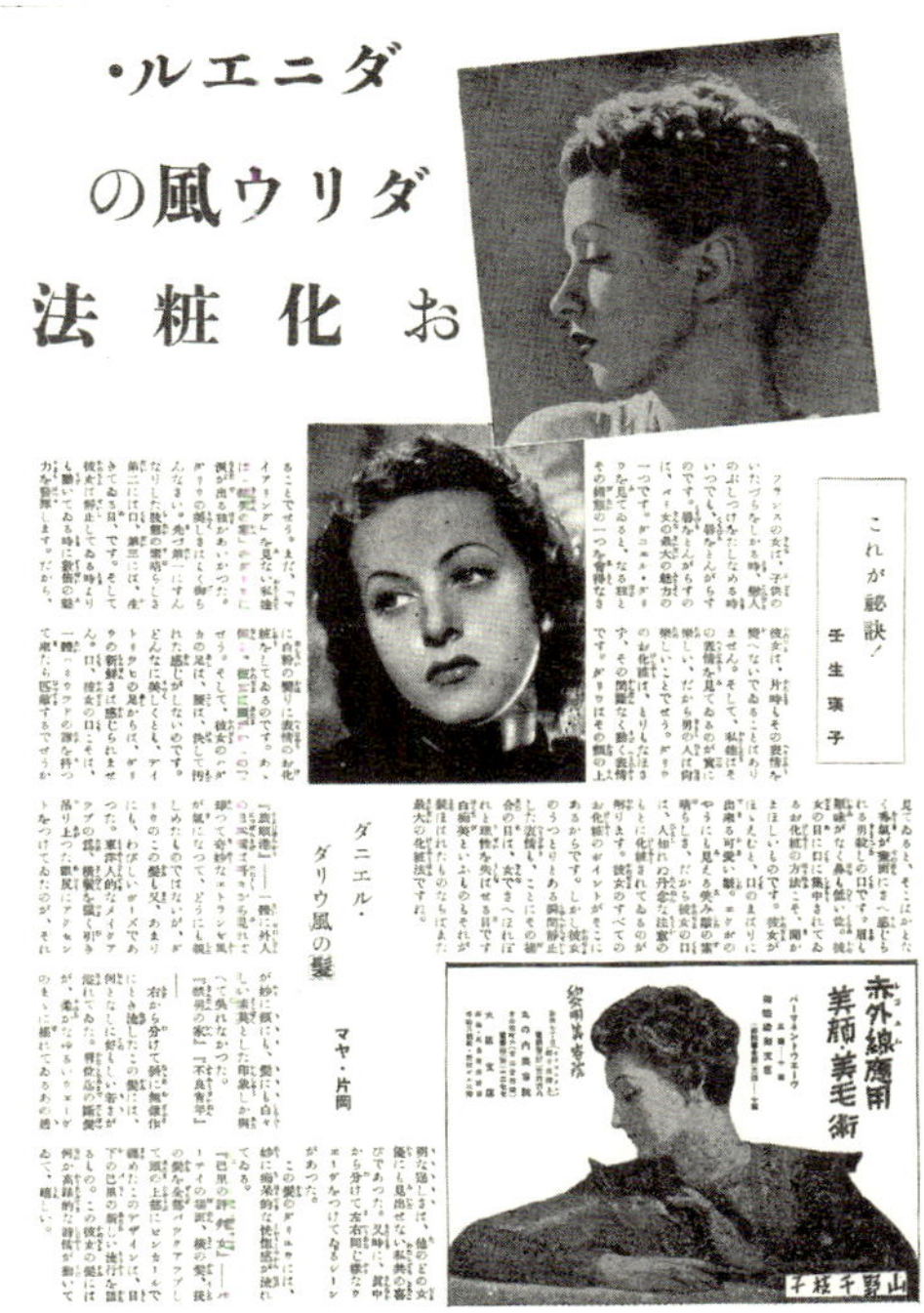

「ダニエル・ダリウ風のお化粧法」(『スタイル』1938・11)。

シモーヌ・シモンの写真(「シモーヌ・シモン風のお化粧法」、『スタイル』1939・6)。

化粧で「欠点」をどう補うか——「お化粧研究」シリーズ

ルーヴル美術館が所蔵する、レオナルド・ダ・ヴィンチ「モナリザ」の顔の輪郭は、一対一・六一八の比率で描かれている。この数値は「黄金比」と言われて、「美人」の条件と目され、デザインの世界でも活用されてきた。美容外科の分野では、顔のパーツである眉・目・鼻・唇にも「黄金比」がある。しかし顔の輪郭やすべてのパーツが、「黄金比」通りの人などほとんどいない。顔には個性がある。人が誰かに惹かれるときは、その個性に惹かれていることが多い。また人は「黄金比」から外れる自分の顔のパーツに劣等感を抱いて、化粧によってカバーしようとする。「〜風のお化粧法」シリーズはしばしば、ハリウッド女優の顔のパーツの「欠点」を指摘して、それをカバーするために、化粧でどのような工夫をしているかを説明した。一九三九年の『スタイル』は、「〜風のお化粧法」シリーズと並行して、「お化粧研究」シリーズの連載を

（上）ベティ・デイヴィスの写真（「お化粧研究（ベット・デヴィス嬢の巻）」、『スタイル』1939・4）。
（下）キャロル・ロンバードの写真（「細心な技巧美！（キヤロル・ロムバードの巻）」、『スタイル』1939・5）。

企画する。このシリーズは総論を設けずに、数人の専門家のコメントで構成した。「お化粧研究（ベット・デヴィス嬢の巻）」（『スタイル』一九三九年四月）で、ベティ・デイヴィスは「万人向きの美人」ではないと青山澄子は指摘する。広い額の生え際は「美し」くはないが、額を出す髪型にして、「智的」な印象を与えている。つまり自分の「欠点」を隠して美しく見せようとするのではなく、逆に誇張しているという。青木修二は唇と眼に注目した。唇を目立たせると、小鼻の両脇の筋の印象が薄れる。眼瞼の筋が深いと老けて見えるので、なるべくアイシャドーを塗らずに、目の下の縁に薄くつけている。瞳を敏活に動かすことで、顔から年齢を感じさせない。「ベタベタと白粉を塗るだけがお化粧ではない」ことを、デイヴィスは知っていると評価した。こういう細かい「内面性」に、化粧のコツがあると、青木は読者に説いている。

続く一九三九年五月号の「お化粧研究」には、「細心な技巧美！（キャロル・ロムバードの巻）」が掲載された。キャロル・ロンバードは「実に平凡な顔」をしていると、南美子は言う。「平凡な鼻」「小さい目」「薄い毛髪」と「欠点」だらけで、パラマウント時代は印象に乏しい女優だった。現在は瞼の上に太いクマを入れて、唇になめらかな光沢を持たせるなど、他の女優と比べて、メーキャップは「細心洗練をきはめて」いる。ただ強いアクセントがないのは惜しいと南は評した。ロンバードの顔の「欠点」は、広い額と角張った顎だと青木修二は指摘する。しかし彼女はそれを隠そうとしない。青木が感心したのは、スクリーン上でその顔が、さまざまな表情を見せることだった。目と唇の美しさには定評がある。駒井玲子のコメントのタイトルは「眼と唇が宝石」である。

ケイ・フランシスの写真（「中年の奥様美―ケイ・フランシス研究」、『スタイル』1939・8）。

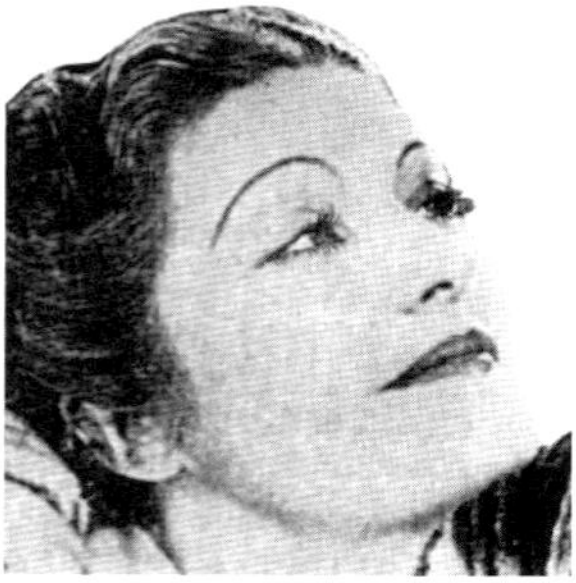

（上）マルセル・シャンタルの写真（「理智的な奥様の魅力！　マルセル・シヤンタル嬢の巻」、『スタイル』1939・7）。
（下）ミレーユ・バランの写真（「ミレーユ・バラン嬢の巻」、『スタイル』1939・6）。

日本人的と評されたのはケイ・フランシスである。「中年の奥様美――ケイ・フランシス研究」（『スタイル』一九三九年八月）で、顔のパーツの配列が「甚だ日本人的」だと南美子は述べた。頭は大きすぎるし、おでこは「富士額」で、「割と凹凸のない平面」に眉・瞳・鼻・唇が「派手に」並ぶ。「この基礎をもつて、如何なるメーキヤツプをするか」と南は自問しているが、日本人読者の参考になったのかもしれない。フランシスの「日本人向きの顔」が、以前の青木修二は好きでなかった。しかし「限りなき旅」を観てから、彼女の「独自な魅力」に捉えられてしまう。化粧は「欠点を生か」していた。ファンになった青木は、フランシスが結婚したというニュースを聞いてがっかりし、三日間ほど憂鬱に過ごしている。

ベティ・デイヴィス、キャロル・ロンバード、ケイ・フランシスの三人は、アメリカ出身の女優である。それに対してマルセル・シャンタルはフランス出身の女優だった。『スタイル』一九三九年七月号の「お化粧研究」は、「理智的な奥様の魅力！　マルセル・シャンタル嬢の巻」である。「欧州の映画界には日本の女には勿論のこと、アメリカの女優も持たない年増女の魅力をフンダンに持つた凄い女優が間々《まゝ》存在する」という見解を、波多エリ子は述べた。波多が思い浮かべていたのは、ドイツ生まれのマレーネ・ディートリッヒや、スウェーデン生まれのグレタ・ガルボであり、シャンタルや、モナコ出身のミレーユ・バランである。シャンタルは特に双眸《そうぼう》が素晴らしいと、波多は感じている。「一苦労も二苦労もしたやうな女の美しさ」と評したのは阿部艶子。顎が特徴的で、「淋しいもの」を感じさせるという。

一九三九年六月の「お化粧研究室」は、「ミレーユ・バラン嬢の巻」になっている。青木修二の眼を釘付けにしたのは、バランの唇と顎。「毒々しく、濃く、ベツトリと塗りこめたルウジユ。そのあくどさが、多分に淫らで、挑発的で、大胆さうなバランの唇に実によく似合つてゐる」と、青木は思った。しかしそれだけではない。顎の方は、「白皙で、広くて、理智的に澄んで」いる。両者のアンバランスが、青木を惹きつけたのである。駒井玲子はバランを観て、マレーネ・ディートリッヒを想起したが、「悪徳の修行にかけては一枚も二枚も上」ではないかと思う。だから駒井のコメントのタイトルは、「こんな女は日本にゐない」。ただ駒井はバランの映画を一本しか観ていない。その映画のバランと考える方がいいのかもしれない。

一九三〇年代の『ヴォーグ』と、ハリウッド女優の役割

日本語で出版された『ヴォーグ』の文化と歴史に最も詳しい本は、ジョージナ・ハウエル著、TSG・海野弘訳『IN VOGUE――ヴォーグの60年』(一九八〇年三月、平凡社)だろう。一九一〇年代〜七〇年代の歴史をたどった本で、三〇年代は「すりきれた'30年代」というタイトルになっている。三〇年代は、一九二九年一〇月の世界恐慌と、三九年九月に始まる第二次世界大戦に挟まれた時代である。「すりきれた」とは、どのような状況を指していたのだろうか。同書によれば恐慌後の三二年に、シャネルは半額まで値下げを余儀

映画「一九三八年のヴォーグ」の出番を待つ、肘掛けに肘をのせたハリウッド女優たちの写真（ジョージナ・ハウエル著、TSG・海野弘訳『IN VOGUE』1980・3、平凡社）。女優が主役ではなく、「ヴォーグ」（流行）が主役の映画だった。

なくされた。アメリカ人のバイヤーは三三年まで、パリに一人も姿を現していない。クチュリエたちは二〇年代の貯金を使って、この難局を乗り切るしかなかった。日本からだけではなく、各国からの旅行者も、パリの街で目立たなくなる。

同書によれば一九二九年に初めて、映画の衣裳にモードを取り入れる動きが具体化してきた。最初はココ・シャネルがハリウッドに招かれて、一九三〇年代にスクリーン・モードの革命が進行していく。「スキャパレリ、マルセル・ロシャス、モリヌー、アリックス（マダム・グレ）、ランバン、ジャン・パトゥーなど、一流どころが次々にハリウッドの土を踏んだ。しかし、ハリウッドにもアドリアンとかハワード・グリアーのような才能あるデザイナーが」育っていったという。不況と戦雲に挟まれたこの時代に、「一般市民の心」を捉えたのは、ハリウッド映画に登場する「魅惑的な女優ときらびやかな衣装」である。一般女性だけではない。各国のデザイナーも、ファッション・髪型・化粧のモードを、映画から学ぼうとしていた。

一九三〇年代を代表する女優は、グレタ・ガルボとマレーネ・ディートリッヒである。しかし「すりきれた'30年代」を彩ったのは二人だけではない。人気のある数多くの映画女優が『ヴォーグ』で紹介され、新しいモードを伝える役割を担った。『スタイル』も『ヴォーグ』と同じように、ハリウッド女優の写真を使っている。「魅惑的な女優ときらびやかな衣装」は切り離すことができない。ただ同書に掲載された、映画「一九三八年のヴォーグ」の興味深いモンタージュ写真は、この映画でどちらが主役だったのかを示唆していた。写真の中央より少し下に、出番を待つハリウッド女優が並んでいる。全員が肘掛けに腕をのせているのは、衣裳が皺にならないようにするためだった。

パリのブランドは上流階級の顧客にオートクチュール（一点物）を提供した。それに対してハリウッド映画は、一般の人々にプレタポルテ（既製服）を流行させる。館真は「ミス・銀座はどこにゐる?」（『スタイル』一九三九年一月）で、最近の銀座では「お嬢様」と「マダム」と「バー・ガール」の区別がつかなくなったと指摘している。三者はいずれもアメリカ映画の観客である。映画によって「美の標準線」は一様に高まり、彼女たちの感覚を「標準化」する。三者の日課も共通していた。たとえばジャーマン・ベーカリーでコーヒーを飲み、不二アイスやローマイヤでランチを楽しむ。美容院や洋装店で時間をつぶし、日比谷で映画を観た帰りに、寿司仙で寿司をつまむ。ただ三者のなかで最も「ダンディズム」を享楽しているのは、「バー・ガール」だと館は述べた。彼女たちは一流美容院のメンバーで、一流洋装店の顧客である。帽子屋・靴屋のお得意様名簿に名を連ね、シーズンのモードの案内が、居住するアパートメントに届いた。だから「マダムよ飛躍すべし。お嬢さまよガンバレ」と、館はエッセイを結んでいる。

写真（一四四頁）は、「ミス・ギンザのそぞろあるき」（『スタイル』一九三九年二月）の一点。記事には安藤秀子・福原かよ・手代木幸子の三人の写真が掲載された。写真を比べると、外見は同じような「美の標準線」に達していることが分かる。写真の手代木は「〝日比谷〟からお帰りのところ」で取材を申し込まれ、ディアナ・ダービン主演映画の看板の横に立った。このようなハリウッド映画が「標準化」をもたらしている。

ハリウッド映画の看板の横に立つ手代木幸子（「ミス・ギンザのそぞろあるき」、『スタイル』1939・2）。

「ホームスパンのラグランのスポーツコート」や「ピイルボツクス帽」は、手代木の「お手製」である。

『スタイル』が『ヴォーグ』のように、多数のハリウッド女優の写真を掲載することについて、執筆者側にも異論はあった。谷長二は「スタイル・ニツポン」（『スタイル』一九三八年五月）で、パリやニューヨークのニュースが一ヵ月以内に届くことに触れ、「文化が進むといふことは有難い」と述べた。ただハリウッド女優のファッションや化粧を模倣することには、批判的な意見を持っている。「ガルボやデイトリツヒの顔にアコがれて、お母様から頂戴した大切な眉毛を剃り落したり、それでなくても眉鉛筆の使用によつて、眉毛が抜け落ち、遂には自分の顔の他に新しい外出顔を製造してお化粧料がなければ一歩も外へ出かけられなくなつた人もいます」と、銀座を闊歩する女性たちに苦言を呈した。「時局をよく認識」すること、「国民精神総動員の主意」を理解することを、谷は読者に求めている。そのような声にも配慮しながら、『ヴォーグ』のようなモード誌を目指す、難しい舵取りを、編集長の宇野千代は続けている。

どんな家に住んでいるの？――洋画家が描きにくる林芙美子の洋館

あの人はどんな家に住んで、どんな暮らしをしているのか――読者の関心を惹きつける企画の一つが「お住居拝見」のシリーズである。近代的な数寄屋造りの住宅で知られる、建築家吉田五十八《よしだいそや》設計の家に住んでいたのは吉屋信子。「お住居拝見――吉屋信子さんのお家」（『スタイル』一九三八年九月）で吉屋は、最初は洋館に住んでいたが、海外を旅するうちに、気候や生活習慣が異なる日本での、「もの真似のおかしさ」が分かってきたと回想している。ただ「仄暗い陰気な日本造りの家」には住みたくない。モダンな「衛生設備や煖房装置」が欲しい。そんな吉屋のニーズに応えてくれる建築家が吉田だった。夏の縁先で宇野千代と吉屋が並んでいる、牛込の吉屋邸の写真を見ると、竹の間を吹く風が涼しげに感じられる。

縁先の吉屋信子と宇野千代（「お住居拝見――吉屋信子さんのお家」、『スタイル』1938・9）。

同じく牛込に住んでいたのはターキーである。ただし吉屋信子邸のような数寄屋造りではない。「水の江瀧子さんのお住居拝見」（『スタイル』一九三八年一一月）によると、「表側は白い壁と銀鼠色の塀との瀟洒な洋館」で、「ここの家のヒロインの面影そつくり、とてもジヤンテイな粧ひ」の家だった。「ジヤンテイ」（gentil）は、「優美な」「感じのよい」という意

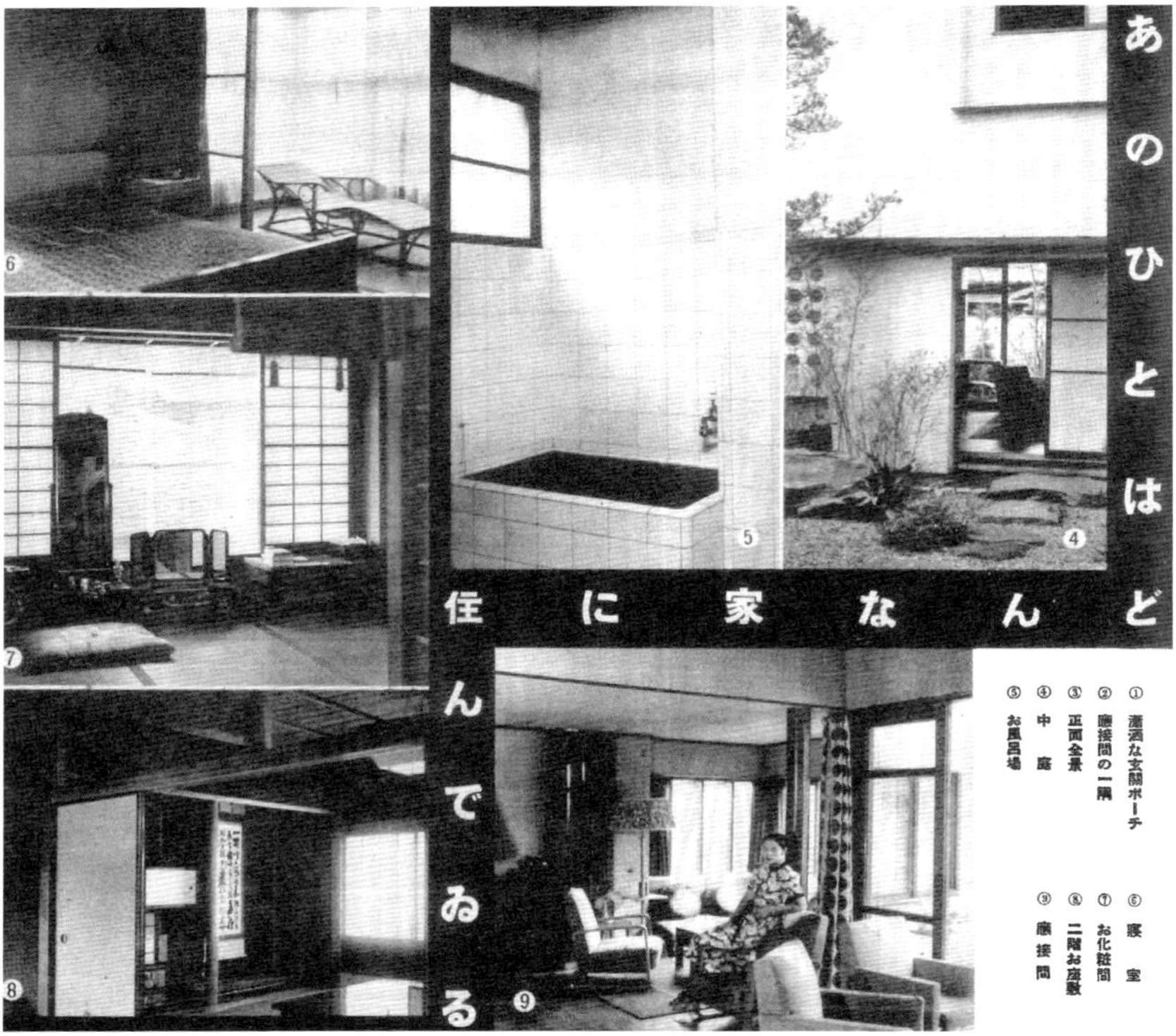

「水の江瀧子さんのお住居拝見」では、応接間でソファでくつろぐ水の江瀧子の写真も掲載されている（『スタイル』1938・11）。

味のフランス語。玄関を入ると広いサロンがあって、油彩やフランス人形や花が飾られている。「銀座あたりの上等の喫茶店」のようなサロンだった。ターキーが腰掛けている写真の応接間も洋風である。ただ水の江邸は広くて、コの字型になっている。中庭を挟んでサロンの反対側は、日本風の二階建てだった。コの字の背の部分は廊下で、二階に上がる階段の側に、水の江会の事務所がある。

　美術家や社会主義者が多い下落合に、林芙美子は住んでいた。「お住居拝見――林芙美子さんのお家」（『スタイル』一九三八年一〇月）は、「東中野駅付近の盛り場を中心に、キュウピスト達やダダイスト達、当時アバンギャルト《ママ》なモダニストが次々と集つてゐた東京の片隅」と、そのエリアを説明している。誌面の右中央の写真は、門を入って前庭から玄関を望む位置で、石段の途中に立つのが林。家を建てたのは以前の所有者で、「アメリカのカタログの絵をみて、市俄古《シカゴ》あたりの郊外の住宅を真似て建てた家」だった。そのせいか界隈に住む洋画家が、よく林の家のスケッチに来る。夫の手塚緑敏《まさはる》も画家で、この洋館には夫のアトリエがある。ただ『スタイル』が取材したとき、手塚は出征中だった。

洋館と林芙美子（「お住居拝見——林芙美子さんのお家」、『スタイル』1938・10）。

国際的に活躍したオペラ歌手の原信子が帰国して、活動の拠点を日本に移したのは一九三四年である。一九二〇年代と三〇年代初頭はアメリカやイタリアでオペラを学び、公演活動をしていたから、西洋の住空間に体がなじんでいた。原が住んだのは「東京第一番の住宅区域」の麹町。「原信子さんのお住居拝見」（『スタイル』一九三九年三月）で館真は、各部屋の調度品を見て、「外国生活からの深いご趣味」を感じると書いている。瀟洒な食堂のテーブルや椅子は、原がデザインした。壁の戸棚には、ヴェネツィアのムラノのガラス製品がぎっしりと並んでいる。富本憲吉の皿も壁に掛かっていた。寝室のサイド

（上）居間でくつろぐ原信子（「原信子さんのお住居拝見」、『スタイル』1939・3）。
（下）ソファで本を読むささきふさ（館真「ささき・ふささんのお住居拝見」、『スタイル』1939・6）。

テーブルは一〇年ほど前に、パリの博覧会に出品されたイタリア製家具。日常生活の気配が最も漂っていたのは、上の写真の原が座る居間で、書籍や人形や写真立てがあった。居間に続くサロンは、ステージを想起させる広い空間で、グランドピアノが設置されている。

　小説家のささきふさは、夫の佐佐木茂索と麹町に住んでいた。ただ原信子邸のような洋館ではなく、銀座平野屋主人が数年前に建てた数寄屋造りの家である。館真は「ささき・ふささんのお住居拝見」（『スタイル』一九三九年六月）で、「巴里好みのシツクな洋装のいでたちのささきさんが、どうなじんでお暮しになるか」と心配している。下の写真はソファに腰掛けて本を読むささき。洋風な暮らしをしたいが応接間はない。座敷の真ん中に、生前の直木三十五が愛用した碁盤が鎮座している。どの部屋からも、庭の新緑の崖と、そこに作った小さい滝が、屏風を広げたように見えて、侘しさを感じさせる。黄昏時になると、灯籠に灯がともった。台所のような「文化的施設」はない。数寄屋造りの「粋」が徹底している分、自分好みに変えられず、ささきは「新居衰弱」に陥っていた。

グラビア頁を飾った久米艶子の着物姿（『スタイル』1939・3）。

宇野千代は鎌倉二階堂の久米正雄宅に艶子を訪ねて、「お住居拝見」のシリーズではないが、「春風夫人――久米正雄夫人和服訪問記」（『スタイル』一九三九年三月）を書いた。洋風の応接間では、暖炉の火が燃えている。暖炉の上の棚には、正雄がゴルフでもらってきた夥しい数の銀のカップが並んでいる。「大きいのは、みんな佐々木《ママ》（茂索）さんのを頂いたのよ」と、艶子が説明した。この日も正雄はゴルフに出かけている。久米宅には正雄が海外から持ち帰った、パリのハンドバッグ、イタリアのバッグ、イギリスのコンパクト、ウィーンのオペラバッグなども置いてある。しかし宇野が感心したのは、何十着と数多い艶子の着物だった。艶子の着物姿は、『スタイル』の同号に掲載されている。「さや形地紋の丹後縮緬の、濃い茄子紺地に、細かい桜の花の小紋、帯も同じ趣向の桜の模様」の、「品の好い」立ち姿である。

どんな料理を作っているの？――阿部艶子の常夜鍋、石黒敬七のサンドイッチ

文化人の私生活の一端に触れる企画の中で、「お住居拝見」は興味深いが、読者が文化人を身近に感じるわけではなかった。洋館も数寄屋造りも、高嶺の花だったからである。しかし「お手製全集」という手料理紹介の企画は、距離が縮まった感覚をもたらしてくれる。読者が実際に作ることもできた。『スタイル』一九三八年四月号の「お手製全集」は、「憚りながらコックは一流」と謳い、「お試しの程を」と呼び掛けてい

る。藤田嗣治は「海苔チーズ」を披露した。ただ「コック」というほどのことはない。チーズを海苔で包んで食べるだけ。併せて紹介したもう一品の方が手間はかかる。「パンをさいの目に切つて油で揚げて味噌汁に入れて食べる」。パリで藤田は固くなったバゲットを小さく切り、油で揚げて作ったクルトンを、ミソスープに入れていたのだろうか。

　ささきふさは「お吸物」を、同じ一九三八年四月号の「お手製全集」に、逡巡しながら発表している。逡巡したのは「いい加減倦きてしまつた味」だからである。ただ自宅で出した吸物の味を、「物憶《ものおぼ》えがいい」宇野千代が覚えていて、寄稿を求められた。数年前の話なので、台所に悩んでいる麹町の家ではない。鶏ガラのスープを作り、ニンジンを入れて、塩・胡椒・味の素で味を調える。蕪やネギはすぐに透き通ってくるので、後から鍋に入れる。サトイモは別茹でをしておく。それらを椀に盛って、柚子の皮か木の芽を添えた一品である。ただ最近のささきは、「ポ・ド・フとザクースカのあひのこ」のような料理をよく作った。土鍋にヒレ肉と各種の野菜を入れて、炭火で半日ほど熱を加える。肉と野菜は芥子で食べ、スープは塩・胡椒・味の素で味付けをした。

お手製全集
チーズ スーフレエ　黒田初子
おしづけ　長谷川時雨
鶏肉のシチュー　村岡花子

チーズスフレや鶏肉のシチューなど、家庭で作れる洋食レシピもみられる「お手製全集」（『スタイル』1938・4）。

　阿部艶子が「お手製全集」（『スタイル』一九三八年一〇月）で披露した「常夜鍋」は、鍋料理の一つとして広く知られている。「お鍋にお湯をたつぷり、それと同量のお酒といれ《ママ》ます。（お酒の嫌ひな方は適当に少く）ほうれん草は洗つて、切らずにそのまゝ。豚はロースを普通に切つて、お湯がたぎつたら豚とほうれん草をいれ、煮え過ぎないうちに大根おろしでいたゞきます」というのは、定番のレシピだろう。興味深いのは、この料理は「十年ばかり前久米正雄氏のお宅で御馳走になつて覚えたものですが、以来我家のお料理になつてゐます」という件である。久米正雄が奥野艶子と結婚したのは一九二三年だから、鎌倉の家で久米艶子から、常夜鍋の作り方を教わったことになる。

教えてもらった料理といえば、仲田菊代が『スタイル』一九三八年六月号で紹介した「マカロニイタリヤ風」も同じである。「いつも伺ふ有島邸の独特の御馳走」の「有島」は、ローマ留学体験のある有島生馬のことだろう。四〜五人前で一斤半（約九〇〇グラム）の牛のイチボ（尻の部位）肉を用意する。強く塩を振り、中央に穴を開けて細かく切ったベーコンとニンニクを詰め、玉葱と一緒に強火で焼く。湯を少し入れて弱火で二〜三時間調理し、肉が柔らかくなったら、椎茸を入れて、トマト果汁五合（〇・九リットル）で一時間煮る。肉を切って大皿に盛り、茹でた豌豆《えんどう》を添えて、トマト入りスープの半分を掛ける。残りのスープに、茹でたマカロニを入れ、チーズを振りかける。肉の量といい、調理方法といい、他の人の手料理とは違う異文化を、読者は感じただろう。

イタリアといえば、石黒敬七はナポリに行くと、サンドイッチ専門店に立ち寄っていた。そこで食べた味が、石黒の「自慢の料理」になる。『スタイル』一九三八年一一月の「お手製全集」の「サンドイッチ」で、石黒は調理法をこう説明した。まずフライパンで「パンのお煎餅」を作る。そこに小さく切ったトマトとひき肉をのせて、粉チーズを振りかける。もう一枚の「パンの煎餅」を重ね、皿で重しをして、天火で熱する。最後に塩を振って、ナイフとフォークで食べる。チーズが溶けた味が、目新しく感じられる料理だった。

「お手製全集」というコーナーは、ヨーロッパの食文化の窓口の役割も果たしている。

ヨーロッパの食文化を意識しながら、日本の食材で同等以上の料理を紹介しようとしたのは深尾須磨子。「お手製全集」（『スタイル』一九三八年五月）に深尾は、「辛口二つ」を執筆した。そのうちの一つで想起していたのはスモークサーモン。「日本ではロシアやオランダのやうにおいしい鮭の燻製は食べられませんが」と断りながら、「このお刺身の味は、たしかにそれ以上です」と書いている。食材は「甘塩のあらまき鮭」で、肉厚な部分を削ぎ切りにする。そこに白ワインか日本酒を注ぎ、「新鮮な大根なます」をあしらう。「このお刺身を一度頂いたら、他のは頂けなくなります」と自慢しているので、試してみた読者もいたはずである。

「錠剤わかもと」の広告と、田河水泡・石井漠・徳川夢声

企業と文化人がタイアップして作る『スタイル』誌上の広告は、日中戦争下でも継続している。たとえば一九三八年七月号の巻頭に、一頁全体を使って、パーマン活性硼酸石鹼の広告が出ている。六行と少し長いキャッチコピーを書いたのは宇野千代。「若人の健康美かゞやく初夏／光沢ある潤ひのあるつるんとした／赤ちやんの肌をつくる／パーマン石鹼のよさ／素顔の美にメーキアップの基礎料に／朝夕なくてはならない私のマスコット」と宇野は記した。心を捉える謳い文句という観点から見ると、印象的な一行か、せいぜい数行がいいのかもしれない。しかし読者の立場で見ると、フレーズの意味以上に、「宇野千代」というサインが目を惹く。宇野が使っているなら私も、と思わせる広告になっている。

さまざまな広告のなかで、群を抜いて多くの文化人を動員したのは、「錠剤わかもと」の広告。一見して

広告と思わせない作りになっている。『スタイル』一九三八年六月号を例に取ろう。星野章二（医学博士）という著者名と、「便秘は婦人を老け易くする」というタイトルは、一頁大の記事に見える。しかし最後まで読むと、「錠剤わかもと」の宣伝で結ばれている。末尾の「愛酒家操縦法」は、田河水泡の顔写真入りの囲み記事で、こう書かれていた。「漫画界の第一人者田河水泡先生は所謂梯子酒がお好きですから、家へお帰りになるのはどうしたつて明方近くなつてしまひます」。そこで「頭がよろしい」「奥様」は、「錠剤わかもと」を枕元まで持っていき、「チユーチユータコカイナ」と数えながら、錠剤を一五粒ほど飲ませる。すると薬中の「フラビンが酒毒を消し、酵素が胃腸を丈夫に」して、翌日は二日酔いにならずに仕事ができると。

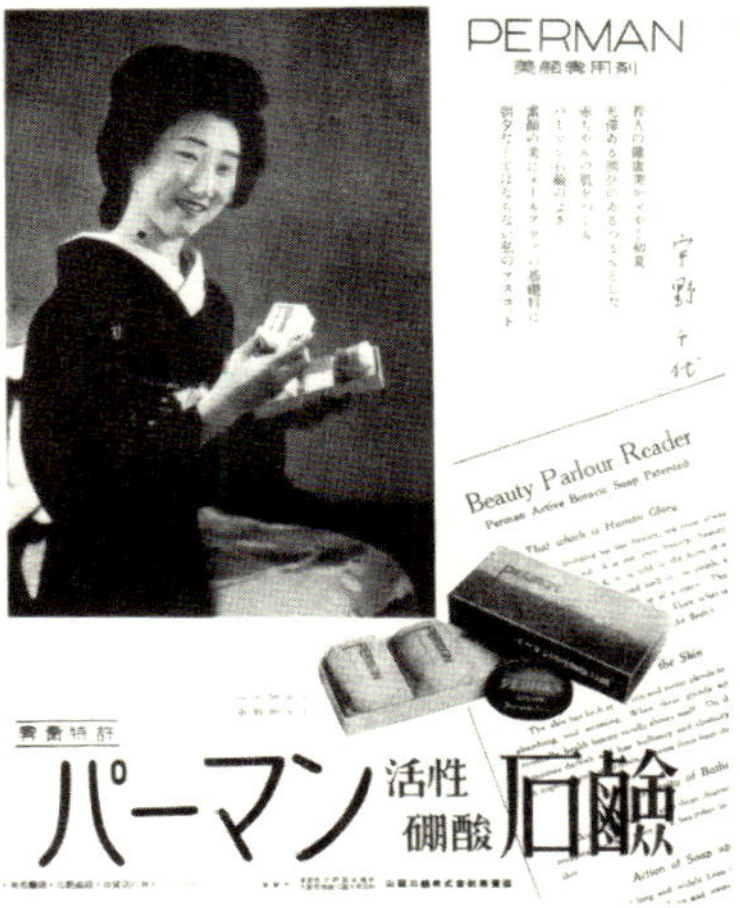

愛酒家操縦法

漫畫界の第一人者田河水泡先生は所謂梯子酒がお好きですから、家へお歸りになるのはどうしたつて明方近くなつてしまひます。こんな場合普通の奥樣でしたら『酒は身體に毒だから控へた方がいゝ』とトンガラれるのですが、先生の奥樣は頭がよろしい。『錠劑わかもと』を枕元へ持つて來て『チユーチユータコカイナ』と數へて十五粒ばかりお服ませになります。するとこの藥の中に含まれてゐるフラビンが酒毒を消し、酵素が胃腸を丈夫にしますから、翌日は宿醉が殘らず、先生のお仕事には少しも差支へがありません。

（上）宇野千代がキャッチコピーを書いた、パーマン活性硼酸石鹸の広告（『スタイル』1938・7）。
（下）「錠剤わかもと」の広告に使われた田河水泡の顔写真（『スタイル』1938・6）。

案外多い便秘の害

食慾不振や
不眠・貧血
衰弱
お年に似合はぬ
老け込みの
新しい防ぎ方

醫學博士
岡部卓也

長い間に積る害

１頁全体を使って健康情報がまとめられた「案外多い便秘の害」（『スタイル』1939・2）。

一九三八年一〇月の『スタイル』に掲載された「名士千夜一夜」は、石井漠・徳川夢声・小野賢一郎（東京放送局文芸部長）・尾崎士郎・三宅驥一《みやけきいち》（植物学者）・尾佐竹猛《おさたけたてき》（法学者）・小林千代子（歌手）に触れた文章で、七人の顔写真も併せて紹介している。記事のように見えるのは、各自のエピソードを盛り込んでいるからだろう。石井と徳川は親友の間柄で、「錠剤わかもと」の「効果優秀なる点」について、二人は「共鳴」しているという。舞踊家の石井は過労と「興奮癖」のため、数年前に失明しかかった。便秘になると脳に血が上っていけないので、錠剤を服用し始めたところ良くなる。無声映画の弁士として知られた徳川は、昨年ロンドンで飲酒を解禁したが、胃潰瘍が再発してしまう。しかし錠剤を常用することで、健康を取り戻した。

整腸剤の広告だから、便秘の話題がどうしても多くなる。『スタイル』一九三九年二月号の広告は、岡部卓也（医学博士）が「案外多い便秘の害」を執筆した。一頁の中央に、飯田蝶子の写真と、「病気も朗らか」という文章が、波線で囲って収められている。飯田は胆石症を患って休養していた。運動を控えて、胃腸を害さないように注意されるが、運動をしないと胃腸の具合が悪くなる。そこで錠剤を服用してみた。「用ひた結果は上乗のコン〳〵チキで消化もお通じも順調となりました。どうも私は食べ物用心の出来ない性でしてね、ツイ食べ過ぎたりすることもありますが、これからは安心ですわ」という文章は、飯田の話を基にリライトしたように見える。

大島靖（医学博士）が「事変下の婦人に実行されたいビタミン美容法」を書いたのは、『スタイル』一九三九年五月号である。「各種ビタミンの効用」としてビタミンA・B・C・D・Eの効果や、「「美容食」の流行」について説明している。ただ文章の末尾は、「『錠剤わかもと』はお若い方にも、美容の忠実な助力者となります」と結ばれた。今回の囲み記事は、三浦環「声の若さ」。八一歳になる三浦の母は、毎食後に錠剤を四粒ずつ飲んでいる。血色が良く、耳も確かで、声には若々しい響きがあるという。胃腸が弱いと、声楽に影響が出てくる。だから演奏旅行に出発するときは、母が心配して、『錠剤わかもと』をスーツケースの中に入れて」くれるという。「三浦環」のサインがあるので、飯田蝶子についての文章とは異なり、自分で書いた広告文だろう。

一九三九年九月の『スタイル』には、岡部卓也「家庭に多い病気と手当早わかり」が掲載された。全体は「胃酸過多症」「胃腸カタル」「常習便秘」「過労と結核」「肺炎」「安産のために」「赤ちゃんの病気」「乳不足と人工乳」「酒・煙草の害」に分かれるが、岡部は九項目のすべてで、「錠剤わかもと」を服用するように推奨している。一頁の下段は「名流健康随想」で、長谷川時雨「ある朝」と、村岡花子「変つた献立」が、顔写真入りで載った。後者は少しひねったタイトルである。夕食後に雑談をしていると、近所に住む作家夫妻が訪ねてきた。「どうも胃が重苦しくて一向に仕事が出来ないで弱つてます」と言うので、錠剤を勧めると、四〜五粒服用して、それ以来愛用家になった。村岡の家では錠剤を、「献立の一部」のように食卓に出すという。それがタイトルの意味。

アメリカ映画の解禁と、一年遅れの流行

輸出入品等臨時措置法公布から一定期間が経過すると、どの分野でもストックが底をついてくる。洋画は一年が限度だった。『スタイル』一九三八年七月号の「季節の映画」に岡田真吉は、「洋画も輸入禁止となつて愈々払底を告げ、紹介を書くにも材料不足を感ずる。然し、どうやら、今年の秋迄は、細々ながら続くだらう」と書いている。ストックされた映画で、岡田が一番の名作と考えていたのは、ジュリアン・デュヴィヴィエ監督のフランス映画「舞踏会の手帖」である。「この映画の持つ香り高いロマンスは、今迄の映画に見られなかつた最高の境地に達して居る」と、岡田は絶賛した。社交界にデビューした二〇年前の手帖を見ながら、若い未亡人がかつてのダンス・パートナーたちを訪ねていくこの映画は好評だった。阿部艶子も「舞踏会の手帖」（『スタイル』一九三八年六月）で、「近頃での面白い映画」と述べている。

「舞踏会の手帖」で主演したマリー・ベル（岡田真吉「季節の映画」、『スタイル』1938・7）。

洋画界は土俵際まで追い込まれていた。大黒東洋士は「新しく輸入された映画」（『スタイル』一九三八年八月）で、映画会社の苦境について次のように語っている。「昨年の秋、九月四日以後本国積み出しの映画は一本たりとも輸入を禁ず、とのお布令が出てから早くも十ヶ月余、その内何んとかなるだらうと云はれてゐた一部の楽観説も影をひそめ、各社は虎の子の一本々々を身を切る思ひで封切つて、今日では既に金になるものは殆んど売り尽して後は天命を待つと云つた状態」だと。当時の日本

には、アメリカ映画会社の支社八社の他に、ヨーロッパ映画を配給する東和商事・三映社・三和商事・エムパイヤがあった。「舞踏会の手帖」は三映社が配給している。ストックに余裕があるのは東和商事だけで、アメリカ映画のストックはすでに三〜四本しかない。ただ「近くアメリカ映画二百本の輸入が許可される」という噂が流れていて、それが各社の唯一の頼みの綱だった。

自分が存在する「いま・ここ」とは異なる世界を、映画館で上映される外国映画は見せてくれる。それは別の自分と出会う旅である。壬生瑛子は「一番好きなスタアと一番嫌ひなスタア」(『スタイル』一九三八年一一月)で、こう嘆いた。「此頃西洋の活動が見られないのは何よりも悲しい。私は映画に求めるものは夢ばかりである。自分に近い生活よりも、遠い国の美しさに於ては、少くも画面に現はれた美しさに於ては、とても我々の及びもつかぬ男女の物語に、夢見心地になればそれだけで私は十分こと足りる」と。

アメリカ映画の制限付き輸入が許可されて、封切りまでこぎつけるのは、壬生瑛子の嘆きが『スタイル』に載った一九三八年一一月である。「解禁映画へ期待——「天晴れ着陸」先づ輸入か」(『東京朝日新聞』夕刊、一九三八年一〇月二二日)は、最初の入荷が「十数本」のフィルムと報じている。解禁がどこまで拡大するかは分からなかった。「春への喜び——解禁は制限付でも」(『東京朝日新聞』夕刊、一九三八年一〇月二三日)によれば、大蔵省は六月に、解禁はプリント・コスト三万ドルまでと内定している。今回の大蔵省案はプリント・コスト四〇〇〇ドルにすぎず、最初のプランの七分の一にすぎなかった。これは約八万メートルのプリントに相当するが、八社に分配すると、一社あたり四〜五本しか輸入できないことになる。

映画会社が少し胸を撫で下ろしたのは、第二次解禁が行われた一一月下旬である。「洋画ファン喜べ——独米の新着映画更に百本余」(『東京朝日新聞』夕刊、一九三八年一一月二七日)は、大蔵省が一月までに七〇本前

グレタ・ガルボとシャルル・ボワイエ（岡田真吉「待機第一線の映画」、『スタイル』1939・1）。

後のアメリカ映画を許可する方針だと伝えている。一社平均九本の映画が届くことになる。またドイツ映画も約四〇本が届く予定だった。合計すると一〇〇本を超えるので、一年間は持つ見通しがつく。さらに三九年一月六日の『東京朝日新聞』夕刊には、「第三次解禁の米・映・画――約四十本の新作」という記事が掲載された。発表と実現の間にはタイムラグが生じるが、春から夏の洋画シーズンには間に合う見込みである。

映画館で再び外国映画を鑑賞する喜びに浸ったのは、壬生瑛子だけではない。岡田真吉もその一人だった。「待機第一線の映画」（『スタイル』一九三九年一月）を岡田は、「今度の正月は、何と言つても、待望約一年、新しいアメリカ映画の次ぎ次ぎの登場に、私達は、一番大きな期待を寄せなければならない」と書き始めている。おのずから映画の紹介は、アメリカ映画からスタートすることになった。クラレンス・ブラウン監督の映画「征服」で、主演はグレタ・ガルボとシャルル・ボワイエである。久しぶりに胸をときめかせた人は多かっただろう。

ただハリウッド映画を通して、新しいモードに触れてきた人は、少し複雑な思いも抱いていた。松崎雅夫は「聖林鏡――春に咲くアメリカ映画の花」（『スタイル』一九三九年二月）で、外国映画の輸入が許可されて、一〇〇本近くが入荷したと述べている。しかし松崎の顔色は冴えない。「これといふ程の映画、これは見たいといへる程の映画」がないということもある。それ以上に松崎は、映画が一年前の「古物」であることに落胆していた。「一年といふ時の流れは、毛皮をスエード、スエードをベルベット」に変化させてしまう。

一年前の流行を見ても、欲望は喚起されない。別の言い方をすると、モードはそれだけ、ハリウッド映画の重要な要素になっていた。

舶来品への別れと、代用品時代の到来

一九三七年九月の輸出入品等臨時措置法の影響は、映画界だけに現れたのではない。影響は生活全般に及んでいる。公布から半年後の『スタイル』三八年四月号に掲載された、銀座の流行雑貨店アザミの広告を見ておこう。真っ先に目を惹くのは、「輸入禁止で舶来品とはこれでお別れです」というキャッチコピーである。チェコスロバキアのブローチも、ウィーンのコンパクトも、今後は手に入らない。「サンプル公開即売」と記されているので、在庫が半年で底をつき、サンプルしか残っていなかったのだろう。

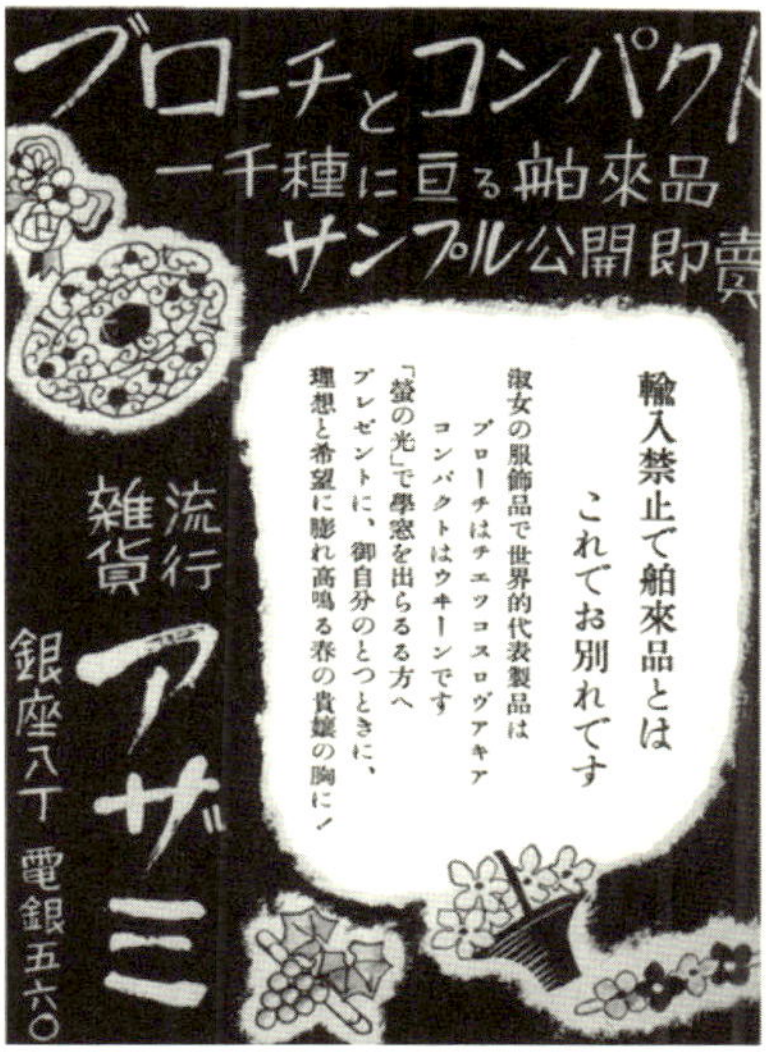

アザミの広告（『スタイル』1938・4）。

二ヵ月後の一九三八年六月一九日の『東京朝日新聞』は、「革のお洒落禁止——ハンドバッグから革草履まで」という記事を掲載した。商工省令により牛皮などの皮革の使用が禁止されるという報道である。品目は多岐にわたった。小学生のランドセルや女性のハンドバッグから、男性のバンドやズボン吊り、財布・手袋・ジャンパー、旅行用のトランク、市電のつり革、

野球のグローブ・ミット・ボールに及んでいる。それらの商品が市場から姿を消すのは、翌年頃になるが、品薄になれば価格は上昇する。代用品が製造されるが、耐久性を問われる品物は少なくなかった。「靴だけは除外され」たと記事は伝えている。しかし早くも一週間後の六月二六日の『東京朝日新聞』に、「昔懐し・洋服に下駄姿——大蔵省が率先・省員にお許し」という記事が出る。靴の値段が高騰して、修繕費も大きな負担になってきたのである。

ステープルで作った小紋（「代用品売場から——ヴォーグ・スタヂオ」、『スタイル』1938・9）。

洋服で注目を集めたのは、化学繊維で作るステープル・ファイバー、すなわちス・フである。牛山隆介は「せんちめんたるス・フ」（『スタイル』一九三八年六月）で、日中戦争の結果、ス・フが「一夜の中《うち》に」クローズアップされたと述べている。オーストラリアの羊毛に、ス・フを三割以上混入させることが、「国策」として決定された。在庫があるので、今年一杯は、純毛物と混織物が半々くらいになる見通しだという。ファイバーは水を吸収する。雨に濡れると型が崩れる。コーヒーなどのシミも出来やすい。ただ牛山は悲観していなかった。ドイツは第一次世界大戦以来、ファイバーの研究を進めてきて、現在では平均六〇%の混織になっているが、不便はないと書いている。

さまざまな品物を、代用品に替えなければならない代用品時代。『スタイル』一九三八年九月号の「編輯後記」に宇野千代は、「最も御自慢なのは、『代用品研究室』の新設欄です」と書いた。正確に言うと、同号に掲載された「代用品売場から——ヴォーグ・スタヂオ」を指している。「上野松坂屋調」という記載があるので、売場の商品の紹介だろう。図版は、ステープルで織った小紋で、「新しい線」——そこに新しい生活の角度がある」と記されている。ベンベルグ（再生セルロース繊維）で作ったブラウス・割烹着・足袋には、「代用品時代！　新しい材料は」「常に　新しい形と色とを創る」というフレーズが添えられた。他にも、ファイバー製の鞄や、鮭皮のハンドバッグ、うつぼ製の草履が並んでいる。購買意欲をそそるキャッチコピーと、積極的に代用品を紹介する欄の新設は、「時流」（時局）への配慮の一環だろう。

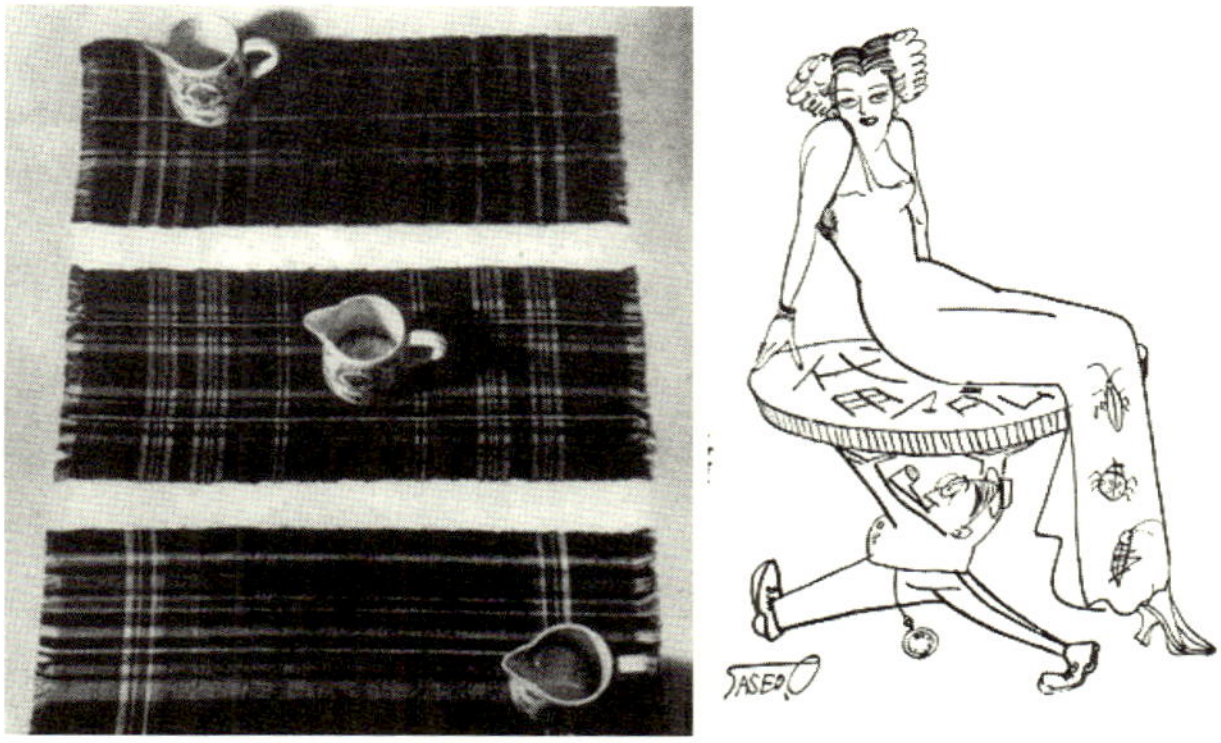

（右）小野佐世男の漫画（「ス・フ精神全三景」、『スタイル』1938・9）。
（左）銀座ブリユツケのテーブルセンター（橋本徹郎「スフ織物」、『スタイル』1938・9）。

中村正常（原作・演出）、小野佐世男（装置・衣裳）「ス・フ精神全三景」（『スタイル』一九三八年九月）の「第一景　代用マダム」は、代用品時代を笑いの種にした作品である。喫茶ガールをやめて、田舎で百姓をするか「オサンドン」になれと、署長に言われて溜息をつくス・フ子に、それは「代用品として役立て」という意味だとス・フ郎が言う。学生狩の対象になったス・フ郎は、就職を考えていた。ス・フ郎はス・フ子にこう説明する。国家総動員法によって木綿でさえ、ス・フを三割混入しなければならなくなった。就職試験でも「純綿」ばかり採用するのではなく、自分のような「怠け者」を代用品として、三割は混入しないといけないのではないか。「ヲジ」が社長をしているので、国策を尊重してもらおうと思っていると。それを聞いてス・フ子は、ス・フ郎の「代用品ス・フ・マダム」になってあげると言う。小野が描いた漫画（図版右）を見ておこう。ス・

フ郎が運ぶス・フ子には、「代用マダム」という記載がある。

銀座で工芸品ギャラリー・ブリユツケを経営する洋画家の橋本徹郎は、山脇道子がバウハウスから手織物を持ち帰ったときに、マテリアルが自由なので驚いたと、「スフ織物」(『スタイル』一九三八年九月)で回想している。一九三三年五月に銀座の資生堂画廊で開催された、「山脇道子バウハウス手織物個展」を見たのだろう。四年前から橋本は、ステープル・ファイバーの織物に挑戦して、ネクタイや、図版(一六一頁)のようなテーブルセンターの試作を続けていた。前年はステープル・ファイバーの服地を織ろうとしたが、適当な太さの糸を入手できずに断念している。しかし工場ではすでに、優秀な生地が生産されていた。橋本にとってステープル・ファイバーは木綿や羊毛の代用品ではなかったし、ベンベルグは絹の代用品ではない。それらは別の特質を持つ素材で、独自の美しさや効用価値を、橋本に実感させている。

「古い物でもこの通り」——行灯のライト、絵のキャンバスのボストンバッグ

宇野千代が以前から古布あさりをしていたのは、古い物を捨てられないからでも、新しい素材が手に入らないからでもない。洋服地/和服地、男物/女物という、二項対立の概念を壊すことで、見たことがないモダンな美の地平が現れるからだった。ところが時代の方が宇野に近付いてくる。輸出入品等臨時措置法により物資不足に直面すると、代用品の模索が始まると同時に、古物再生に光が当てられることになった。『スタイル』の側から見ると古物再生は、「時流」(時局)に配慮していることの証明になる。その意味で言えば、一九三八年一〇月に「趣味新版——古い物でもこの通り」という欄を新設したのは、時宜にかなうことだっ

た。

一九三八年一〇月の『スタイル』のこの欄に掲載されたのは、花柳寿美「草履ネクタイ」、森田たま「結城で足袋を」、宇野千代「田舎日記」の三篇である。長い間忘れたままになっている着物を取り出したのは花柳。「普通の店では売つてゐないやうな面白いもの」を作れると、愉しそうである。刺繡半襟で草履を、着物の残り布でハンドバッグを、小紋の着物でネクタイをと、さまざまな工夫をしている。衣類とは別の世界に手を伸ばしたのは宇野である。田舎の家の土蔵から、近代以前の行灯を持ち帰ってきた。紙を新しく貼り替えて、中にランプを入れると、洋室にも和室にも合う、風雅な光を楽しめる。宇野の家の本家は、造り酒屋だから、朱塗りの酒桶も土蔵に置いてあった。外側には醸造所を意味する「宇野酒場」という文字が書かれている。保存状態が良かったので、茶箪笥の横に置いて、菓子用の缶などを入れることにした。

翌月の同じ欄には、藤田嗣治「古い布を利用して」、藤川栄子「古いキャンバスから」、宇野千代「古布の寄せ集め」が載った。まず藤田。写真の左側の襖の開きは、藤田の自慢の一品で、黄八丈を貼っている。ジャワの布を貼った唐紙もあるが、浴衣を使うと面白いと考えていた。鏡台の前の座布団は、紺絣を再利用して作っている。洋画家の藤川栄子がアトリエを整理したときに、昔のキャンバスがたくさん出てきた。もう飽きてしまった絵ではあるが、努力して制作したので、その上に新しい絵を描くのはためらいがある。そこで思い付いたのは、絵はそのままにして裏地を張り、竹の留め金を装着すること。その結果、味のあるボ

藤田嗣治「古い布を利用して」の襖と座布団の写真（『スタイル』1938・11）。

ストンバッグが完成した。また古い眼鏡の玉（レンズ）に、油絵具で一九世紀風の細密画を描いて、ブローチや帯留として使っている。

一九三八年一二月号の「趣味新版――古い物でもこの通り」には、里見弴「古着屋あさり」と山野千枝子「新生秘訣！」と村松梢風「手拭暖簾」が収録された。山野は材料不足と関係なく、かなり前から大島や多摩結城で、子供の洋服を作ってきた。アメリカ暮らしが長かったからか、日本の布にぎこちなさを感じると、「トドメに外国もののハイカラ」をあしらい完成させている。上の写真は、村松が山水楼の手拭いを利用して作った手拭い暖簾。神社仏閣が近い門前茶屋では、ときどき奉納手拭いの暖簾を見かける。しかしこの暖簾は少し格が高い。上の一枚は、画家の野澤如洋が描いた虎で、頭山満《とうやまみつる》が「猛虎一声」と賛をしている。下の三枚は、中国の書家・鄭孝胥《ていこうしょ》の筆跡である。蘇東坡の漢詩の一句、「青蒿黄韮試春盤」と書いてある。

宇野千代は時局に合わせて、古布をあさっていたわけではない。宇野が回答する「スタイル教室」（『スタイル』一九三九年五月）には、読者のこんな質問が寄せられた。「先生はいつでも古着屋でお買ひになつた古着

（上）村松梢風が作った手拭い暖簾（村松梢風「手拭暖簾」、『スタイル』1938・12）。
（下）『スタイル』1936・9のグラビア頁で、モデルは桑野通子。

を着ていらつしやいますさうですが、私も時節柄国策の線に沿つて古着を着たいと思ひます。東京ではどこの古着屋が一番好いでせうか?」。国策に沿うという理由で、多くの人が古着を求めたら、古着は流行するだろう。それは宇野の本意ではない。しかしモード誌を続けるために、国策に沿う姿勢を見せる必要もある。だから宇野はこう答えた。「いつでも古着ばかり着てゐるとは限りません。あんまり凝つて、すぐにピリッと破れるやうな古着を着ては却つて国策に反しますからね。洒落れたものを探すのなら新橋日蔭町の丸八。実用物は神田岩本町停留所前の古着デパート」と。

流行は足が早い。芹葉輝夫は「『スタイル風俗時評——銘仙地のドレス論」(『スタイル』一九三九年九月)で、こう回想する。「桑野通子さんが銘仙地のドレスを着た一頁大の写真が本誌に出たのは、「スタイル」創刊の年のことだつたから、もはや三年前のことになる」。一六四頁下の図版は、『スタイル』一九三六年九月号のグラビア頁。同号の「第一回スタイル推薦衣裳」によると、布地は、銀座ミラテス特製の大幅手織銘仙である。衣裳を製作したのは赤坂の水町洋装店。「紺地に白の絣を抜いた純日本風の柄と布地ですが、この異国的な逆効果は、均整のとれたモデルの優美な肢体の線と相俟つて、まさに絶品」と説明されている。写真を見た芹葉は「いゝ思ひつき」で、「和服の生地を洋服に移し植ゑて、あんなに成功したものもない」と評価した。しかし現在は「猫も杓子も銘仙地の洋服」を着るようになったので、芹葉はがっかりしている。それを流行させたのは『スタイル』である。ただ「いきモダン」は流行することで、凡庸に変貌してしまった。

ガソリン配給統制と、ダットサン新婚旅行

モード誌の『スタイル』が紡ぐ夢とは対照的に、時代状況は厳しさを増していく。両者のせめぎあいを、一九三八年七月号で確認しよう。目次の下に、一枚の写真がレイアウトされている。自動車と若い男女、空と海の組み合わせで、写真は夢を語っている。女性が指をさして、二人が微笑みながら見つめる視線の先に、輝かしい未来が待っているかのように。写真は、日産自動車販売株式会社の広告である。「夏・海・／明朗な健康美は／ダットサンから」とコピーは伝えている。

雑誌の同じ号に、中村正常（原作・演出）、小野佐世男（舞台装置）「長期抗戦」の「第一景　アルコール自動車」が収録されている。小野が描いた漫画を見ておこう。国防強化の目的で配給統制が日常化すると、生活全般にわたる品不足が起きてくる。ガソリンはその一つである。銀座の中央を走っていた自動車が、十字

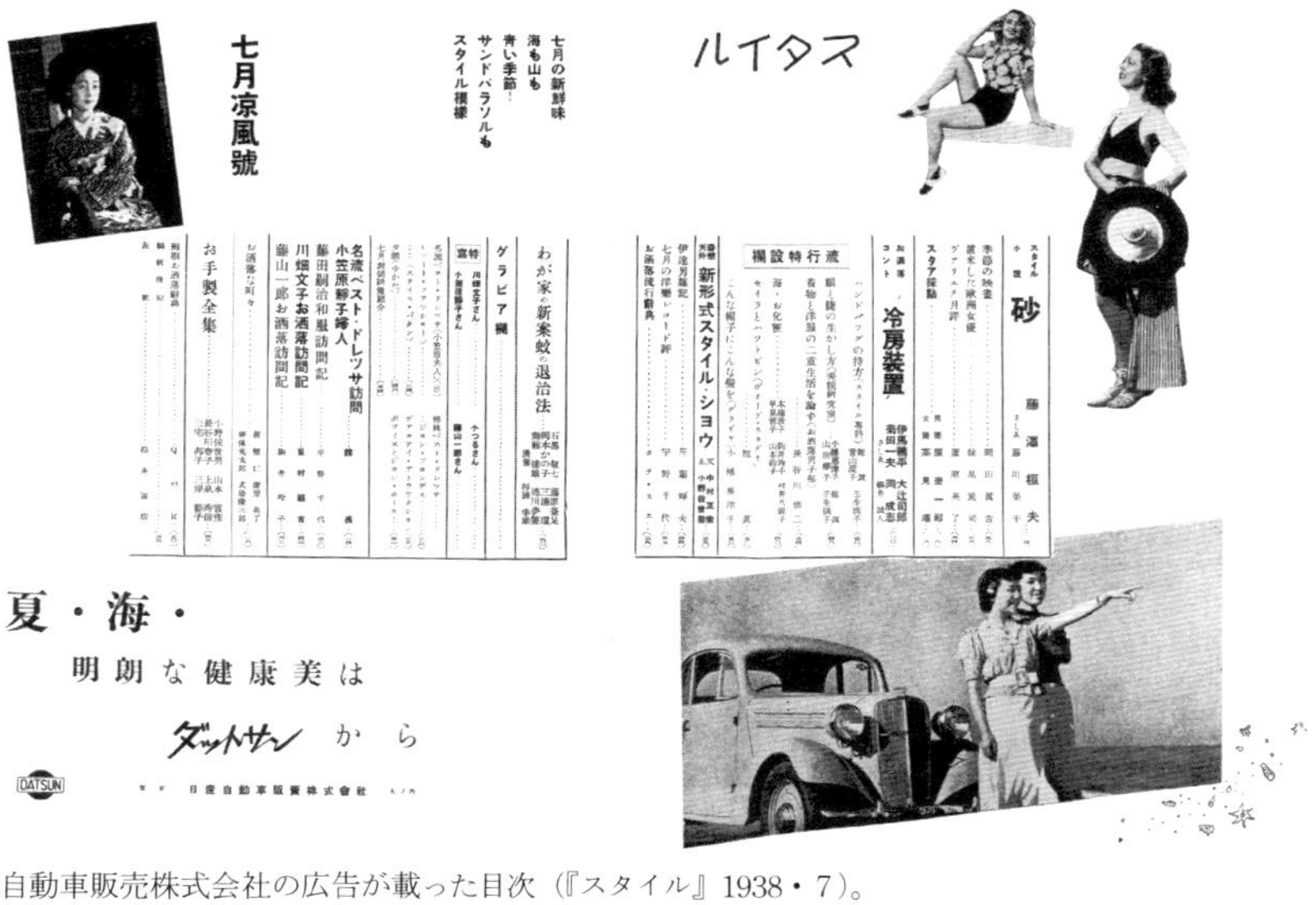

日産自動車販売株式会社の広告が載った目次（『スタイル』1938・7）。

路でエンコした。よく見るとエンジンの下から、人間の足が二本出ている。漫画は巡査が足を蹴り、青年が首を覗かせる場面である。「アッシはエンヂンの代用品なんで」と青年は自己紹介をして、「ガソリンの配給が思ふやうにいかないもんで、そこで、アルコホルをのむことにいたしやした」と言う。女性と巡査が車の前方の穴から、一升瓶の酒を注ぎ入れると、「人間エンジン」はナニワ節を歌いながら、フルスピードで走り去る。

中村正常（原作・演出）、小野佐世男（舞台装置）「長期抗戦」の「第一景　アルコール自動車」の漫画（『スタイル』1938・7）。

一九三八年の『東京朝日新聞』には、ガソリン配給統制の問題が繰り返し出てくる。「ガソリン配給統制――石連・断行に決す」（四月二四日）は、石油連合会社がガソリンの配給統制を行うと報じている。商工省が五月一日から切符制により、ガソリンを二割、強制的に消費節約するのに合わせた措置だった。ガソリン不足のために、木炭車に替える試みも出てくる。「「木炭車」奨励に拍車――税金減額の優遇」（六月二二日）は、本年中に木炭ガスで動く自動車が全国で一二〇〇台に達するので、「〝木炭タクシー時代〟遠からじ」と報じている。「ガソリン返上――青バス、木炭車に総替」（七月一七日）は、八月一日からガソリンがさらに一～二割削減されるので、東京乗合（青バス）は市内五五四台のバスをすべて、木炭車に変更するという記事である。ただ軍需工場や繊維工場などでも、木炭を大量に使用している。そこに木炭車の需要が加われば、一般家庭に回らなくなる。「今冬は二割の節約を……――木炭も不足」（『読売新聞』一九三九年九月一二日）は、消費を

桜井誠人のカット（中村正常「なすなドライブ」、『スタイル』1939・6）。

二割節約しないと円滑な配給ができないという、東京府農林課の見通しを伝えている。

　公共交通機関であるバスの、ガソリン返上の記事が出ると、自家用車の運転や、個人のタクシー利用は、憚られる雰囲気になってくる。「お洒落問答」（『スタイル』一九三八年八月）は「お出ましの時は、何にお乗りになりますでせうか？」と質問した。入江たか子・大辻司郎・邦枝完二・小林一三・竹久千恵子・原信子・水谷八重子・山本実彦は、まだ自動車を使っている。美川きよは日中戦争開戦を機にすでにバスに替えた。高田稔は「国策の線」に沿おうと廃車に踏み切り、徒歩・自動車・バス・省線などで外出すると答えた。

「〝自家用車は贅沢〟と流行る廃車願ひ」という記事が、一九三八年三月二一日の『東京朝日新聞』に出ている。このときは二〇人以上が廃車の申請を行った。サトウハチロー・高杉早苗・藤川栄子は、タクシーを愛用している。石黒敬七はガソリンの配給統制前まで、タクシーをよく使っていたが、現在はバスか電車を使うように切り替えた。『読売新聞』は三八年一〇月一一日の「話の港」欄で、吉屋信子が「愛用の自家用車スチユードベーカー一七八二八号」を廃車にしたことを紹介している。従軍文士部隊の一人に選ばれたのを機に、パートナーの門間千代に手続きを託して出発したという。

　一九三九年六月の『スタイル』は、「ガソリン御難時代」と題して、二本のコントを載せている。石黒敬七「ガソリンはないけれど」は、ガソリンで一〇メートル走ると、次の一〇メートルは惰力に切り替えて、ガソリンを節約するタクシーの話。乗り心地は悪いが、「国策の線」に沿う走法だと客が褒めている。ナフタリンを注入すると二割の節約になり、タイヤの空気を減らせばさらに二割節約できると、運転手は得意げな様子。「神技だ」と言われて調子に乗った運転手は、「十米《メートル》ガソリンを入れて卅米走ると二割づつガソリンが増えてきます」と語り、ガソリンが余ればスタンドに配給すると語る。銀座に到着して運転手が一円を請求すると、客は二割もガソリンが増えたからと払わずに降りようとする。そうではなくて、「十米十米で来たんです」と説明すると、九割の節約ならと一〇銭だけ払って立ち去った。

中村正常「なすなドライブ」は、ダットサンで伊豆へ新婚旅行に行く話である。日産自動車販売の広告写真に出てくる、二人の後日談のようにも読める。ドライブ中に初島を眺めながら、お城のような別荘を建てて、白い船体に赤い帆のヨットを作ろうと、二人は夢を語り合っていた。ところが配給切符をためて入手したガソリンが切れて、ダットサンがエンコしてしまう。桜井誠人のカットは、動かない車の横で二人がへたり込んでいる光景。仕方なく女性がハンドルを握り、男性が車体を後ろから押していくと、魚を満載したトラックが通りかかる。「魚くさいトラック」に引っ張ってもらって、「魚屋のアンチャンたち」の衆目を浴びながら、二人は新婚旅行を続けた。流行中のダットサンを所有しても、お荷物にしかならない時代状況が、訪れていたのである。

北原白秋が書いたヒトラー・ユーゲント歓迎歌

一九三八（昭和一三）年八月一六日、ヒトラー・ユーゲントの青年たちを乗せたドイツ船が横浜港に入港

皇居を遥拝するヒトラー・ユーゲント（左）と、移動に使われたニッサンのバス（右）（『スタイル』1938・10）。

した。ドイツでは二年前からヒトラー・ユーゲント法によって、青少年のこの組織への参加が義務付けられ、イデオロギー教育、身体の鍛錬、準軍事訓練が行われている。この時点での団員数は七〇〇万人で、リーダー数は八〇万人だった。そのなかの優秀な三〇人が、三ヵ月の予定で来日したのである。「防共盟邦の青春使節——けふ颯爽と帝都入り」（『東京日日新聞』夕刊、一九三八年八月一八日）によると、一行は音楽隊のマーチに迎えられ、東京駅前広場の歓迎式場に到着。セレモニーの後で、「各ビルの窓から日独両国の小旗をふつて歓迎する人々」に右手を上げて応えながら、宮城までパレードを行った。宮城を遥拝した一行は、「国産自動車」に分乗して、明治神宮と靖国神社に参拝し、さらにドイツ大使館を訪問している。『スタイル』三八年一〇月号には、皇居を遥拝する一行と、彼らを乗せたバスの写真が掲載されている。

　実はこれは日産自動車販売株式会社の、広告に使用された写真である。「締盟の友邦独逸の若き使徒**ヒトラーユーゲント**一行は、息づまるやうな熱狂的歓迎の中を八月十七日午後晴れの帝都入りをした」「長期戦下の友邦日本の頼母しき姿を心に刻みつゝ緑濃き大内山を仰いで敬虔な敬礼を行ひ装ひこらした**ニッサン**乗用車三台、**ニッサン**バス二台に分乗、ゆるがんばかりの万歳の声に送迎せられつゝ明治神宮及び靖国神社に参拝した」と、広告は伝えている。まるで新聞記事のような広告文だが、「ニッサン」のゴシック表記が、広告であることを示している。広告は目次の下に配置された。国家総動員法が公布されて四ヵ月、この広告がモード誌に載っても不自然ではない空気がすでに醸成されている。モード誌の側から言えば、時局に配慮している証でもある。

ヒトラー・ユーゲントの来日は、国家にとって国民精神総動員を強化する好機だった。荒木貞夫文部大臣は自邸で「注目すべき「ヒトラー・ユーゲント観」」を語り、それが「〝疲弊〟からあの〝強健〟――独逸母性に学べ」(『東京朝日新聞』一九三八年八月二二日)という記事になっている。荒木が着目したのは、来日したドイツの青年たちの年齢が一七歳から二〇歳過ぎで、第一次世界大戦中(一九一四～一八年)または「戦後の困苦欠乏の中」で誕生した世代であることだった。その状況下で、「立派な青少年を育成したドイツの母性の偉さ」に感嘆したと、荒木は強調している。この言説は、日本の女性に同様の「母性」を持つようにという要請を意味していた。

詩人や音楽家もヒトラー・ユーゲント歓迎の輪に加わっている。北原白秋「万歳ヒットラー・ユーゲント――独逸青少年団歓迎の歌」は四番まであるが、一番の歌詞は次のように書かれている。「燦たり、輝く／ハーケン　クロイツ。／ようこそ遥々　西なる盟友、／いざ今見《まみ》えん、朝日に迎へて／我等ぞ東亜の青年日本。／万歳ヒットラーユーゲント／万歳、ナチス」。北原は「詩語の問題――H・J歓迎歌について(上)」(『東京朝日新聞』一九三八年九月二一日)で、この歌は高階哲夫が作曲し、藤原義江が吹き込んで、レコードになったと書いている。さらにこの歌曲は「国民歌謡」として、ラジオのAK(東京放送局)で放送された。図版(一七二頁)の『国民歌謡』第三三輯(一九三八年八月、日本放送出版協会)に、この歌曲は収録されている。ラジオ放送の際には、ドイツ語の発音が正確になるよう、カタカナの部分に修正が加えられた。そのことに反発して、異議申し立てをしたのが、北原のエッセイである。

戦時色は次第に色濃くなっていった。一九三八年一〇月に日本軍は、広東や武漢三鎮を占領する。同月の

『スタイル』には、「中支通信——大原少尉の戦線アルバム」が掲載されている。スタイル社の大原は、第二次上海事変が起きた三七年八月に召集され、中国中部に派遣された。その大原から届いた「写真通信」である。下の図版の写真は上海で、右の建物はアスターハウス、左の建物はブロードウェイマンション。左端に蘇州江に架かるガーデンブリッジが見える。ただ大原は上海に留まっていたわけではない。「唯々前線へ前線への進軍の一筋、遂に上海から○○里の○○城に到達してしまひました」と記している。パール・サイデンストリッカー・バックの『大地』が、この地を舞台に書かれたというから、南京の西の安徽《アンホイ》省まで進軍したのだろう。スタイル社の編集部員にとって、戦争の深まりをリアルに感じられる通信だった。

一九三八年一〇月号には芹葉輝夫が、「モード国策線」を執筆している。「いよいよ流行までが統制を受けなければならないといふ時代になつた。イギリスの最近の流行はかうだから、伊達男たるもの須《すべか》らく……な

『国民歌謡』第33輯（1938・8、日本放送出版協会）の表紙。

「中支通信——大原少尉の戦線アルバム」の写真（『スタイル』1938・10）。

んぞと贅沢なことを言つてはゐられないことになつた」と、エッセイは始まる。芹葉が嘆いているのは、商工省の役人が物資を節約する目的で、ファッションの「規格」を発表したことである。だが「万人が似たり寄つたりの風体をする」ことに、芹葉は批判的だった。その批判のために、ヒトラー・ユーゲントが利用されている。エッセイはこう結ばれた。「ヒツトラー・ユーゲントの青年達が、めざましき制服を脱いで、銀座街頭に閑日月のくつろいだ背広姿で現れた時、皆なちがつた色のちがつた模様のタイをしてゐたことを、諸君はよもやお見落しなかつたことであらう」と。

『スタイル』を流れるパリの空気――ピアニスト原智恵子訪問記

一九三〇年代の終わりになっても『スタイル』の誌上には、依然としてパリの空気が流れていた。一九二九年～三一年にパリで暮らした洋画家の長谷川春子が、「想ひ出の町々」という原稿を依頼されたときに思い出したのは、一年ほど住んだヴィラ・フルーリー。「巴里十六区」（『スタイル』一九三八年一二月）で長谷川は、それが「アウトイユ」にあり、「後ろは大きな庭園を其儘、中に美しい小邸《ヴィラ》を沢山建て添へて淑かに愉《たの》しき空気、富豪マルク・シヤガアルもゐた筈」と書いている。長谷川の居住地はおそらく、オートゥイユ競馬場の南側にある、セール・ドートゥイユ庭園のすぐそばだろう。セール・ドートゥイユは、熱帯植物が植えられた温室庭園である。シャガールはこの頃、長谷川のすぐ近くに住んでいた。松尾邦之助は「マルク・シャガルとブーロニユに語る」という訪問記を、『美術新論』一九三〇年六月号に発表している。

パリ生活が長かったのは、ピアニストの原智恵子である。館真は「花開く巴里の花――原智恵子さん訪

原智恵子の写真（館真「花開く巴里の花——原智恵子さん訪問」、『スタイル』1939・1）

問」（『スタイル』一九三九年一月）で、「最初に五年こんどで三年、巴里にばかりいらした原智恵子さんは、日本へ帰つてきても、海と空との愉しい旅路をしてゐるエトランゼのやうに、いつも優しく美しく懐しい」と紹介した。「最初に五年」というのは、一九二八年に一三歳で、有島生馬に伴われて渡仏したときからで、三二年にパリ国立音楽院を首席で卒業して帰国の途についた。二回目はフランス政府給費生としてパリを訪れている。このときは三七年のショパン国際ピアノ・コンクールで聴衆賞を獲得している。三八年に帰国した原は、年末に川添浩史と結婚して、翌年一月に二人でパリへ旅立った。その直前に館は原を訪問している。

原智恵子は館真に、パリのファッション・化粧・髪型の情報をこう伝えた。パリの女性は自分の色を持っている。自分の色を決めれば、靴を多く持つ必要はない。口紅には流行色があり、春は牡丹色が流行っていたが、現在はオレンジが人気を集めている。最も変化が激しいのは帽子で、シーズンの回数よりも頻繁に変わる。秋は菫色が流行した。パリの女性は薄化粧で、眼や唇のメーキャップは工夫するが、白い化粧はしない。私は美容院に行ったことはないが、日本の美容院はアメリカ式なのか、パーマネントの仕上がりが固くて、ぎこちない感じがする。小柄なパリジェンヌに似合う仕立てが上手な、カルベンという店がパリにあり、自分のドレスはそこで作ってもらう。日本人のストッキングの色は多様だが、足の色に近付ける方がいいのではないか。ただ日本製は足にぴったりつかず、光っている。日本ではいい製品が見つからないと。
一九三九年四月の『スタイル』は、「最近のジャルダン・デ・モード誌に出てゐたルシアン・ルロンのデザインから作つてみた特写」を、見開きの右頁に掲載した。リュシアン・ルロンはパリのファッションデザイナーである。細身のデザイン画と、日本人モデルの体型の違いが、気になる読者もいたかもしれない。ただ写真からは、パリの春の風を感じることができた。見開きの左頁は「想ひ出のまちまち」で、洋画家の遠山陽子が「ガイヤール街」を、洋画家の正宗得三郎が「ブルタニュー」を執筆した。二人ともフランス滞在時の街の様子を懐かしんでいる。

実際のパリ情報でなくても、パリ・イメージが漂う記事もある。その一つが仲田菊代訪問記だった。宇野千代は「板についてる舶来趣味――仲田菊代さん」(『スタイル』一九三八年一二月)で、「仲田さんのお描きになる画がローランサンの画の画風と似てゐるためか、或は仲田さんがローランサン自身に似ておいでのためかよく知りませんが」と断りながら、仲田が「日本のローランサン」と言われるのを、よく聞くと述べている。確かにアトリエで撮影された仲田の顔の輪郭は、ローランサンに似ている。この日の仲田は和服姿だったが、宇野は「エキゾテイツク」な印象を抱いた。「生活は洋風にしたい」という言葉通り、住空間からは「舶来趣味」が感じられる。ただそれが菊代の趣味

仲田菊代の写真(宇野千代「板についてる舶来趣味――仲田菊代さん」、『スタイル』1938・12)。

高峰三枝子の写真（蘆原英了「巴里女の様な近代女性——高峰三枝子訪問記」、『スタイル』1939・3）。

なのか、夫の仲田定之助《なかださだのすけ》の趣味なのかは分からない。ドイツ留学体験がある美術評論家の定之助は、バウハウスの紹介者として知られている。ピアノの上の飾りも、ペルシアの花瓶、イタリアの花瓶、チェコスロバキアのグラスで、フランスの製品ではない。

蘆原英了「巴里女の様な近代女性——高峰三枝子訪問記」（『スタイル』一九三九年三月）は、タイトルに「巴里」と書かれているが、パリ関連の話は少ない。ほとんど洋装の高峰だが、この日は和装で登場した。「頭のてつぺんの方ばかりに髪を集めた結ひ方」を見て、蘆原は「巴里の女を見る様」だと書いている。ただ特にパリに限定されるわけではないだろう。高峰の行きつけは芝口美容院で、ニューヨークの友人が送ってくれる映画雑誌やモード誌を参考にするという。パリが出てくるのはもう一箇所で、「ゴオティの歌つた巴里祭の唄なんかとても好き」と発言した。これはルネ・クレール監督の映画「巴里祭」（原題は「七月一四日」）で、シャンソン歌手のリス・ゴーティが歌った映画音楽のことである。蘆原は一九三二年にフランスに留学して、バレエやシャンソンを学んでいる。二人はシャンソンの話に花を咲かせたかもしれない。

パーマネントウェーブ禁止への異論と、「浮華なる」という形容の追加

資生堂美容室の小幡恵津子は「お嬢さまの髪型（学窓を出たお嬢さまへ）」（『スタイル』一九三九年四月）で、パーマネントウェーブが「最近怖ろしい勢で流行」していると指摘した。しかし国民精神総動員実施要綱の決定後、一年八ヵ月が経過して、パーマネントウェーブにも厳しい視線が向けられるようになる。「雀の巣」と呼ばれる髪の原因は、機械に問題があるのか、技術者が未熟なのか、後の手入れが悪いのかの、いずれかである。だから初めてパーマネントウェーブをかけて、流行の髪型を結おうとする「若いお嬢さん」に、小幡はその種類について説明した。パーマネントの機械には、薬品応用と電気電線応用の二種類があり、前者に危険性はない。後者には舶来品と国産品があり、舶来品の方が安全性は高いと。また厳しい視線を意識したのか、「非常時向としてもこんな便利で重宝なものはないといふ事が段々広く深く認識され」てきたと語っている。

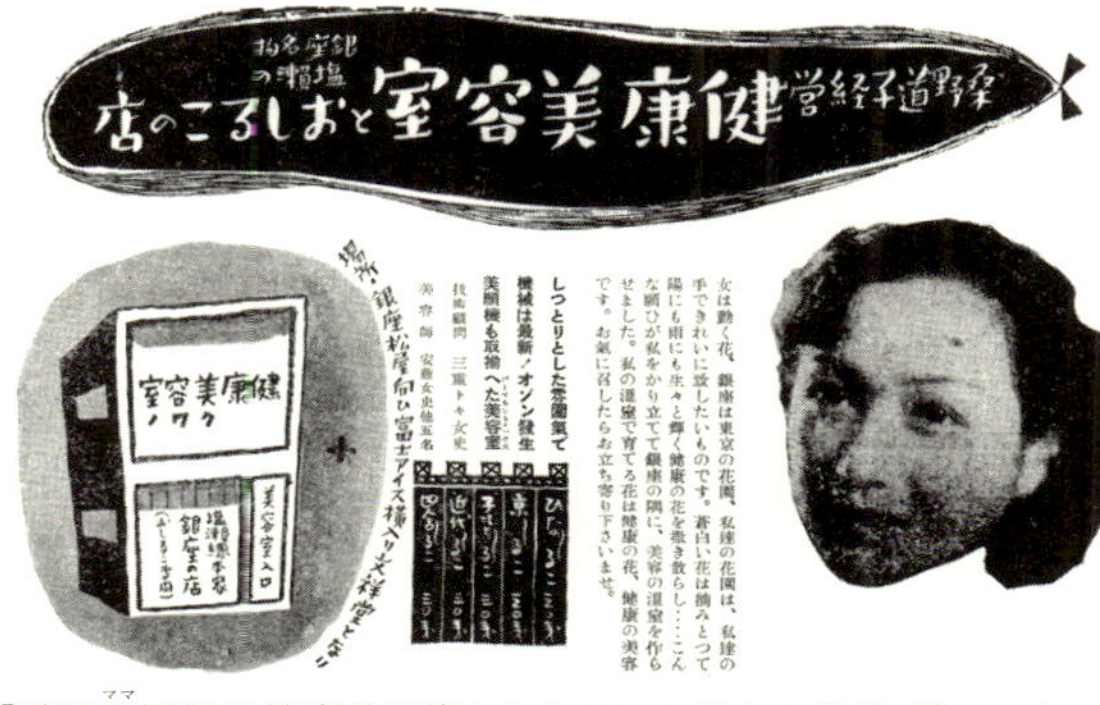

「桑野道《ママ》子経営健康美容室とおしるこの店」の広告（『スタイル』1939・4）。

パーマネントウェーブの流行は、同号の図版の広告からも読み取れる。写真は、松竹大船の映画女優の桑野通子。「女は動く花、

銀座は東京の花園、私達の花園は、私達の手できれいに致したいものです。蒼白い花は摘みとつて陽にも雨にも生々と輝く健康の花を撒き散らし……こんな願ひが私をかり立てて銀座の隅に、美容の温室を作らせました」と桑野は書いた。広告の左側の絵の「健康美容室クワノ」と「塩瀬総本家銀座の店（おしるこ専門）」が、桑野が開店した二軒である。同号に松下富士夫が記した「銀座の女王」によると、二軒を開く前に桑野は、芝で父母とトンカツ屋を経営していた。

桑野通子が美容室を開店して数ヵ月後、一九三九年六月一七日の『東京朝日新聞』に「パーマネント禁制——遊興時間短縮と共に精動小委員会に登場」という記事が掲載される。国民精神総動員委員会の生活刷新に関する小委員会が開かれ、四項目を決定したと報じている。決定事項は特別委員会と総会にかけられ、閣議に諮《はか》って実行に移す予定だった。三項目めに「刷新項目」の記載がある。（一）は「料理店、飲食店、カフエー、バー、待合、遊戯場等の営業時間の短縮」、（二）は「ネオンサインの全廃」で、（六）が「服装の簡易化」になっている。（六）にはさらに具体的な記述があり、「男子学生生徒の長髪禁止」と「婦女子のパーマネントウエーヴその他浮華なる服装化粧の廃止」が含まれていた。

パーマネントウェーブの廃止には賛否両論が巻き起こる。「入国以来こゝに十年——パーマネント廃止」（『東京朝日新聞』一九三九年六月一九日）は、美容業界の言い分を、美容師芝山みよかの話としてこう紹介した。東京市内には八五〇軒の美容院があり、一二〇〇台以上の機械がある。それでも足りないくらい繁盛している。美容院に来る客の九九%は、パーマネント党である。パーマネントウェーブさえかけておけば、髪を自由に結えるし、五〜六ヵ月はもつ。職業婦人は毎朝結髪に長い時間をかけられず、最近増加した洋装にもよく合うので、需要は増える一方である。パーマネントが渡来して一〇年、それは日本化して日本人にすでに馴染んでいると。

美容業界全体が動いたのはその直後だった。「パーマネント〝落城の前夜〟」（『東京朝日新聞』一九三九年六月二四日）によると、日本パーマネント協会と東洋パーマネント協会に所属する、東京市内八〇〇軒の業者が、六月二三日に合同の「自粛大会」を開催した。国民精神総動員委員会の禁止案に対して、八項目の自粛事項を申し合わせ、大日本電髪理容連盟を結成している。申し合わせ事項の中に、店頭で「女学生のパーマネント謝絶」と表示することや、「パーマネント」という言葉の排除に努力することが含まれている。「自粛大会」と銘打ってはいるが、パーマネントウェーブを中止するという意味ではない。新しく結成した団体名には、「電髪」（パーマネント）という言葉が含まれている。パーマネントウェーブを残すための、条件提示の大会だった。

国民精神総動員委員会の生活刷新に関する小委員会の原案は、特別委員会で「ネオンサインの全廃」を「抑制」に修正して、原案通り承認される。そのニュースを報じた「精動全委員が強調——麻雀も廃止せよ」（『東京朝日新聞』一九三九年六月二五日）は、小委員会の竹内茂代委員へのインタビューを詳しく報じた。竹内の話は、パーマネントウェーブの「廃止」から明らかに後退している。「雀の巣の様なモシヤモシヤ」は「汚くて見苦しくて」「不潔」だと批判しながら、「毛先を少し縮らせたゞけの自粛的なのは悪くはないでせう、要は自粛の精神でそれまでを禁じなくてもと考へられます」と述べたのである。また廃止の方法を質問されると、「警察命令ではないから強制力はもちません」と答えた。

特別委員会の修正案は、総会でさらに修正される。「本極りの生活刷新案——学生はイガ栗頭」（『東京朝日新聞』一九三九年七月五日）は、修正内容をこう伝えた。「パーマネントには業者から〝浮華なる〟といふ字句の導入が陳情され、これでパーマネントも雀の巣のやうな浮華なのは不可《いけ》ないが堅牢で衛生的経済的なものは許された」と。パーマネントウェーブ自体は辛うじて、延命することができた。業界はそれに応えて、〝自粛髪〟の発表会を開いている。「これが「粛髪」――電髪連盟が発表」（『読売新聞』一九三九年七月八日）によれば、七日に京橋公会堂に「喫茶店、カフエー、バーの女給さん」二〇〇人以上を招待して、「お客さんの蒙を啓く」催しだった。同時に当日の営業収入の一部で公債を購入し、古瓶などを蒐集して献納する申し合わせを行っている。

文化諸領域のモード③——音楽と大田黒元雄

1936年8月号から音楽の「分担編輯者」になる大田黒元雄は、12年にロンドン大学に留学し、20年代に何度も欧米に赴いている。海外でコンサートに通い、音楽関連資料を蒐集した大田黒は、『バッハよりシェーンベルヒ』（1915年、山野楽器店）、『歌劇大観』（1917年、音楽と文学社）、『露西亜舞踊』（1917年、音楽と文学社）、『ドビュツシイ』（1932年、第一書房）などの著作で、音楽評論家としての地位を確立した。『スタイル』には「音楽家の横顔」（1936年8月）や「パデレフスキイ」（1936年11月）、「楽壇近事」（1937年6月）を執筆している。

小説家で最も蓄音機に詳しかったのは上司小剣。「レコード往来」（1937年1月）によると、蓄音機は「アクーステイツクの高級品」で、真空管などの部品は、故障に備え予備を用意していた。レコードが待ち遠しいときは仕事が手につかない。最近の収穫はフルトヴェングラーの「セビリアの理髪師序曲」。野村光一は「鎌倉の音楽好き」（1937年2月）に、大佛次郎は書斎の電気蓄音機でドビュッシーばかり聴いていると記した。久米正雄は「舶来の高価な電気蓄音機」を愛用していたが、修繕費が新品一台分かかると「悲鳴」を上げていたという。

文化諸領域のモード④——舞踊と蘆原英了

舞踊には西洋舞踊と日本舞踊がある。舞踊の「分担編輯者」に指名されたのは、フランスでバレエを学んできた蘆原英了である。「舞踊随筆」（1937年7月）で蘆原は、日本には美術や音楽の学校はあるのに、西洋舞踊の学校がないと慨嘆した。『スタイル』の執筆者である石井漠・崔承喜・高田せい子は、欧米で舞踊を研究して、公演活動も行っている。舞踊というジャンルは幅広い。「舞踊」（1936年8月）や「レヴュウ界の新人を語る」（1938年4月）で蘆原が紹介したのは、松竹少女歌劇と宝塚少女歌劇、日劇ダンシングチームである。

崔承喜は石井漠の下でモダンダンスを学びながら、朝鮮古典舞踊を近代化しようとしていた。舞踊評論家の永田龍雄が「崔承喜の舞踊と春枝の『春琴抄』」（1936年11月）で取り上げたのは、崔と日本舞踊家の吾妻春枝（後の徳穂）である。日本舞踊家で『スタイル』の常連執筆者だったのは、新舞踊運動の推進者である花柳寿美。吾妻もこの運動に参加している。「初秋の和服を語る」（1936年9月）で花柳は、着物・帯・帯留・紋付・半襟・縮緬・長襦袢・履物・草履・足袋だけでなく、洋装についても語った。花柳はグラビア頁でも活躍している。

第4章
第二次世界大戦勃発
興亜奉公日　モードの衰退

1939年9月〜1940年7月

第二次世界大戦勃発と、開戦前のパリの「デザイナーの夢」

一九三九年九月一日、ドイツの陸軍と空軍がポーランドに侵攻して、第二次世界大戦が始まった。「独波遂に全面的開戦」（『東京日日新聞』一九三九年九月二日）は、ドイツ軍がダンツィヒ（現在のグダニスク）をすでに占領し、ワルシャワを数時間にわたり空襲したと報じている。イギリスとフランスはただちに動員を開始して、三日にドイツに宣戦布告する。ドイツ軍の空爆により、ワルシャワは二七日に陥落した。その間にソ連軍は東部ポーランドに進駐する。独ソ友好条約の調印は二八日にモスクワで行われ、ポーランドは分割占領されることになった。「欧羅巴大動乱（二）英国海軍の緊張」（『歴史写真』一九四〇年一月）が「欧羅巴動乱はその勃発以来、既に四ヶ月を閲したるも独軍のポーランド攻略成りたるのみにて其後の戦局は捗々しき進展を示さず」と述べたように、翌年四月九日にノルウェーに侵攻し、デンマークを無血占領するまで、ドイツ軍に大きな動きはない。ただソ連軍は一一月三〇日にフィンランド攻撃を開始している。

開戦直後の写真が日本の新聞に初めて掲載されたのは、九月一三日の号外と一四日の朝刊だった。前田繁は「欧州動乱の写真はどうして送られたか」（『アサヒカメラ』一九三九年一一月）で、森村勇について「超高速輸送で名を挙げた」と述べている。ロンドンやベルリンから無線電送された写真を、各新聞社支局から託された森村は、七日にニューヨークを飛行機で離陸して、サンフランシスコ、ホノルル、ミッドウェー経由でグアム島に到着。船でサイパン島まで行き、南洋定期航空路で一三日に横浜に到着した。開戦直後のパリは、どんな様子だったのか。『アサヒカメラ』の同じ号に掲載された写真（一八五頁上）には、空襲の危険を避けようと、母と別れて列車で避難する、子供たちの姿が写っている。

日本は戦場になったわけではないので、国内の空気はどこかのんびりしていた。小野佐世男「銀座千夜一夜」（『スタイル』一九三九年一二月）の挿絵を二点見ておこう。最初は大きなビール樽の挿絵。中央に「German expart《ママ》 Beer」と書いてある。「ドイツビールを飲ますうちだよ」と男が言うと、「マジノ要塞の砲台見たいネ」と女が答える。樽から「魚型水雷」のような脚が出てきたので、「欧州戦乱で、ビールも硝烟

（上）第二次世界大戦が始まり、パリから避難する子供たち（『アサヒカメラ』1939・11）。
（中）ドイツビールの店の樽（小野佐世男「銀座千夜一夜」、『スタイル』1939・12）。
（下）「模写おことわり」の婦人帽子店（小野佐世男「銀座千夜一夜」、『スタイル』1939・12）。

くさいでせう」と話しかけると、ビール娘は「そんな事おつしやらずに」と笑った。次は婦人帽子の店のトラブルの挿絵。男がスケッチをしていると店主が制止する。「我が店の流行は世界の尖端じやよ、欧米各国の最新モードじや、それにヨーロッパ第二大戦で流行は、ぎやくに我が店から、世界に流行して行くのじや」というのが、店主の言い分である。

開戦前後のパリのモード界はどんな様子だったのだろうか。館真は「一九四〇年型スタイル案内」

「一九四〇年型スタイル案内」では『ヴォーグ』など海外誌の流行が図解とともに解説された（『スタイル』1939・12）。

（『スタイル』一九三九年一二月）で、パリのデザイナーは大西洋を越えて、ニューヨークに渡るという、新聞の情報を伝えている。館の元にはここ二ヵ月ほど、外国雑誌は届かなくなっていた。最後に頁を開いたのは『アメリカン・ヴォーグ』の九月一五日号で、『フランス・ヴォーグ』の姿はない。毎年九月一日号と一五日号では、「パリス・オプニング」の特集が組まれる。それを読むと、秋から冬にどんなモードを予定していたのか、「戦争前のデザイナーの夢」が分かる。『アメリカン・ヴォーグ』誌上のスカートは、ウエストラインが細く、下に広がっていた。「四〇年型シルエット」は、前がほっそりして、後ろはフレアーを豊かにしたデザインである。

開戦後のパリで「戦争前のデザイナーの夢」は実現できなかったが、パリの女性はどのようなファッションに身を包んでいたのか。館真「検閲済の動乱下巴里のモード」（『スタイル』一九四〇年二月）で確認しておこう。写真は「頭巾付のプレードのコート」の後姿で、戦時下のパリではフードが流行していた。肩からのバッグは「瓦斯マスク入れ兼用」になっている。宝石類や、エレガントな黒いドレスは、すっかり影を潜めてしまった。第一次世界大戦後の二〇年間で、髪型は断髪からアップスタイルまで伸びるが、再びカールのない断髪が出現している。靴はローヒールに変わった。都会と田舎を往復したり、軍の事務にも携われるように、服装はスポーツ・スーツに簡略化されている。スキャパレリはウールでジッパー付きの防空服をデザインしていた。

戦時下のパリ女性のコート姿（館真「検閲済の動乱下巴里のモード」、『スタイル』1940・2）。

ジョージナ・ハウエル著、TSG・海野弘訳『IN VOGUE——ヴォーグの60年』（一九八〇年三月、平凡社）の一九三九年の頁には、「ヴォーグ・パターンでは戦時下のさまざまな奉仕活動に参加する女性のために、ズボンや機能的なシャツ、軍服の下に着るセーターの編み方などを取りあげた」と書かれている。また「1939年のファッションは、戦争が終わりを告げるまで封印される」と記された。極東で宇野千代は開戦の報を聞いて、何を考えていたのか。『スタイル』一九四〇年三月号の「編輯後記」で宇野は、「巴里あたりでもスタイルは大変評判になつてゐる」と、パリ帰りの人から聞いて喜んでいる。「欧州の状勢が、こんなに険悪で、「ヴォーグ」など発行出来ない有様の時、㒵に流行とかお洒落とか云ふ意味からばかりではなく、文化的な使命をも、「スタイル」によつて世界に果したい」というのが、このときの宇野の希望だった。

映画法による外国映画の輸入制限と、検閲による封切り不許可

一九三九年一〇月一日から映画法が施行された。この法律が貴族院を通過して成立したのは、この年の三月二五日である。「今後どうなるか映画界！——「映画法」の成立が描く影響」(『東京朝日新聞』夕刊、一九三九年三月二六日)は、実施までの半年の間に細則が決定されると伝えている。制作事業や配給事業が許可制になり、年少者の鑑賞制限が盛り込まれる可能性など、統制の強化が予想されていた。関連して「まだ百余本待機の洋画」という短い記事も掲載されている。昨年一〇月以降、二回にわたって許可された外国映画の輸入数は、アメリカ映画が一一二本、ヨーロッパ映画は一一本で、合計して一二三本。第一回の許可から半年後の四月一五日までに封切られたのは、アメリカ映画三七本とヨーロッパ映画一本である。近く入荷するドイツとフランスの映画の三〇本を加えると、未封切映画は一一五本になる。

映画法の細則が決まったのは、施行直前の九月二二日である。「輸入、年に五十本——洋画は一本立」(『東京朝日新聞』夕刊、一九三九年九月二三日)によれば、ニュースや文化映画を除く外国映画の輸入は、「日本映画の保護」と「外国文化の悪影響を防ぐ」ことを目的に、一年間で五〇本という制限をかけられている。洋画専門館での新封切映画は一本立てになってしまう。細則は映画興行者に対して、文化映画の上映を義務付けた。また「児童用の映画認定さる」(『読売新聞』一九三九年一〇月一三日)は、映画法実施後の一〇日間で、「エノケンの法界坊」「エノケンのどんぐり頓兵衛」などが児童に見せられない非一般映画と認定され、「残菊物語」(溝口健二監督)と「土と兵隊」(田坂具隆《ともたか》監督)は一般映画と認められたと報じている。さらに「子供

お断りの映画一割程度」(『読売新聞』一九三九年一二月二七日)によると、一二月一〇日までに申請された日本映画は約九三%が、洋画は約八三%が一般映画と認定された。

仲代富士男は「映画時評」(『スタイル』一九三九年一二月)で、映画法が与える影響に言及している。常設館で年間五〇本しか封切りされないのは、日本映画の保護が目的で仕方ないが、洋画ファンには「大打撃」である。週一回の封切りで、興行形態は「邦画の併映、古物の併映アトラクション付加」という形になる。さらに日中戦争開始以降は、検閲が厳しくなり、前評判が高かった「大いなる幻影」や「天使」は封切りが不許可になった。ヨーロッパ映画で鑑賞に価するのは、ヴィリ・フォルスト監督のオーストリア映画「ブルグ劇場」だけで、ドイツやフランスの映画はいつ輸入できるのか目途が立っていない。アメリカ映画の最近の質の低下は、「お話にならない」ほどで、「がらくた戦争物」ばかり制作している。このような映画は「何本輸入されてもファンの要望に応える」映画ではないと。

もう一つの懸念材料だった、年少者の鑑賞制限はどんな影響を与えたのか。仲代富士男によると、一四歳未満の児童に「娯楽映画」の鑑賞を禁じたため、「二番館以下の常設館」に大きな影響が出ることになった。田舎の常設館や、場末の常設館は、昼間興行の観客の大部分を、小学生が占めている。文部省に新設された映画課が、児童に見せてもいい一般映画として、「土と兵隊」と「残菊物語」を指定したことに、仲代は批判的だった。前者の「ヒューマニズム」は「高級」だし、後者の「梨園家庭の雰囲気や船乗込みの描写」が一四歳未満向きとは思えないと。

一九四〇年一月に強制上映が始まった文化映画も、評判は良くない。滋野辰彦は「映画時評――面白くない文化映画」(『スタイル』一九四〇年五月)で、「口の悪い人にいはせると」と断りながら、「分りきつたことを解りきつたことのままに撮すか、又は分つてもゐないくせに分つたやうな顔をして作つてゐる」のが文化映画だと述べた。滋野も場末の映画館で鰯の文化映画を見せられたが、短い映画が終わると、教わったばかりのことを、すっかり忘れてしまったという。ただアナウンサーが「イワスイ」と発音したことだけが、記憶に残っていた。常設館には三時間興行という時間制限があり、文化映画を上映すると、見られなくなる映画も出てくる。「現在の文化映画から、われわれは何も教はりはしない」と滋野は断定している。

映画法による最初の外国映画輸入割当が決定して、内務省から配給会社に通達されたのは一九三九年一二月二二日である。「映画・初の輸入割当――六十本減」(『東京朝日新聞』夕刊、一九三九年一二月二二日)は、四〇年度の輸入数量は合計一二〇本で、三九年度と比較すると六〇本の減になり、制限が強化されたと報じている。これを配給会社二一社で分けることになる。外国映画の封切りは、一社で年間五〇本を超えてはならないと、映画法で定められている。そこで内務省は松竹と東宝の二系統に五〇本ずつを割り振り、その他の会社に二〇本を振り分けた。もちろん検閲当局が内容を優良と認定した映画に限られる。ハリウッド映画が日本のモードをリードする時代は、終焉を迎えようとしていた。

モードの「お手本」の消滅と、戦時的モード

ハリウッド映画やモード誌が「美の標準線」をもたらすことについては、さまざまな意見がある。『スタイル』の編集に携わった阿部艶子は、「流行に負ける女たち」(『スタイル』一九三九年一〇月)を、こう批判的に書き始めた。「此の頃、街で見かける女の子の洋服ときたら、みんな申し合はせたやうに同じ形のを着て

ゐる。と云つても過言でないくらゐ、細い花模様などの色の強烈な布地《きじ》で、シユリングやギヤダでスカートの腰をしめ、裾はぱつと開いた型のワンピースが多い。そしてスカートは思ひ切り短い。なるほどあちらの流行雑誌ヴォーグやジャルダン・デ・モードなどを一寸のぞいて見てもさういふ形の着物が沢山あることはある。だからと云つてあんなに猫も杓子も同じ恰好をしなくてもよささうなものにと思へる」と。もちろんそれは消費者だけの問題ではない。イギリス人女性から聞いた話では、パリやロンドンの布地屋は、シーズンに流行している色や柄だけでなく、流行とは関係ない色や柄も揃えている。しかし東京の布地屋は、流行品だけを置いて、店員もそれを推奨していた。

　洋服だけではない。髪型も同じだった。「リヴアースロールとか逆さ巻きとか呼ばれる髪」を、「猫も杓子も、老ひも若きも、一様に」している。自分の顔が、細いのか丸いのかは関係ない。着るのが洋服なのか和服なのか、訪問着なのかスポーツ着なのかもお構いなしである。阿部艶子が美容師に聞くと、「誰方《どなた》も〳〵全部のお客様」が、流行中の髪型にしてほしいとリクエストするので、「厭になつてしまひます」と語っていた。阿部の目に日本人は、「雷同性の国民」と映っている。

　他方で、モードを追いかける女性を、擁護する声も存在する。北林透馬は「流行に生きる女たち」（『スタイル』一九三九年一二月）で、阿部艶子のエッセイを取り上げて、「普通の女たちにとつては、巧みに流行を取り入れると言ふことが、自分を生かす一番賢い方法なんぢやアないか知ら？」と反対意見を述べた。自分に似合うからといって、五年前、一〇年前に流行した長いスカートをはき、耳隠しの髪型で街を歩くのは、「精神状態までも疑はれる」というのが、北林の意見である。

　一九三八年に「中国人」の映画女優「李香蘭」として、満洲映画協会でデビューした山口淑子《やまぐちよしこ》に、田村泰

「スタイル相談所——“リボンのつけ方”」(『スタイル』1940・3)に掲載された写真。

次郎は『スタイル』の依頼でインタビューをした。一九四〇年一月号の「李香蘭訪問記——〝まだ恋をしたことがない〟」の冒頭で、「どうですか、東京の印象は」と田村が尋ねたのは、山口が満洲生まれの満洲育ちだったからである。二〇年に奉天近郊で生まれた山口は、父の転勤などで、撫順・奉天・北京で成長した。銀座を歩いてみた山口は、こんな感想を漏らしている。「日本服を着てゐられる方はとても綺麗に見えますが、洋服の方はあまりにスタイル・ブックをそのまま持つて来たやうな人が多いのではないかと思ひますわ、もうすこし、個性的な感じの出るやうになすつた方がいいんぢやないかしら——」と。中国では若い女性はほとんど洋装になったが、洋装の流行に伴って、「支那服」の流行も変わるという。

写真は、「スタイル相談所——〝リボンのつけ方〟」(『スタイル』一九四〇年三月)に掲載された。「地味な着物に華かなリボンを」で阿部艶子は、「リボンをつけた髪がヴオーグなどの口絵に現れ出したのは二年ばかり前でしたけれど、日本では此頃になつて大変流行《はや》つて来たやうです」と、流行がモード誌より少し遅れて訪れることを指摘している。雷同性に対する批判は、リボンでも変わらない。それは小さい頃を思い出させて愉しいけれども、「流行り出すと猫も杓子もといふのが此の国の人の悪い癖」で、毎日つけたり、昼間の埃っぽい銀座でつけるのは、やめる方がいいと述べている。

賛否両論——どちらの立場を取るにしても、「美の標準線」はハリウッド映画やモード誌を前提として可能だった。それが輸入されなくなると、どうなってしまうのか。「男は何故没落したか?」(『スタイル』一九四〇年四月）で芹葉輝夫は、かつては新聞の家庭欄に、男性服のモードの記事がときどき出たが、最近は見当たらないと指摘している。その理由を芹葉は三つ挙げた。第一は、生地の欠乏。そのために東京のデパートでは、仕立て直し部を新設して、洋服の「流用更生」を始めている。第二は、海外のモード誌が輸入されなくなったこと。「拠り所」を失ったため、モードの紹介や批評をしていた人々は、口を噤《つぐ》むようになってきた。第三は、外国映画が見られないこと。「お手本」を取り上げられて、「〜のスタイルを」という注文を、人々はできなくなった。その結果、「流行の没落」が進行中だと芹葉は考えている。

アメリカで流行中のスーツを着た水の江瀧子（『スタイル』1940・5）。

　モード誌を見られなくなった時期に、海外で流行中の洋服を着て帰国した人は、貴重な情報をもたらしてくれる。写真は、『スタイル』一九四〇年五月号のグラビア頁を飾った水の江瀧子。アメリカで流行中の、「新傾向のスウツ」で撮影に臨んでいる。ライト・ブラウンのジャケットは長めで、ジャケットにもスカートにもサドルステッチ（縫製技術）が見られる。同号の「春のシンフオニー——新しいキイ・ポイントはどこにある」で館真は、ロング・ライン・ジャケットは水の江のような体形で、脚が長くないと似合わないと指摘した。館は同時にパリでは、ポケットがモードのポイントとして登場したと述べている。スーツやスポーツコスチュームだけではない。ドレッシーなディナー・ドレスにも付いている。それは「戦時的モード」を意味していた。「流行の没落」後のファッションの世界にも、戦時色の浸透が見られたのである。

興亜奉公日の光景――「自粛の街」に流れる国民歌謡「興亜奉公の歌」

国民精神総動員運動の一環として、平沼騏一郎《ひらぬまきいちろう》内閣は興亜奉公日を設けて、九月から毎月一日に実施することを、一九三九年八月八日に閣議決定した。その三日後には内閣告諭を発表している。「「興亜奉公日」設定――閣議決定・告諭を発す」（『東京朝日新聞』一九三九年八月一二日）が引用した「内閣告諭」に、興亜奉公日の趣旨や目的は、次のように記されている。「毎月一日を以て興亜奉公日と定め、之を恒久実践の源泉たらしむ、是の日即ち全国民が特に戦場の労苦を想ひ、自粛自省、的確に之を実際生活の上に具現し、一億一心、興亜の大業を翼賛し、以て電力の増強を図り、強力日本の建設に邁進《まいしん》するの日たり」。具体的な行動については、「黎明参拝と勤労奉仕」（『東京朝日新聞』夕刊、一九三九年八月一二日）が詳しい。この日は各戸から一名以上が午前五時に神社・寺院に集合し、宮城を遥拝する。また享楽的な行為を抑制し、料理店・カフェ・バー・待合の営業は午後一〇時まで、ネオンサインは全夜消灯となっている。一汁一菜や禁酒禁煙も求められた。二年前の一九三七年一〇月に、『スタイル』は「うまいもの」というコーナーを設けて、式場隆三郎は「食痴」を発表している。「食痴」は式場の造語で、①食通・美食狂の一群と、②味覚が鈍感な一群の、両方の意味があるという。式場が知る前者の代表は、「世界中の美食を味はつてきた」柳宗悦《むねよし》と、「内地と満鮮の美食を隈なく味はひつくしてゐる」河井寛次郎。式場は柳と二ヵ月間、ヨーロッパ各地を回って、「世界の名物」を食べる機会があった。式場が特に推奨する都市はストックホルムで、オードブルの豊富さに驚いている。

同じコーナーに阿部艶子は「好きな食物」を書いた。日本各地の食の思い出で、ふぐの味は関門が一番。伊万里焼の大きい皿に盛りつけたふぐ刺しが阿部の好みだった。コロンバンのメニューに、オードブルは「当分のうち中止」と記載されてから、もう七〜八年が経っている。阿部はそれを復活させてほしかった。一六種類か、三二種類の、彩り豊かな愉しい一皿である。京都の千枚漬けのサンドイッチも忘れがたい。

そんなエッセイを楽しく読んだ読者は、それからまだ二年しか経過していないことが信じられなかっただろう。舌の記憶を封印して臨んだ初めての興亜奉公日は、どんな一日だったのか。「奉公日自粛の街視察」(『東京朝日新聞』一九三九年九月二日)によると、七月七日の「事変二周年記念日」以来、「酒抜き、ネオン抜き」の街になるのは二回目である。ビヤホールは「謹んで休業」の紙を貼っていた。「酒類の販売休止」を宣言した料理屋や待合もある。銀座通りではネオンサインが消えて、裏通りのカフェ街で女給さんが暇そうに佇んでいた。市内の盛り場を手分けして視察した「督戦部隊の一行」も、自粛の徹底ぶりに手持無沙汰な様子である。ただ浅草六区の「活動街」だけは、定休日を楽しむ人々で、いつも通り賑わっていた。一六年前の九月一日午前一一時五八分に関東大震災が起きている。「感謝と黙禱に尊き試練」(『東京日日新聞』一九三九年九月二日)は、この時刻に東京ではサイレンが鳴り響き、浅草の劇場では映画や演劇をストップしたと報じた。

「興亜奉公の歌」と「満洲事変八周年記念歌」が収録された『国民歌謡』第五〇輯（1939・9、日本放送協会）。

ラジオ放送で流れる曲は流行歌ではなく、国民歌謡の「興亜奉公の歌」だった。実は興亜奉公日が実施された一九三九年九月一日に合わせて、日本放送協会は「興亜奉公の歌」と「満洲事変八周年記念歌」を収録した、『国民歌謡』第五〇輯を発行している。「興亜奉公の歌」は野口米次郎作詞・信時潔作曲。「神の与へし　進軍譜、／われ奉公の　腕ふとし。／新しき世の烽火《のろし》とて、／身を焼く霊火　空を往く。」（三番）。このような歌を耳にしながら、酒を飲む気にはなれなかっただろう。

興亜奉公日をどう過ごすのか。実施前の一九三九年八月の『東京朝日新聞』に、女性評論家たちの提案が掲載されている。婦選獲得同盟の会員だった大竹せいは、「家庭の清掃と整理を」（一八日）に、老人や子供も含めた「一家総力戦」で家中を整理し、不用品で得た金額は興亜奉公献金箱に収めたいと書いている。かつて『青鞜』の同人だった平井恒子は「主婦の読書日として」（一九日）で、「食事も簡単、晩酌のお肴も考へる必要がない」この日に読書をして、「一日の節約によつて得たものを慰問品にあてる」と述べた。

映画界や演劇界の第一線で活躍する人たちはどう過ごすつもりだったのか。「〝興亜奉公日〟を銀幕・舞台人はどう生きる」（『読売新聞』一九三九年八月二七日）で、宮城を遥拝して靖国神社に参拝してから舞台稽古にかかると榎本健一は答えた。対照的にどこにも出掛けず、「文学青年」になって一日中読書すると話したのは古川ロッパ。正午の二分前に黙禱して「護国の神の冥福」を祈ってから、戦地の兵隊に慰問文を書くというのは三宅邦子である。それに対して原節子は、撮影中の仕事に「緊張のこゝろをぶつけてゆく」とだけ答えている。

興亜奉公日の家庭での過ごし方の提案を意識したのか、『スタイル』は一九三九年一二月号で、「家庭奉公日コント」というコーナーを設けた。「興亜奉公日」の「興亜」を「家庭」に置き換えている。北町一郎「女ながらも私が旦那」では、厚生省に勤める朝原氏の家の家庭奉公日は毎月八日。朝原氏が目覚めると、「奥さん」は寝床で新聞を読んでいる。朝食はと尋ねると、「毎月八の日　家庭奉公日　この日は一切婦唱夫随たるべき事」と床の間に掲示してある。「パンをこがし、ミルクをわかしすぎてビタミンが逃げると怒られ、食卓の布巾のかけ方が悪いと叱言《こごと》」まで言われた朝原氏は、余興として逆立ちまでさせられた。さらに映画を観にいくから五時までに帰宅するように指示され、夕飯の材料を買ってきなさい、洋装店に電話しなさいと言いつけられる。家庭奉公日ができた理由を聞くと、朝原氏の上司はこう答えた。「われわれは常日頃奥さんを動物扱ひにする傾向」があるから、月に一回は「奥さん」を大切にしてもいいのではと。

配給統制時代の幕開けと、代用食の模索

日中戦争の開始からすでに二年、一九三九年になると物資不足のために、生活は逼迫《ひっぱく》するようになる。たとえば食生活。米穀などの主食糧品や、塩や砂糖などの調味料、魚類・肉類・鳥類・卵・蔬菜類・果実類といった生鮮食料品は、人々の食生活を支える必需品である。福田敬太郎・本田實『生鮮食料品配給統制』（一九四〇年六月、千倉書房）に東京市中央卸売市場の卸売価格綜合指数が収録されている。蔬菜類と果実類を合わせた青果類の価格は、三六年を一〇〇とすると、三七年は一一一、三八年が一三五、三九年は一五三で、

「栄養コーヒー」の材料の挿絵（『主婦之友』1939・12）。

三年の間に一・五倍に膨れ上がった。魚類も三六年を一〇〇とすると、三七年は一〇七、三八年が一三七、三九年は一六六で、三年前の一・六倍を超えている。

物資が不足して、価格が高騰すれば、配給統制や価格統制が要請される。すでに一九三九年四月には米穀配給統制法が公布されていた。『米穀配給統制法及其の関係資料』（刊行年月不記載、全国米穀販売購買組合連合会）によれば、統制法の第五条には「米穀市場ハ日本米穀株式会社ニ限リ之ヲ開設スルコトヲ得」と記されている。また同書収録の「日本米穀株式会社設立趣意書」には、同社が「政府ノ米穀政策ノ円満ナル遂行」を行うための「国策会社」と明記されていた。さらに同年一一月には米穀配給統制応急措置令の公布により、米穀強制買上制が実施されている。

一九三九年一二月に『主婦之友』は「戦時の経済報国号」を発行した。そこには「代用食品の使ひ方実験集」が掲載されている。その内容は「玉子の代用品」「バタ・牛乳・サラダ油の代用品」「牛豚肉代用品」「パン粉・コーヒー・其他の代用品」で、それぞれ五～七品の調理方法を紹介した。たとえばコーヒーの代用品となる「栄養コーヒー」は、からす麦3、黒豆1の割合で、少し黒めになるように、よく炒って煎じる。香料を加えると「申分」ない飲み物になるという。カフェインが含まれていないから、子供に安心して与えることができて、しかも栄養は豊富というのが、セールスポイントである。小説家の白井喬二の妻の鶴子は「国策代用食品の工夫」に、「私共では、毎月一日の興亜奉公日のお昼を、少しでも節米ができればこれもお国への御奉公と思ひまして、家中ですゐとんを頂くことに定めてをります」と書いている。
同じ一九三九年一二月に『スタイル』は、「私の十センお手製料理」というコーナーを設けた。「十銭玉一つで／こんなに／おいしい御料理／が食べられる／とは――／これこそ／洒落た／国策料理！」と謳っている。真杉静枝「栗飯」は二人分で、栗が一〇銭、鰯は四匹で八銭、大根一本が二銭。一人あたり一〇銭ちょうどである。あくまで材料費なので、調味料の鰹節・味の素・醤油や、調理に使う片栗粉・ラード・生姜は含まれていない。宇野千代の「ごもく雑炊」は一人前と思われるが、「オアゲ」は三銭、「カツブシ」が三銭と、合計六銭で済ませた。ただしそれ以外の材料で、「ネギの青いところ」「大根のシッポ」「人参のシッポ」「昼間のお肉（何肉でもよし）の残つたの一キレ」「ゴハンの残つたの」は、すべて〇銭の計算。残り物を捨てずに利用するプランである。

「モンブル洋菓子店」の広告（『スタイル』1940・1）。

図版は、「モンブル洋菓子店」の広告で、『スタイル』一九四〇年一月号に掲載された。「東京の方は幸福です。この戦時下にこの菓子がある」というキャッチコピーは、材料の調達が困難になった時代を語っている。この店の看板商品は、ドイツ菓子のブッタークーヘンである。ドイツ語の「Butter」（バター）と、「kuchen」（ケーキ）に欠かせない砂糖は、自由に入手することは困難だった。ケーキの上のスライスされたアーモンドも輸入品だから、確保に苦労しただろう。材料不足に対応する工夫もあれば、これまで思い付かなかった工夫も新たに登場する。その一例を宇野千代は「柚子紅茶――日本紅茶のおいしい淹れ方を」（『スタイル』一九四〇年二月）で紹介した。「日本紅茶」を紙の上にのせて火で少し炙る。熱湯を注いでから、柚子の輪切りを入れる。

深尾須磨子と大きい魚の挿絵（『スタイル』1940・6）。

仲田菊代に教わったこの「非常時国策飲料」を飲むと、紅茶は舶来のリプトンでなければとか、レモンが輸入できなくなって困るというような、これまでの言説に呆れるという。

一九四〇年六月の『スタイル』には、「代用食時代です！——あなたは日常どんなものをお召し上りですか？」というコーナーがある。挿絵に描かれているのは、深尾須磨子と大きい魚。しかし深尾がこの魚を食べているわけではない。「不足、不足と顔さへ見れば云ひあふやうですし、新聞もいい気になつてそんなことを書き立てるやうですが、このところ一つ、腹にウンと力を入れて、俎上の鯉の観念を学ばうではありませんか」と深尾は書いた。つまり描かれたのは、食べる鯉ではなく、「なすがままに任せるしかない状態」という意味の「俎《まないた》の鯉」。米がなければパン、パンがなければ麦、食べられるものなら何でもいいと、深尾は記している。そう語るしかない状況が到来していたのである。

一九四〇年六月五日から六大都市では、砂糖とマッチの切符制（配給統制）がスタートする。前日の四日に『東京朝日新聞』は、「あすから切符の帝都——天晴れ横浜〝先陣の功〟」と報じた。東京ではすでに砂糖とマッチが配給店に届き、町会から各家庭に注文票・購入票が発給されている。ただ町会加入が切符を渡す条件になったり、手数料を強要する町会があるのではないかと心配されていた。横浜では一足早く実施されたが、注文票は作っていない。砂糖半月分二枚と、マッチ一ヵ月分一枚の、購入票だけを発給した。買い溜めができなくなるので、「闇時代」に何百箱のマッチが一日でなくなった配給店でも、一日に数十箱しか出なくなる。砂糖も買い溜めの行列は姿を消した。

銀座——洋服店の休業と、華美で派手になる着物

芹葉輝夫「舶来羅紗の思ひ出」（『スタイル』1939・11）に収載された写真。薄くて読みとりにくいが、壁にはスウェーデン語で、「KONST OCH KONSTHANTVERK」（芸術そして手工芸）と書かれている。

輸出入品等臨時措置法の公布から二年、一九三九年後半になると、舶来の上等な生地はストックがなくなり姿を消した。いずれ同じ運命をたどるが、国産の上等な生地ならまだ市場に残っている。極上の国産羅紗を目にすると、「孤城落日の感が深く、去りゆく者の最後の姿の前に、一節の挽歌を奏でてやりたい様な気持になる」と、芹葉輝夫は「舶来羅紗の思ひ出」（『スタイル』一九三九年一一月）に記した。ロンドンの最新流行の生地と型の情報が届いて、しばらくすると、東京のテーラーのショーウィンドーに生地が登場し、最新流行型に身を包んだ紳士が街を歩く——そんな時代がついこの間まであったことが、夢のように思い出される。羅紗の舶来品と国産品の違いを、芹葉はウィスキーの醸造に譬えた。舶来品の羅紗を倉庫で数年寝かせると、「いやらしい光沢が消え去り、しっとりした味はひ」が生じてくる。それが国産品との違いだった。

上等な国産の生地も姿を消すのは、時間の問題である。ある日、

芹葉輝夫は銀座の表通りの老舗洋服店で、「品不足に付、一時休業仕候」という貼り紙を見つけた。「いよいよ斯ういふ日が到来したかと溜息が出かかつた」と、芹葉は「来るべき洋服の世界」（『スタイル』一九四〇年一月）に記している。ス・フ入りの羅紗なら、補充はいくらでも可能である。事実、多くの洋服店は「上等品ばかりを取扱ふ矜持《ほこり》と未練」を捨てて、「出たとこ勝負」の商いをしていた。それでは沽券にかかわるというのは、老舗ならではの信念である。店主の名前と、湘南の所在地が、貼り紙には書かれていた。店を閉じても、上等な生地のストックが尽きるまで、顧客の注文を受けるのだろうと、芹葉は推測する。昔作った洋服の、骨董的価値だけが高くなっていった。

芹葉輝夫「〝純毛は何処にある？〟」（『スタイル』一九四〇年二月）に、この銀座の老舗洋服店の後日談が出ている。店主は臨時休業したのではなく、もはや洋服店の看板を外すつもりでいると、芹葉は耳にした。別の羅紗商は、ス・フが七割混入する羅紗をストックしていたが、深夜に目覚めたときに、「俺は羅紗屋か木綿問屋か」と反省したという。七割のス・フのなかに、申し訳程度に羊毛が混ざっていても、羊の気配は失われている。「国語学者」が集まる辞典の出版記念会では、この「国粋発揮時代」に「ス・フ」などという造語は見苦しいと話題になった。日本には「もどき」という乙な言葉がある。だからス・フは「綿もどき」に、人絹は「絹もどき」にすればいいと盛り上がったらしい。代用品の時代とは、「もどき」の時代のことだと、芹葉は考えている。

女性のファッションでは、華美な和服が目立つようになってきた。「スタイル・風俗時評——〝まァ大体文句はない！〟」（『スタイル』一九三九年一二月）に寄せられた声に、耳を傾けてみよう。「この頃、街を歩いてゐる女の人の和服は皆、大よそ行きの、いでたちである事が目立つ」と書いたのは仲田菊代。漫画家の中村篤九《あつく》は「大柄の模様の着物を着て、それが又とてつもなくはつきりした原色」と渋い表情を浮かべた。横山エンタツは「服装が一般にますく\派手になりました」と述べている。丹羽文雄は職業婦人の洋服の「色調の好みがひどく地味になつて行く」のを、「どうかと思つてゐます」と批判的に見ていた。他方で、「和服の柄がますます派手になつて行く」のは対照的という印象を抱いている。

統制の結果、街頭の人々の服装のレベルが上がるという、不思議で皮肉な現象を指摘したのは田中千代である。「統制に反発した風俗」（『読売新聞』一九三九年一二月一五日）で田中は、昨年の夏から「被服資源の統制」が実施されてきたが、実際の女性のファッションを見ると、年間を通じて「質素」な服装はほとんど見かけなかったと述べている。それどころか「抑へられた反動」のために、服飾が派手になったことは、「誰れもが認めるところ」だという。純毛製品製造禁止のニュースが流れると、洋服店や毛織物店が混雑した。上等な純毛品を着たことがない人も、一度は着てみたいと、無理して購入したのである。革の統制が報じられると、人々は靴屋に殺到した。パーマネントが問題視されると、まだ行ったことのない人が美容院を訪れる。

銀座の女性文化は、どのような変化を見せていたのだろうか。館真（構成編輯）・大原芳郎（カメラ）「銀座土曜午後の巻」（『スタイル』一九四〇年四月）は、時代の表情を垣間見られる貴重な記録である。小見出しは五つある。①「ギン・ブラなんてことはなくなつた」によると、日中戦争開始以来、銀座の人出は「非常時的氾濫」が続いている。「昔恋しい銀座の柳」の情緒は失われ、「大衆的歓楽街《アミューズメントセンター》」と化している。②「派手な原色が流行つてゐる」が指摘したのは、「お嬢様たち」の着物の「強烈なほどの原色のあの近代模様?」と、「ネオン調」と呼ばれる「チユウヴからいきなりカンヴアスになすりつけた未来派」のような草

「銀座個性美喪失」と嘆く「銀座土曜午後の巻」（『スタイル』1940・4）。

（上）三人の和装の女性の後姿（「銀座土曜午後の巻」、『スタイル』1940・4）。
（下）千人針に集まった和装の女性たち（「銀座土曜午後の巻」、『スタイル』1940・4）。

履の色調。上の写真はモノクロなので色彩は不明だが、模様の派手さはよく分かる。

さらに③「銀座名物新橋の姐さんもモダンガールです」は、新橋芸妓の着物・ショール・草履の昼姿が、「お嬢様のと大した違ひがない」と指摘した。別の言い方をすると、「お嬢様」がそれだけ華やかになってきたのである。④「洋装三分和装七分」は、特に土曜・日曜になると、女性は和装ばかりだと述べている。二〇四頁右下の写真は、千人針に集まった女性たちで、全員が派手な和装である。かつて購入した着物は絹製だが、新しく買った洋服はス・フ入り。輸出入品等臨時措置法で入手しにくい革靴よりも、下駄の方がいい。お洒落をして銀座に行こうとすれば和装になる。⑤の「リボンはもう飽きてしまつて髪は自粛なのか」は、リボンの流行がすたれるときも、阿部艶子が言う「猫も杓子も」だったことを語っている。「髪型はしかし実に統制されて少しも晴やかではない」というのは、パーマネントは手放さないが、「雀の巣のやうな浮華」な髪型は自粛するという、選択の現れだろう。

日本の映画女優が、ハリウッド女優と交代する

一九三九年九月一日の第二次世界大戦の勃発は、『スタイル』の誌面に大きな変化をもたらした。開戦翌月の一〇月号の印刷納本は九月一五日だから、企画会議は開戦前に済んでいたはずである。八月号の「スタアのお化粧――中年の奥様美　ケイ・フランシス研究」、九月号の「お化粧研究――古典的な魅力　マドレヌヌキヤロルの巻」に続き、一〇月号には「アニタ・ルイズ風のお化粧」が掲載された。写真はアメリカの女優アニタ・ルイーズ。「眉」を執筆したマヤ・片岡は、「瓜実顔の多い日本の女の方には、そのまま採り入

れても美しい眉型でせう」と読者に語りかけている。「唇」が担当のアーデン・山中は、このままの顔だとスクリーンには平凡に写るので、「小さい口を目に相当した大きさに、それから形をも全然かへて、丸味を長くして明るい感じのする口にかへ現代美人となつた」と、ルイーズの化粧のポイントを説明している。「眼」を依頼された野口比奈は、ルイーズの顔をモデルにアイシャドー・睫毛・眉毛の化粧法を解説した。

アニタ・ルイーズの写真（「アニタ・ルイズ風のお化粧」、『スタイル』1939・10）。

一九三〇年代の『ヴォーグ』と同じように、『スタイル』はハリウッド女優の写真を多用して、ファッション・化粧・髪型を紹介してきた。その誌面構成のやり方は、「アニタ・ルイズ風のお化粧」で終焉する。『スタイル』一九三九年一一月号の「編輯後記」に宇野千代は、「今月は御覧の通り、誌面をガラリと一新してみました。それは、少しでも読者の方々に楽しみになるやう又一面には、非常時の国策にも添ひますやうに、との心からです」と書いている。ハリウッド女優の写真や、ファッションなどの紹介は、読者にとって「楽しみ」だったに違いない。しかし第二次世界大戦の勃発で、『ヴォーグ』などのモード誌が届かなくなり、情報源が失われた。それに代わる「楽しみ」を、どう企画すればいいのか。実は三九年九月号から「スタア検討」という欄が新設され、九月号では入江たか子を、一〇月号では桑野通子を取り上げていた。ハリウッド女優から、日本の映画女優に——それが第二次世界大戦勃発に伴う誌面の変化である。

ハリウッド女優研究の最終章となる、一九三九年八月・九月・一〇月号を使って、その研究方法を確認しておこう。八月号のケイ・フランシス研究では、南美子が「個性を生かした彼女の美」を執筆し、「お派手

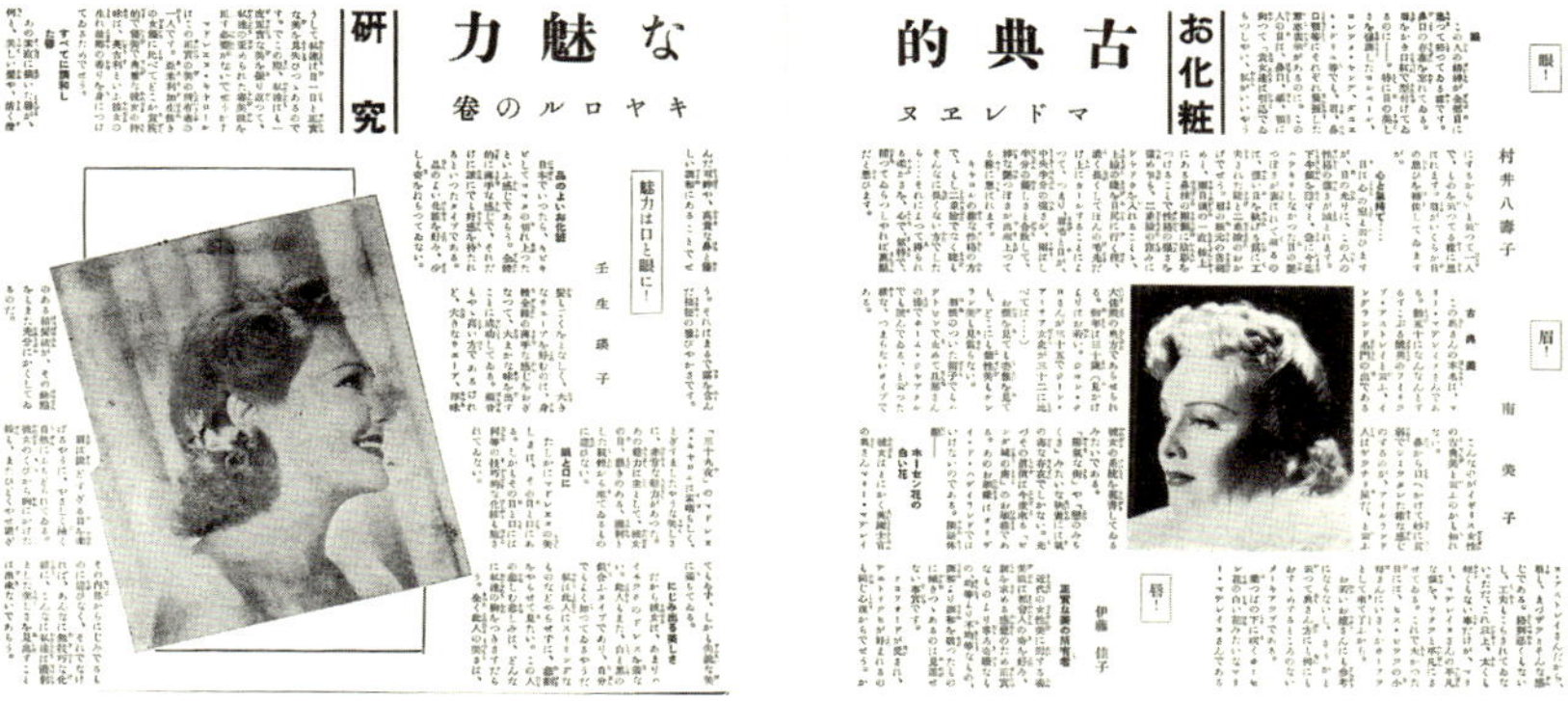

顔のパーツごとに分析された「マデリーン・キャロル研究」（『スタイル』1939・9）。

入江たか子の写真（「スタア検討――“入江たか子の巻”」、『スタイル』1939・9）。

なお顔」「頭！」「眉」「目」「唇」「一歩あやまれば白痴美」の検討を行っている。青木修二「地味な魅力」は、「彼女の結婚」「どこが魅力」「欠点を生かして」の三つで構成された。九月号のマデリーン・キャロル研究は、「眼！」「眉！」「唇！」と「魅力は口と眼に！」に分かれ、四人が分析している。アニタ・ルイーズの研究は、「秘訣」「眉」「唇」「眼」に分けられ、四人が執筆した。書き方に幅はあるが、顔のパーツごとに検討する点は共通している。

日本の女優を対象にした「スタア検討」は、どんな検討方法なのだろうか。最初の試みとなる「スタア検討――〝入江たか子の巻〟」（『スタイル』一九三九年九月）は、顔のパーツで分けずに、「容貌」「姿態」「趣味」「お化粧」の四節構成になっている。『スタイ

轟夕起子　スタア検討

容貌

お化粧にもう一工夫を

壬生瑛子

轟《とゞろき》夕起子《ゆきこ》さんは大層《たいそう》理智《りち》的《てき》な人《ひと》ださうだけれど、それは大方《おほかた》内部《ないぶ》にあるものが表情《へうじやう》にひらめくのであつて容貌《ようばう》そのものは、さう理智《りち》的《てき》とは思《おも》へない。目《め》も鼻《はな》も口《くち》も丸《まる》くて、女《をんな》の私共《わたしども》には何《なん》となくロマンスな感《かん》じのとぼしい額《かほ》に思《おも》へる。夢《ゆめ》もなくて、その額《かほ》は非常《ひじやう》に現《げん》實的《じつてき》である。だからあまり激《はげ》しい戀愛《れんあい》をしたり、身《み》を破滅《はめつ》に導《みちび》くやうな情熱《じやうねつ》には溺《おぼ》れさうには思《おも》へない。そんなことは古《ふる》い女《をんな》のたはごとで、決《けつ》していゝことではないのだから。

美《うつく》しい目《め》であり乍《なが》ら、何《なん》となく、深《ふか》さがないのは、やゝ出目《でめ》に見《み》えるためであらうか。そしてあの鼻《はな》は、私《わたし》などには、致命的《ちめいてき》な丸《まる》さのやうな氣《き》がする。あの鼻《はな》がもう少《すこ》し細《ほそ》くすつきりととがつてゐたら、夕起子《ゆきこ》さんの額《かほ》には、深々《ふかぶか》とした夢《ゆめ》や陰影《いんえい》が出來《でき》るのではないか知《し》ら。しかし、あの目《め》や鼻《はな》は化粧《けしやう》によつて多少《たせう》のおぎなひがつく可能性《かのうせい》があるのだから、その化粧《けしやう》に一段《だん》の工夫《くふう》の加《くは》へられんことを望《のぞ》む。そして、矢張《やはり》容貌《ようばう》に現《あら》はれて來《く》るものは、どうしても内部的《ないぶてき》なものゝ方《はう》が力《ちから》がある。だから夕起子《ゆきこ》さんに、我々《われわれ》も、勉強《べんきやう》で得《え》た智識《ちしき》ばかりでなく、經驗《けいけん》により美《うつく》しさの現《あら》はれるのを待《ま》たう。

姿態

磨かれたお孃さん型

芹葉輝夫

轟《とゞろき》夕起子《ゆきこ》の特徴《とくちよう》は何《なに》かと言《い》へば、誰《だれ》だつてお孃《ぢやう》さん型《がた》の女優《ぢよいう》である點《てん》を擧《あ》げる。まつたく彼女《かのぢよ》ほどお孃《ぢやう》さんらしさを多分《たぶん》に備《そな》へてゐる女優《ぢよいう》も珍《めづ》らしい。と云《い》つても決《けつ》して他《た》の同年輩《どうねんぱい》の女優《ぢよいう》さんたちにお孃《ぢやう》さんらしい落着《おちつ》きや氣品《きひん》が缺《か》けてゐるといふことにはならないので、少《すこ》しひねつた言《い》ひ方《かた》をしてみれば、轟《とゞろき》夕起子《ゆきこ》は、どんな良家育《りやうけそだ》ちの本當《ほんたう》の令《れい》孃《ぢやう》なんかよりもつともつと令孃《れいぢやう》らしい氣品《きひん》に溢《あふ》れてゐるといふ意味《いみ》である。

之《これ》は何《なん》と言《い》つても、彼女《かのぢよ》が俄《には》かづくりのスタアとちがつて、その背後《はいご》に少女歌《せうぢよか》劇《げき》の舞臺生活《ぶたいせいくわつ》で積《つ》んだ修業《しゆげふ》が有效《いうかう》に役立《やくだ》つてゐるからであらう。だが一體《たい》彼女《かのぢよ》のどこがそんなにお孃《ぢやう》さんらしさに惠《めぐ》まれてゐるのか。人《ひと》は先《ま》づ彼女《かのぢよ》の額《かほ》の美《うつく》しさの中《なか》に含《ふく》まれてゐるあどけなさを指摘《してき》するかも知《し》れない。然《しか》し女優《ぢよいう》の素顔《すがほ》などといふものはさう何處《どこ》までも物《もの》を言《い》ふものではない。メークアップ一つで、ヴァンプにもなれるし百姓《しやう》娘《むすめ》にもなれる。

ところで、さて彼女《かのぢよ》の姿《し》態《たい》である。これが曲者《くせもの》なのだ。彼女《かのぢよ》の身體《からだ》のしない、こなし方《かた》、自然《しぜん》に備《そな》はつた姿《し》態《たい》そのものゝ中《なか》に、お孃《ぢやう》さんらしさといふ要素《えうそ》がひそんでゐるのだ。そして彼女《かのぢよ》が媚態《びたい》をつくらうが、愼《つゝ》ましやかにしてゐやうが、同《おな》じ事《こと》、萬人《ばんにん》がひとり殘《のこ》らずそこからお孃《ぢやう》さんといふものを感受《かんじゆ》するのである。

「容貌」「姿態」などの項目とともに写真が掲載された「スタア検討――轟夕起子」（『スタイル』1939・11）。

ル』は以前から、ハリウッド女優だけでなく日本の映画女優も、グラビアなどに登用してきた。ただし映画女優を手放しで褒めるわけではない。入江の写真を見ながら、「お化粧」を担当した壬生瑛子の批評を確かめておこう。「三宅くに子さんの顔に引きつけられて、入江さんの顔は美しいなあと、感心させられるばかりで引きつけられないのは、そこに化粧の欠陥があるのではないか知ら」と、壬生は遠慮なく記す。顔も化粧も「出来過ぎ」ていて味気ないので、そのバランスを破ったらどうかと壬生は提案した。

二回目になる「スタア検討――〝桑野通子の巻〟」(『スタイル』一九三九年一〇月)の場合も、「容貌」「姿態」「趣味」「お化粧」の四節構成は同じだが、それぞれにサブタイトルが付いている。宇野千代が担当した「容貌」には「柔和な近代美」と、牛山隆介の「姿態」には「癖のない柔軟さ」と、芹葉輝夫の「趣味」には「真面目で温和」と、伊藤佳子の「お化粧」には「全体主義的な調和」と付けられた。これ以降の「スタア検討」は、この形式を踏襲していく。宇野は桑野のファンと公言していた。「「ウノさんは桑野通子お好きですね」人からさうはつきりと云はれるくらゐ、私の桑野好きは古いのです」と、宇野は桑野評を始めている。桑野の「お顔も性質も洋服の好みも」、宇野の賞賛の的だった。

三回目も四節構成で、サブタイトルが付けられている。「スタア検討――轟夕起子」(『スタイル』一九三九年一一月)の写真(二〇八頁)を見ながら、コメントを確認しよう。「容貌――お化粧にもう一工夫を」に壬生瑛子は、「美しい目であり乍ら、何となく、深さがないのは、やゝ出目に見えるためであらうか。そしてあの鼻は、私などには、致命的な丸さのやうな気がする」と遠慮なく記した。サブタイトルの「一工夫」は、化粧で目や鼻の「おぎなひ」をつけてはどうかという提案である。山本鈴子は「お化粧――美しさを生かしきれない」で、「鈴をはつたやうな眼と、愛らしい口許が、彼女の一番の魅力ではなからうか」と賞賛する。

全体的に「柔かい雰囲気」なので、「大きな鼻の存在」も目立たないと、欠点として捉えていない。批判的に見えるサブタイトルは、どの映画でも同じように見えるから。轟ファンの山本は、役柄にもう少し変化があることを望んでいた。

〝私のお化粧法〟——三岸節子・原節子・李香蘭

第二次世界大戦が始まって、ハリウッド女優を誌面で活用できなくなったときに誕生したのは、「スタア検討」だけではない。『スタイル』一九四〇年二月号に掲載された「早春のお化粧法」は、次の三月号から「〝私のお化粧法〟」という連載になった。「スタア検討」が日本の映画女優の「容貌」「姿態」「趣味」「お化粧」の批評だったのに対して、「〝私のお化粧法〟」は著名人が自分の化粧について語るコーナーである。一九三七年に何回か、「私のお化粧」というコーナーが『スタイル』に登場しているので、正確にはリバイバルと言うべきかもしれない。それは失われたハリウッド女優の記事に代わる「スタア検討」の、補助線的な役割を担って再登場したのである。

最初の試みとなる「〝早春のお化粧法〟」には、『スタイル』の編集に携わる宇野千代と阿部艶子が執筆した。原稿の内容と関係ない、二人のハリウッド女優の顔写真のレイアウトは、ハリウッド女優の記事の穴埋めであることを意識させる。「寒い時でも冷水で」に宇野は、自分の化粧法をこう紹介した。夏でも冬でも、顔は冷水で洗う。水には硼砂末（ホウ砂）を少し入れて、日本製の石鹸を使うが、冷たい水だから冬でも荒れることはない。化粧下は日本製のコールドクリームを薄くのばしてマッサージをする。眉は棒の眉墨で描

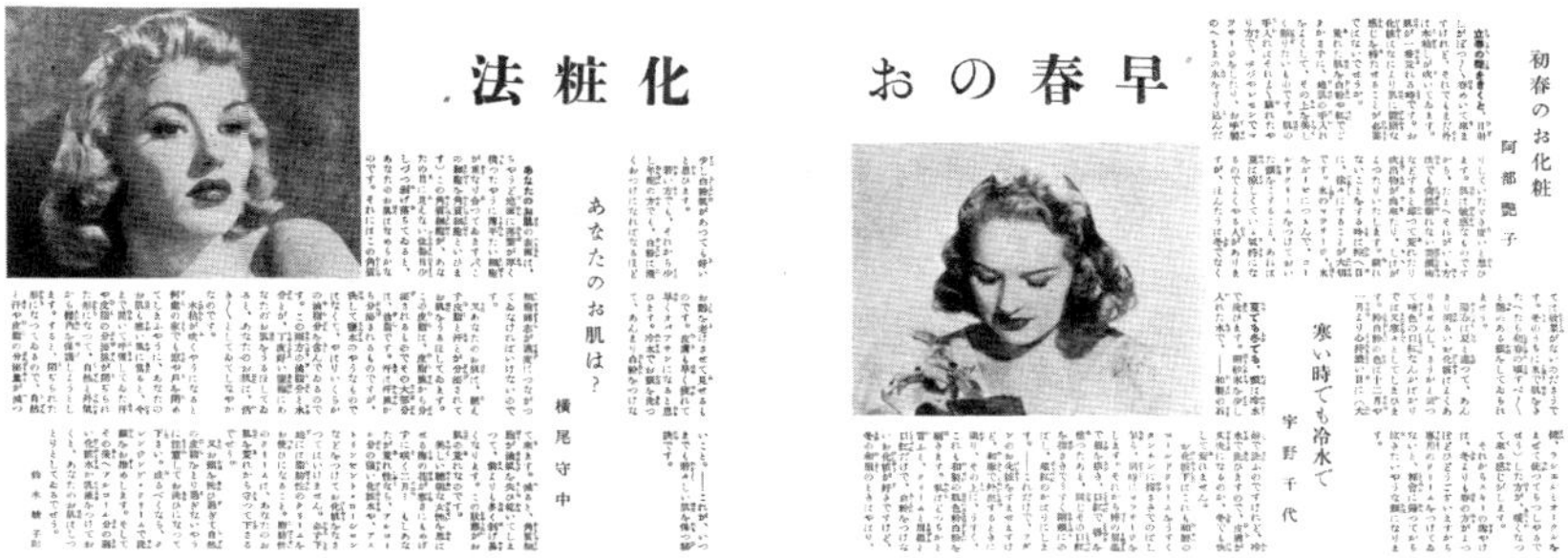

早春のお化粧法

初春のお化粧　阿部艶子

寒い時でも冷水で　宇野千代

あなたのお肌は？　横尾守中

「早春のお化粧法」にはハリウッド女優の顔写真がレイアウトされている（『スタイル』1940・2）。

く。唇に塗った口紅を、指先で両頬にうすくのばして、頬紅の代わりにしている。ここまでが普段の化粧で、和服で外出するときには、その上に日本製の肌色粉白粉を刷く。――化粧法を紹介した後で宇野は、白粉は濃いほど老けて見えることや、洗顔の後に白粉をつけないことが秘訣と、読者にアドバイスをしている。

阿部艶子「初春のお化粧」は、自分の化粧法の紹介ではなく、この季節の化粧の注意点に触れた文章である。外はまだ木枯らしが吹いているから、化粧は肌に健康な感じを持たせることが必要になる。柚子やレモンでマッサージする方法や、ヘチマの水を擦り込む方法があるが、慣れたやり方だと安心できる。氷のマッサージを阿部は推奨している。コールドクリームをつけた顔を、ガーゼに包んだ氷でこする方法である。粉白粉の色は、一二月や一月よりも少し濃い目にしておくと、暖かくなってくる感じがする。一九四〇年三月号から六月号の「〝私のお化粧法〟」というタイトルの下には、「この頁は鏡の前でこつそりお読み下さい！」と記されている。「鏡の前で」というのは、読者の化粧の参考になればという気持ちの反映だろう。執筆者は映画女優・歌手・芸者・小説家・翻訳家・洋画家など多彩である。洋画家では仲田菊代と藤川栄子が三月号に登場した。「本当の素顔の美しさは洗練されたお化粧の極みを云ふのではないかしら」と語ったの

（上）三岸節子の写真（「“私のお化粧法”」1940・6）。
（中）原節子の写真（「“私のお化粧法”」1940・5）。
（下）李香蘭の写真（「“私のお化粧法”」1940・6）。

は仲田である。藤川は自分の化粧の仕方を詳しく説明した。化粧前に卵の白身を塗り、ぬるま湯で洗い落とす。椿油を肌に塗って、ガーゼで油を拭き取ってから、化粧水をたたくと。写真の三岸節子（六月号）は、顔をキャンバスに見立てたような回答を寄せた。「いつも同じ顔を鏡の中に見るのが大嫌ひ、その日の愛情で黄色になつたり、青くなつたり、汚くなつたり、美しく、我ながら見違へるやうになつたり、種々様々です」と。

映画女優や歌手の数はさすがに多い。四月号に寄稿したのは、木暮実千代と山田五十鈴である。木暮は吸入器に硼酸を入れて、顔中で吸入していた。とても気持ちがいいらしい。山田が愛用するヴァニシングは「オバホルモンの注射液一万単位のを一瓶バニシングによく混合したもの」で、「非常によき効果があります」と読者に紹介している。二一二頁の写真の原節子と李香蘭は、五月号と六月号に回答を寄せた。原はヘチマコロンをつけてから、コールドクリームを薄く塗り、粉白粉をはたいている。眉墨・頬紅・口紅は、「自然に、生のまゝの顔を生かす」ように、ごく薄く使用していた。李は起床後に、クレンジングで顔を拭き、ニビアのクリームを下地に、ウビガンの粉をはたく。口紅はまずタンジーを擦り込み、その上からミッチェルを塗った。就寝前はクレンジングクリームで化粧を落とし、イチゴ・コールドクリームをつけている。

素っ気ないのは小説家や翻訳家。四月号では窪川稲子と豊田正子が原稿を依頼された。窪川の回答は、「私は、顔色も、唇の色も悪いので白粉をつけないときでも、紅気を、絶やすわけにゆかないのです。そのくせ始終、蒼黒い顔のまゝでゐたりしますが、さういふ次第で特に御披露する「私のお化粧法」といふものもありません」という内容。豊田は一言、「化粧は一切いたしません」。六月号では中里恒子と村岡花子が依頼を受けている。中里は「お化粧法といふほどの事も、自己流にて、でたらめです。お化粧しすぎることは嫌ひです」という回答だから、読者の参考にはまったくならなかった。村岡も「けふの日まで、特別に「私のお化粧法」といふきまつた型をつくり出して居りません」と、同じような回答である。「顔ばかり洗つてゐます」では、化粧からはほど遠かった。

芸能人を身近に——漫才師ミスワカナ、浅草松竹座のハットボンボンズ

一九三九年一一月号の「編輯後記」に宇野千代が記した、「読者の方々に楽しみになるやう」と、「非常時の国策にも添ひますやうに」という二つの方針は、一二月号の「編輯後記」でも「本誌のモットーであつた『明るく愉しく』を一層国策に順応するやう」と繰り返されている。ただ物資が不足して、娯楽が制限される「非常時」に、どのように「楽しみ」や「明るく愉しく」を、誌面で確保できるのかに、難しい問題だったに違いない。日本の映画女優だけでなく、人気のある芸能人や歌手と、読者との間の距離を縮めるような企画が、編集サイドに要請されていた。

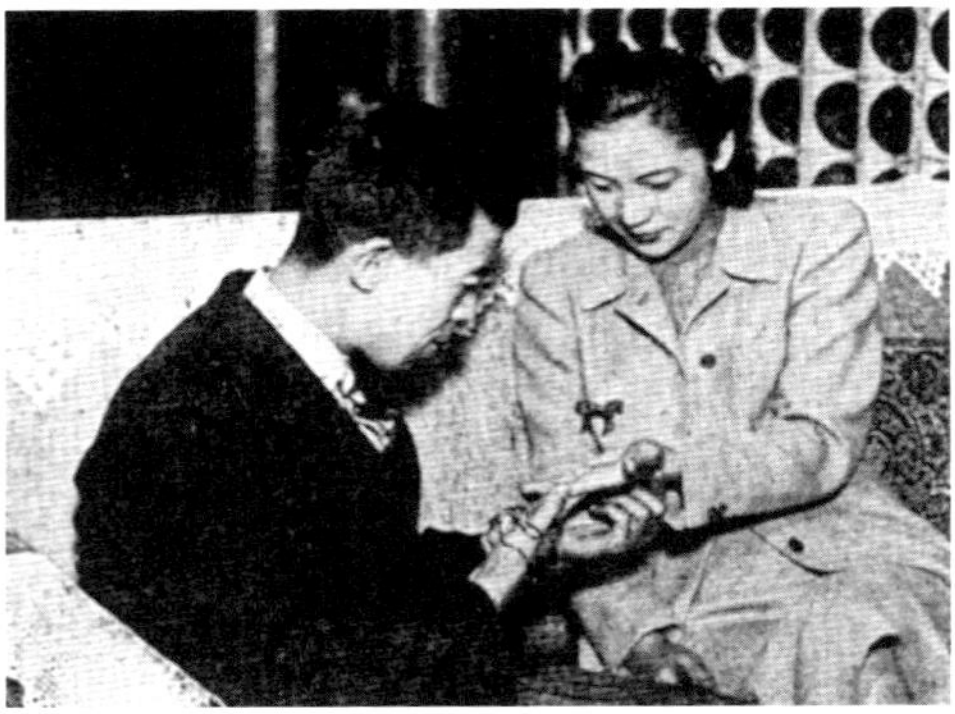

牛込の自宅のサロンで腰かける水の江瀧子（蘆原英了「西洋仕込の女らしさ――訪問記ターキー水の江瀧子さん」、『スタイル』1940・5）。

松竹少女歌劇の「男装の麗人」として人気を博した水の江瀧子の、近況を知りたい読者は多かっただろう。一九三九年五月から一〇ヵ月余り、水の江はニューヨークを中心に海外生活を送り、四〇年三月に帰国している。蘆原英了「西洋仕込の女らしさ――訪問記ターキー水の江瀧子さん」（『スタイル』一九四〇年五月）は、帰国直後の水の江の動向を伝える企画である。サンフランシスコで作ったスーツ姿で現れた水の江は、渡米前には松竹少女歌劇という背景を背負っていたが、渡米して初めて背景のない自分になったと語っている。ニューヨークではミュージックホールに通い、踊りやタップを習い、ロシアン・バレエや映画を観た。今後も男装するのかと質問された水の江は、「さうとばかりはきまらないわ」と答えている。相手の顔を見て会話をする水の江の振る舞いは「西洋仕込み」で、「何時《いつ》の間にか社交界の淑女になつてゐる」と蘆原は実感した。

松竹といえば、新興キネマ演芸部で人気を博していたのは、漫才師のミスワカナ・玉松一郎である。蘆原英了「ミス・ワカナ訪問記」（『スタイル』一九四〇年四月）は、二人の取り合わせが興味深い。蘆原はフランスに留学して、バレエやシャンソンを学んだ舞踊・音楽評論家である。そんな蘆原が期待していたのは、ミスワカナと玉松の掛合漫才だった。二人が出演する舞台に、蘆原は必ず足を運んでいる。特に漫談中にがらりと調子を変える、「チエンヂ・オヴ・ベイスの巧さ」に舌を巻いていた。二一五頁上の写真は、松竹座の楽屋のミスワカナと、インタビュアーの蘆原。東京と関西の客層の違いを尋ねると、浅草は大阪に、丸の内は京都に似ているという答えが返ってきた。浅草の客はよく笑ってくれてやりやすい。ただし「声色でも本物をよく知つてゐる」点が、難しいと感じていた。

同じ頃に浅草の松竹座で、新興キネマ演芸部の第二回公演を観たのは、夏村扇吉と小野佐世男の二人である。「6対2〝ハツトボンボンズ訪問〟」(『スタイル』一九四〇年四月)によると、ミスワカナ、ミスワカバ、ハツトボンボンズ、あひる艦隊、タップの中川三郎らが入り乱れて、大熱演を繰り広げていた。松竹座は一階も二階も、立錐の余地がない大入りである。掛合漫才のミスワカナと玉松一郎は、変幻自在な芸達者で、言

(上)ミスワカナ(右)と蘆原英了(左)(蘆原英了「ミス・ワカナ訪問記」、『スタイル』1940・4)。
(下)小野佐廿男が描いた「HOT BONBONCE」(夏村扇吉・小野佐世男「6対2 “ハツトボンボンズ訪問”」、『スタイル』1940・4)。

葉だけではなく、調子を変え、テンポも変える。二一五頁の図版下は、小野が描いた「HOT BONBONCE」。ハットボンボンズの六人は、以前は豊島園の少年音楽隊のメンバーで、横浜のフロリダにも出演していた。その経験を活かして、ジャズとギャグが入り乱れる、テンポの速い「音楽漫画」の舞台を作っている。楽屋で話を聞くと、グループ名は「鳩ポッポ」のもじりで、「ハット」は「ハット・ジャズ」に、「ボンボンズ」は「坊《ぼ》ん坊《ぼ》ん」に通じるという。

戦争下の暗い世相のなかで、新興キネマと同じように人気を博したのは、一九三八年~三九年に公開された松竹の、野村浩将監督映画「愛染かつら」である。驚異的なヒットになった主題歌「旅の夜風」は、ミ

(上)「ミス・コロムビア漫画訪問記——洋装は軽くて変ネ」(『スタイル』1939・11)に、横山隆一が描いたカット。台所に立つミス・コロムビアの後ろのラジオから、「まてばくる〜あいぜんかつら」という歌詞が流れている。
(下)和服姿の淡谷のり子(館真「淡谷のり子さんのお住居拝見」、『スタイル』1939・11)。

ス・コロムビア（松原操）と霧島昇が歌っていた。「ミス・コロムビア漫画訪問記——洋装は軽くて変ネ」（『スタイル』一九三九年一一月）で、インタビュアーを務めたのは漫画家の横山隆一である。年末にミス・コロムビアと霧島が結婚するという噂は、横山も耳にしていた。何か特ダネを聞き出そうと思いつつ、口をついて出るのは、「レコードは何枚位吹き込みました」とか、「如何なる色が好きなりや」という平凡な質問ばかり。だからサブタイトルには、「洋装しないんですか？」という問いへの答えしか使えなかった。「凡打の質問」の連続で、「霧島」の一語が口から出てこない。帰り際にコロムビア・レコードの宣伝部員でもある、ユーモア作家の玉川一郎から、「何を聞きに来たの」と言われる始末だった。

一九三七年と三八年に、「別れのブルース」と「雨のブルース」が大ヒットしたのは、歌手の淡谷のり子である。館真「淡谷のり子さんのお住居拝見」（『スタイル』一九三九年一一月）に掲載された写真（二一六頁）は、洗足にある淡谷の自宅。玄関を入るとすぐ左の洋室に、グランドピアノが置いてあった。花模様のステンドグラスの窓があり、淡谷のポートレートの油絵が壁に掛かっている。この写真だけを見ると、シャンソン歌手に相応しい生活空間のような気がするが、実は淡谷は洋室が好きでなかった。寝起きするのは和風の庭園に面した、三面鏡がある一階の畳の部屋である。この日も和服姿で、記念撮影は三味線がある畳の部屋で、床の間の掛け軸を背景にパチリ。

読者の人生と重なる「小型自叙伝」——二葉あき子・三益愛子・山田五十鈴

一九四〇年一月号の『スタイル』で、「二頁自叙伝」が新設された。一回目は宇野千代が担当して「〃初任

初任給は十三圓！

お好みにより•新設•二頁自敍傳

こんな時もあつた！

宇野千代

宇野千代「“初任給は十三円！”」には市電に乗れずに徒歩で通勤する宇野のイラストも掲載された（『スタイル』1940・1）。

卒業式で抱き合う淡谷のり子と友人（淡谷のり子「“モデル女の頃”——小型自叙伝」、『スタイル』1940・2）。

給は十三円！”」を発表している。初めて東京に出てきた二一歳の頃の生活を、宇野はこう回想した。新聞広告を見て実業之世界社に、月給一三円の事務員として入社する。昼に鰻丼を食べていたら、市電の切符を買えなくなり、月の終わりの一週間は、本郷から日比谷まで歩いて通勤した。「女の給仕さん」から市電の切符を借りるが返せず、会社を辞めることになる。次に新聞広告で見つけたのは、茶の湯生け花講義録を作成する人の下での、筆耕の仕事である。月給は一〇円と少ないが、昼と夜の賄い付きで、市電代も不要だった。ただお婆さんのメニューは毎回、「お揚げに切干」の煮物。着物を買えず、秋に単衣物を二枚、重ね着をしていたら、隣室の若い看護婦さんが、縞の袷を貸してくれた。

翌月からこのシリーズは、「小型自叙伝」という名称に変更される。宇野千代の回想もそうだが、読者が自分の人生を重ね合わせたくなる体験が、そこには含まれていた。淡谷のり子「〝モデル女の頃〟——小型自叙伝」（『スタイル』一九四〇年二月）によると、淡谷が母や妹と上京したのは、父が青森の呉服店を「駄目に」したからである。音楽学校に入学したのはいいが、学資を得るために、ようやく見つけたモデルの仕事をしなければならない。美術家たちの前で裸になるとは言えず、母に隠して仕事を続けていた。音楽学校はトップで卒業したが、貧しいので晴れ着を買えない。ところが卒業式の前夜に、立派な羽織が突然届いた。もっと勉強してもらいたいと、淡谷と一緒に遊んでいたがそれをやめた友人が、お祝いとして送ってくれたのである。

現在は華々しく活躍して、グランドピアノがある立派な家に住んでいても、かつては貧困に直面していた。そのような自叙伝の物語は、手が届かない存在に見える歌手と、読者の距離を、ぐっと縮めたに違いない。二葉あき子「〝ハイカラ先生〟時代——小型自叙伝」（『スタイル』一九四〇年三月）には、洋装・断髪の物語が含まれている。上野の音楽学校を卒業した二葉は、故郷の広島で高等女学校の音楽教師になった。ところが校長は、東京から赴任してきた洋服姿で短い髪の二葉を、「西洋かぶれ」で「怪しからん」と思っている。教職を一年で辞めた二葉は、コロムビアの歌手になった。

「不良少女になる修業」中の二葉あき子（二葉あき子「“ハイカラ先生”時代——小型自叙伝」、『スタイル』1940・3）。

ただステージに上がると、のぼせて赤くなってしまう。度胸をつけようと、二葉は「不良少女になる修業」を試みたが、これは失敗に終わった。

三益愛子が「〝見事振られた女優志願〟――小型自叙伝」（『スタイル』一九四〇年四月）に書いたのは、納得できない挫折の物語。舞台に立ちたかった三益は、国民座に出演していた水谷八重子に、女優志願の希望を綿々と綴った手紙を送った。そして勇敢にも、国民座の楽屋に押し掛ける。追い返されることは覚悟していた。ところが出演時間が迫ると、ゆっくり話をできないので、芝居を観ながら待っていてくださいと、水谷の「お姉さんらしい人」が客席に案内してくれる。舞台がはねてから楽屋で、水谷に女優志願の話をした。すると来月は新橋演舞場に出演するので、水谷八重子一座に来てもらいましょう、日時は改めて通知しますと言われる。うれしかったが、幸運はそこまで。待てど暮らせど、肝心の連絡が来ないので、入座を断念するしかなかった。ただ三益の一番お気に入りの写真を、手紙には同封している。それがどうなったのか、いつか水谷に会ったら聞いてみたいという。

山田五十鈴は一四歳で映画界に入り、順調にスターへの階段を上がってきたように見える。そんな山田が「懐しい〝清元師匠時代〟――小型自叙伝」（『スタイル』一九四〇年五月）で告白したのは、日活の有名な「大幹部」の意地悪。山田は大部屋の体験がなかった。日活に入社してすぐに、「大幹部」と同室で鏡台を並べることになる。ところが「大幹部」は「馬鹿にしてる！」とばかりに、自分の鏡台を片付け、「意地の悪い足音」を立てて部屋を飛び出してしまう。そして大部屋の真ん中に、自分の鏡台を据えたのである。そのときほど「悲しくつらい思い」をしたことはないと、山田は綴っている。

玉松ワカナは漫才師なので、笑いを取ろうとする習慣が身についている。「〝幼時から水難つづき〟――小型自叙伝」（『スタイル』一九四〇年七月）の最初の小見出しは、「何故、私は水商売をするやうになつた?」。最初は二歳の話。お百姓さんが田んぼの池を通りかかると、赤ん坊の手首が出ていた。狼狽して手首を引っ張ると、玉松が出てくる。次は四歳の話。田舎では大きい穴を掘り、その上に細い板を二本渡して、トイレにしていた。ところが玉松が穴に落ちてしまう。助けた人たちは、玉松を先頭に大川まで「大行進」をして、川の水で洗ってくれた。その後も川によく落ちるので、八卦師に見てもらうと、水難の相が出ているという。それで諦めて「水商売をする」ことにしたという。

ところで『スタイル』のこの号では、ミスワカナの名前が玉松ワカナに変わっている。これはなぜなのか。一九四〇年三月二九日の『東京朝日新聞』に、「奇を衒ふ芸名に〝粛名〟申渡し――先づ槍玉に映画俳優」という記事が出ている。「風紀上面白からぬ芸名を使用してゐる者」や「外国人に紛はしいもの」を、内務省は改名させることにした。対象者はディック・ミネや藤原釜足など一六人。そのなかにミスワカナやミス・コロムビアも含まれていたのである。

美容院の広告で「パーマネント」という言葉を自粛

小幡恵津子は『スタイル』一九三九年九月号に発表した「新日本の感覚――パーマネントを生かしたお嬢さま向きの髪型」を、「またパーマネントが問題になつて、精動では閣議にまでかけると意気込んでゐられるとか」と書き始めている。パーマネントウェーブ廃止の議論が、「浮華なる」という字句を導入することで決着した、七月頃に執筆したのだろう。それを受けて小幡は、「モヂヤ〳〵の頭」がいけないので、「綺麗に小さつぱりとセットした頭」は大丈夫と述べている。だから「便利で重宝なパーマネントを近代女性の美のために失くしてしまひたくないならば、どうか世の聡明な女性方はすべからく頭髪を常に常に小綺麗にセツトなさつて下さい」と、小幡は読者に呼び掛けた。ただ同時に小幡は、「無闇と外国女優のそれを真似た風俗は廃して頂きたい」とも記している。この言説は、『スタイル』のそれまでの誌面構成の否定になっている。実際には第二次世界大戦の開戦に伴って、『ヴォーグ』などのモード誌が届かなくなるので、ハリウッド女優を手本にすることは不可能になっていた。

一九三九年六月号から九月号まで、『スタイル』に掲載された美容院の広告で、「パーマネント」という言葉がどのくらい使われたのか確認しておこう。六月号は二一件で、七月号は一九件だから、ほとんど変化はないように見える。ただ小幡恵津子が勤める資生堂美容室は、七月号以降は「パーマネント」という言葉を外した。八月号（七月一五日印刷納本、八月一日発行）も同じ一九件。ところが九月号（八月一五日印刷納本、九月一日発行）になると一一件と大きく落ち込んでいる。国民精神総動員委員会総会が、「全国民の公私生活を刷新して戦時体制化する基本方策」を決定したと、『東京朝日新聞』が「本極りの生活刷新案」で報じたのは三九年七月五日。印刷納本日から判断すると、八月号の広告原稿を入れる時点では、美容院はまだ様子見をしていた。総会が決めた修正案は、「浮華なのは不可ないが堅牢で衛生的経済的なもの」は許可するという方針である。しかし美容院側が広告での使用を自粛して、九月号で減少したと考えられる。

一九三九年一〇月号（九月一五日印刷納本、一〇月一日発行）では「パーマネント」という言葉が入った美容院の広告は八件で、九月号の一一件から三件少なくなるが、大きな変化ではない。しかし一一月号は四件となり、前月号から半減した。九月一日に第二次世界大戦が勃発するが、美容院が一〇月号の広告原稿を入れたときは、まだそのニュースが届いていなかった可能性が高い。一一月号で「パーマネント」入りの広告を出したのは、渋谷のグランド・ナルセ、銀座のアーデン姉妹美容院、銀座・関西の四店舗・九州の六店舗を経営する丸善美容院、鎌倉の早見美容院だけだった。これ以降、三九年一二月号は四件、四〇年一月号は八件、二月号は六件、三月号は六件、四月号は五件、五月号は四件、六月号は四件と、同じような数字で推移する。この間に一貫して、「パーマネント」の言葉を入れ続けたのは、丸善美容院と早見美容院の二つだけだった。

国民精神総動員委員会総会がパーマネントについて、「浮華なのは不可ないが堅牢で衛生的なもの」は許可する方針を決めた段階で、編集長の宇野千代に、「パーマネント」という言葉を自粛する気持ちがあったわけではない。『スタイル』一九三九年一〇月号に宇野は、「お嬢さまはリボンがお好き」を発表している。「この頃若いお嬢さんの間に、お髪にリボンをつけることがはやつてゐるやうです。パーマネントの短いお髪の額に可愛いいリボン」と、宇野は文章を始めた。モデルの一人は、森田たまの娘の麗子である。写真の髪型について、「まだ毛さきにパーマネントのあとの残つてゐる短い断髪を、そのまま上にとかして、お頭《つむ》のてつぺんで一束に結び、毛さきをふはつと前後にひろげてあるだけ」と、宇野は「パーマネント」という言葉を使って説明している。

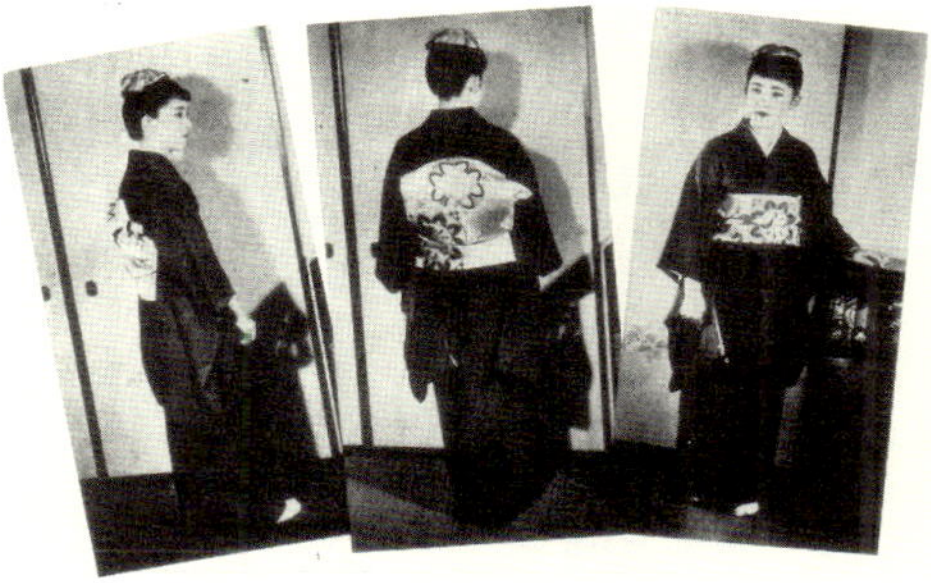

森田たまの娘の麗子（宇野千代「お嬢さまはリボンがお好き」、『スタイル』1939・10）。

国民精神総動員委員会総会の方針は、第二次世界大戦開戦直後に書かれた筒井敏雄「愛情戦線異常あり」（『スタイル』一九三九年一一月）にも反映している。パーマネントをした美恵が近所の子供から「国賊々々」と囃し立てられたとき、「君の頭は雀の巣みたいぢやないからいいんだよ。無暗にケバ〳〵しくないものならいいつて誰かがラヂオの講演でいつてたよ」と夫は慰めてくれる。これは「不可侵条約コント」というコーナーの一篇である。開戦直前の一九三九年八月二三日に調印された独ソ不可侵条約を受けて、このコーナーの名前は付けられた。コントの最後は、美恵が夫の洋服の背中に「ハート型の口紅《ルージュ》の痕」を見つける場面で結ばれる。「その後に出るものは、独ソ不可侵条約の結ばれたあとのヨーロッパを、そのまま引きちぢめたやうな光景であつた。空襲警報が鳴りひびいたり、砲弾が飛んだり、ゲリ

美容院テルミーハウスの広告（『スタイル』1940・2）。

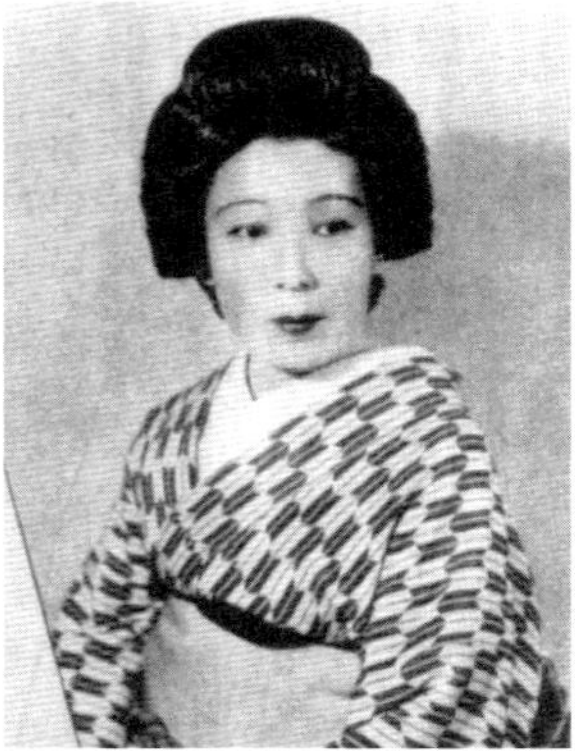
宇野千代「パーマネントで日本髪」（『スタイル』1940・4）でモデルになった宇野。

ラ戦術があつたり……」と。

美容院は広告で「パーマネント」という言葉を自粛するだけではなく、さまざまな工夫を凝らしている。美容院テルミーハウスの広告（『スタイル』一九四〇年二月）を見ておこう。「テルミーハウスのスケールと設備はパリ・ニューヨークの世界第一流美容院と同様でございます」と、「パーマネント」という言葉こそ使用していないが、その機械を設置していると示唆した広告である。同時に北京に店舗があることも強調して、「興亜の美容術創作に勉めて居ります」と国策協力の姿勢も明示した。第二次世界大戦勃発後も、編集長の宇野千代は「パーマネント」という言葉を自粛していない。写真（二二四頁下）は「パーマネントで日本髪」（『スタイル』一九四〇年四月）の一点である。「短いパーマネントの断髪でもこんな日本髪が出来ます」と宇野は記した。モデルは宇野自身が務めている。

広告が語る一九四〇年前後の日本

広告で「パーマネント」という言葉を自粛して使わなかった美容院は、どのような言葉をキャッチフレーズにしたのだろうか。まだ国民精神総動員委員会総会の決定に接する前の一九三九年八月号では、「時局下に相応しい」（紀の国や美容院）や、「銃後」（グランド美容室）や、「戦時女性の」（レート美容院）といった語句を、「髪」にリンクさせるような広告だった。しかし第二次世界大戦勃発後になると、複数の工夫のパターンが登場してくる。三九年一一月号には「美容一般」（グランド美容室）や、「素肌」「眉毛」「睫毛」（黎明美容院・丸の内美容院）のように、「髪」以外のものを前景化させる広告が出てきた。四〇年三月号の「米独機使

グランド美容室の広告に躍る「美容一般」の文句（『スタイル』1939・11）。

用！」（ボン美容室・阪田美粧院）や「最新設備」（ソルタ美容ハウス）の場合は、パーマネント機の使用を間接的に語る言い方である。

一九三九年一〇月から四〇年七月までの、『スタイル』の広告全体を対象にすると、「国策」や「時局」や「戦時」という言葉を織り込んだ広告が目につく。たとえばカツラを扱う日本橋の田島宇太郎商店の広告（一九三九年一一月）。パーマネント批判は、カツラ屋の立場では追い風に見えたかもしれない。新派の女形役者の河合武雄や花柳章太郎、映画監督で俳優の井上正夫を専属に据えて、「時局下に相応しい婦人美の精華を発揮致しませう」と広告は呼び掛けている。この時期に一頁大の広告をよく出していたのは、靴下のほつれ止めに使う、銀座の昭和商会のノーリップス。この溶解液にストッキングを浸すと、繊維の織りを固めてくれるという商品である。新発売と書かれた三九年一二月の広告には、「洋装御婦人の消費節約を目指す経済的国策商品」と記されている。

一九三七年九月の輸出入品等臨時措置法公布による「輸入困難」「輸入杜絶」も、消費の欲望を掻き立てる目的で、広告に使用された。前者の例の一つが、三九年一一月号に掲載された岡本信太郎商店のポンジー粉白粉。「白粉の代名詞のやうに御愛称いただいたコテイーも、いよいよ輸入困難となりました。岡本商店では、多年の御愛顧に報いたくコテイーに優るとも劣らぬポンジー粉白粉を研究完成」と謳っている。岡本商店はそれまで、コティの代理店だった。後者の一例は三九年一〇月号に出ている朝日堂発売の、「皮膚栄養若返りクリーム」のマイスキン。「外国品輸入杜絶も何んのその」と意気軒昂である。輸入が途絶すると、在日外国人の女性も日本の国産品を使うことになる。四〇年一月号に載った山縣石鹼のパーマン活性硼酸石鹼の広告は、「欧乱下、異郷の空に故国を案ずる在留外国婦人の間で最近とみにパーマンの愛用熱が旺んとなつて参りました」と語っている。広告に使用された女性の写真は、ヨーロッパ・イメージを喚起した。

輸入禁止で舶来品を入手できなくなったが、「舶来品を凌駕」というキャッチコピーはよく出てくる。三九年一一月の「カガシロ紅8色」の広告は、「フランスやアメリカ物等おかしくて今更使へないと言ふお客

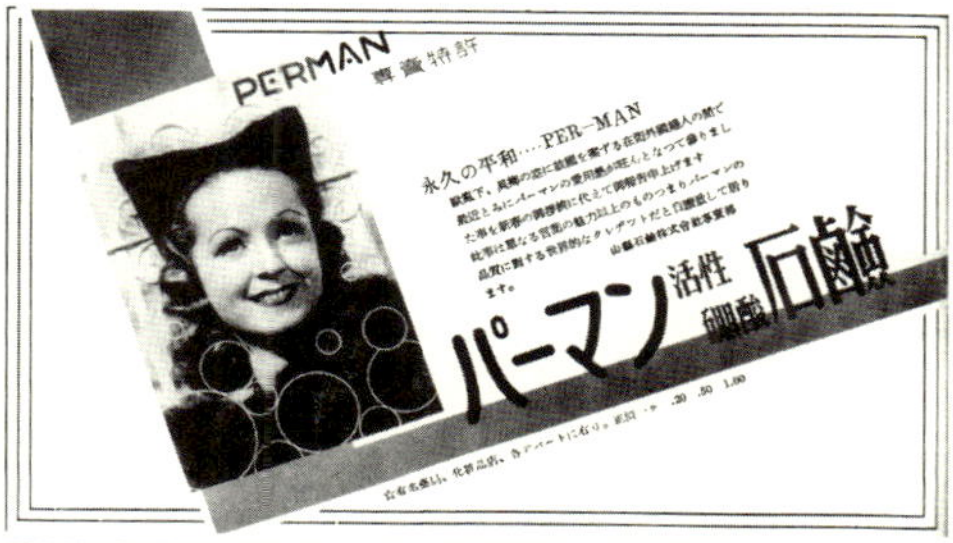

（上）パーマン活性硼酸石鹼の広告（『スタイル』1940・1）の広告には、欧米人女性の顔写真が使われている。
（下）パピリオの広告（『スタイル』1940・2）には、「パピリオクレームをもつた、フランス人」という写真の説明がある。

レディス洋裁学院・レディス四谷分学院の広告(『スタイル』1939・12)。

様の批評です」となかなか強気のコピー。四〇年二月のパピリオの広告は印象的である。「パリ女を驚かしたパピリオ」というキャッチコピーと共に、商品を手にした五人のフランス人女性を起用した。資生堂のドルックス化粧品の広告は、九ヵ月間で過激になる。三九年一一月号の広告では、「舶来化粧品に代る国産最高の化粧品」と、国内一を謳っていた。それが四〇年七月の広告になると、「舶来品を完全に制圧して、品質に、匂ひに、意匠に、〝国産もこゝまで来た〟と絶賛を博して居ます」と、世界一の化粧品という自信を滲ませている。

ス・フが脚光を浴びた時代なので、ス・フ以外の商品の広告に、この言葉が使われることもある。伊藤万商店が発売した中性粉末剤の雛菊カスデンは、三九年一一月号の広告を見ると「スフ・絹・人絹・毛織物用」になっている。「スフをふだん着とし、毛類を少しでも長く持たさねばならない時。もまずに落ちる雛菊カスデンで衣類を保護することが最も大切です」というのが広告文。銀座のミラテスは四〇年四月号に、「広巾銘仙と和服お召」の広告を出した。「スフ、スフ、オールスフ時代——このスフも代用品時代の王者ではありますがミラテスには、スフの入つてゐない、しかも、国策的な裂地が豊富にあります」と、ス・フの未混入を売りにしている。

レディス洋裁学院・レディス四谷分学院の広告には、日中戦争の暗い影が落ちていた。三九年一一月号の

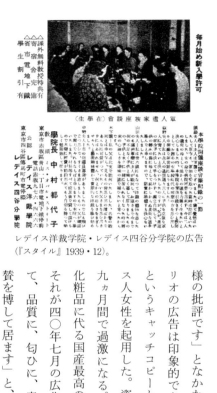

広告は、「急告出征将士の遺家族に」と、戦争で夫や父、兄弟や子供を失った女性を対象にしている。「果然！独逸再戦！　背後に婦人の強力奮起あり今や何を措いても銃後婦人の職業的準備教育は万一の場合に不動の礎石となり病者の医薬に等し」というのが、呼びかけの内容である。「寄宿完備」と書かれているから、地方の女性の上京も可能だった。物資不足も心配だが、「懸念される材料確実に貸与す」と保証している。写真（二二八頁）は一二月号の広告。「軍人遺家族座談会（在学生）」の写真が使われている。四〇年二月号の広告によれば、この洋裁学院には簡易裁断科と欧米手芸科と簡易製帽科があり、物資統制強化で欠乏しているミシンを、廉価で提供していた。

文化諸領域のモード⑤——家具・建築と山口蚊象

1930 年代初頭にベルリンのヴァルター・グロピウスの下で働き、モダニズム建築家として有名になる山口蚊象（後の文象）が、家具・建築の「分担編輯者」である。「“別荘”」（1936 年 8 月）に写真が掲載された浅間山麓にある別荘は、日本にモダニズム建築を多く残したアントニン・レーモンドが設計している。建築のスタイルは、風土と気候が決定すると山口は述べた。「窓」（1936 年 9 月）では、グロピウス設計のバウハウスや、バウハウス 3 代目の校長ミース・ファン・デル・ローエが設計した、鉄とガラスの高層建築の写真を紹介している。

住居や家具という切り口で読者の人気を博したのは、夏村扇吉が 37 年 12 月に始めた「お洒落訪問記」のシリーズである。「天草美登里 お洒落訪問記」（1938 年 6 月）では飯倉片町の白いアパートを訪れて、応接間の椅子に腰かける天草の写真を撮影した。「お住居拝見」のシリーズも人気だっただろう。「山路ふみ子さんのお住居拝見」（1938 年 12 月）には、応接間（洋風）・応接間（和風）・茶の間・化粧部屋・風呂・寝室など 8 点の写真が収載された。マントルピース・ピアノ・電気蓄音機、ソファや椅子などの家具も写真に写っている。

第5章

七・七禁令の衝撃、新生活指導雑誌への変貌

1940年7月〜1941年9月

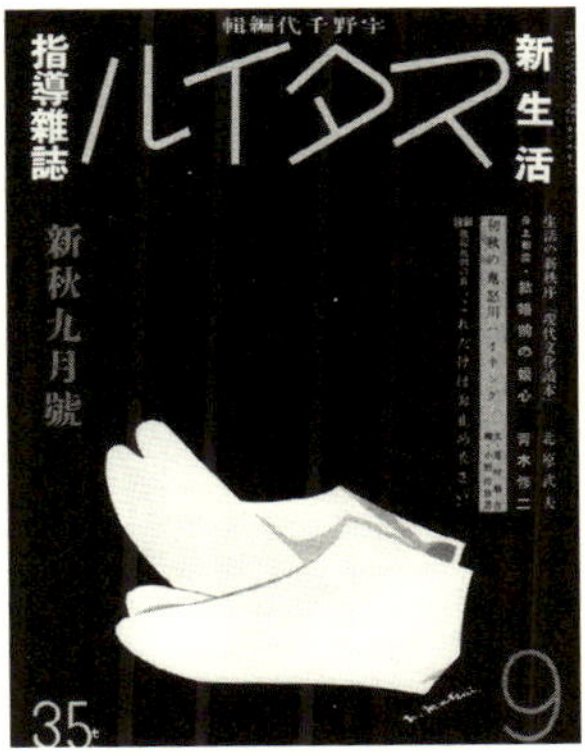

マジノ線突破のニュースを聞いて、崔承喜がボルドーから帰国する

一九四〇年五月一四日にドイツ軍はマジノ線を突破、一七日にブリュッセルを占領し、六月一四日にパリに無血入城した。マジノ線突破のニュースに接して、舞踏家の崔承喜は、パリから日本への帰国を決める。「〝素晴らし・母国日本〟──新帰朝崔承喜訪問記」(『スタイル』一九四一年二月)は、作詞家の藤浦洸が帝国ホテルで、崔にインタビューをした記録である。ホテルのロビーでは各国語が聞こえてきて、「世界地図」のようだったが、アメリカ人以外は、誰もが重い表情をしている。崔の海外生活は三年間に及び、北米・中南米・ヨーロッパで朝鮮舞踊の公演を続けてきた。アメリカはショー文化が定着しているので、ピアノの演奏で踊るだけでは受けなかったが、パリでは成功を収めている。まだドイツやイタリアの公演が残っていて、どうしようかと迷ったが、今度の船を逃したら、数年は帰国できないだろうと言われて、九月一〇日に大西洋岸のボルドーを出発した。

崔承喜の帰国が示唆するように、一九四〇年後半以降の『スタイル』のパリの記事は、基本的に現在進行形ではなく過去の回想が多くなる。「お手製十五銭料理」(『スタイル』一九四一年二月)のコーナーで、阿部金剛が紹介した「スキヤキ・ド・ラトリエ」はそんな一篇。馬肉の挽肉を一一銭ほど買い、一～二銭分のネギを細かく刻む。残りの二～三銭分が調味料になるが、本来は「キユウブ」(ブィヨンキューブ)を一個使用する。しかし「今時一寸手に入れ難い」ので、代用品を用いることになる。阿部は「鰹の『せんじ』」(鰹エキス)を使ったが、入手できなければ鰹節と醬油でもいい。それらを蓋つきの丼に入れて熱湯を注ぎ、蓋をし

（右）グラビア「戦乱の欧州から帰つた崔承喜さん」（『スタイル』1940・12）。
（左）原信子「〝自分に似合ふ形と色を〟」に添えられた写真（『スタイル』1940・8）。

て四〜五分待つ。その間に阿部が回想していたのは、冬の寒い日によくこれを作った、パリのアトリエのことである。

原信子が「洋装のコツ」（『スタイル』一九四〇年八月）を依頼されて書いたのは「〝自分に似合ふ形と色を〟」。一九二〇年代から三〇年代前半に、イタリアを中心にヨーロッパに滞在していたソプラノ歌手の原は、パリで洋服を作る機会が多かった。原は次のように回想している。パトゥは「スマートで若々しい外出着やお茶の時の服装によく切り合せの複雑に見える」服だった。シャネルは「めづらしい布地や縫などをいかして、ひと目見ればあそこのだと分る」ファッションである。原が気に入っていたのはヴィオネ。「斜ぎればかり大袈裟に使つたイブニングやお茶の服」がとても粋だった。それらの店を訪れると、原に似合いそうなモードを、モデルに着せて見せてくれる。仮縫いは鏡の前で、大きめの布地をピンやしつけで

原智恵子「夢のやうな成功」（『スタイル』1940・8）のカット。中央にいる原は「華麗なキモノ」姿で演奏をしている。

縫い合わせ、原に似合うように形を作った。飾りやボタンの相談をして、布地の光り具合まで点検する。そんな体験の積み重ねから、洋服を着こなすには、自分に似合う形と色を早く知ることだと、原はアドバイスした。

原智恵子は「芽の出たチャンス」（『スタイル』一九四〇年八月）を依頼されて、「夢のやうな成功」を執筆した。原が回想したのは、留学したコンセルヴァトワール（パリ国立音楽院）の学内コンクール。卒業試験はなくて、六月のコンクールで一等賞を取ると、卒業するシステムになっていた。普通は三年か四年かけて卒業する。審査員席には世界的に著名なピアニストや音楽評論家が並んでいた。在学二年目の一九三二年のコンクールで、原がシューマンを弾いたとき、イグナツィ・パデレフスキが審査員の一人を務めていた。ポーランドを代表するピアニストで、首相を務めた政治家でもある。パデレフスキの前で弾くことに、「胸一杯の幸福」を味わった原は、一等賞になり首席も獲得する。パデレフスキの近況を、原はこう紹介した。現在はアメリカに亡命中で、「祖国再興の日までキイを手にしないといふ悲壮な誓をたてヽ、ピアノに錠を下してしまつた」と。

初めて横浜からヨーロッパに旅立ったのは一九一四年五月だったと、三浦環は「小型自叙伝――〝世界的歌姫への道〟」（『スタイル』一九四一年二月）に書いている。まずドイツに滞在したが、第一次世界大戦が始まり、他の日本人と一緒にロンドンに避難した。「蝶々夫人」を三浦が初演したのはロンドンのオペラハウスで、一五年五月二〇日のことである。その夜はドイツのツェッペリン飛行船がロンドンに来襲した。ニューヨークに渡った後、北米・中南米・ヨーロッパで公演を重ね、二〇年後の三五年にシチリア島のパレルモで、出演二〇〇〇回のお祝いをしてもらう。それらはすでに追憶の世界となり、現在は「日本の歌姫」として「お国の為につくさねばならない」と、自叙伝を結んでいる。

江口隆哉は一九三一年にドイツに留学して、マリー・ヴィグマン舞踊学校でノイエタンツを学んだ。だから「お手製十五銭料理」（『スタイル』一九四一年二月）で紹介したのは、ドイツ料理のカルトッフェルである。「ポテト・パン――カルトフエル」のレシピは、「メリケン粉を玉子、ミルク（今は二つも《ママ》入手難だからなくてもよい）」で溶き、おろしたジャガイモをかきまぜて、塩・胡椒で味を調え、フライパンで焼く料理。「美味保証」と書いているから、ドイツで堪能したのだろう。ただ現在は卵やミルクだけでなく、バターも手に入りにくい。味の再現は難しかっただろう。

七・七禁令（奢侈品等製造販売制限規則）の衝撃と、再生品・代用品

モード誌の『スタイル』にとって衝撃的なニュースが、一九四〇年七月六日の新聞で発表された。商工・農林両省令として「奢侈《しやし》品等製造販売制限規則」が六日付で公布され、七日から実施されることになる。『東京朝日新聞』は六日の紙面に、「奢侈品の製造販売全面的に禁止を断行――規則公布あすから実施」という記事を掲げて、「製造販売禁止の品目及期日」を詳細に報じた。そこには七月七日から製造禁止になる物品と、一〇月七日以降中古も含めて販売禁止になる物品が並んでいる。ダイヤモンドやルビーなどの宝石類、ネクタイピンなどは一律に禁止となった。オーバーコートやレインコート、婦人服やハンドバッグ、ズボン

反物や指環が消える七・七禁令を描いた横井福次郎の挿絵（宇野千代「奢侈品がなければ女は美しくなれないか」、『スタイル』1940・9）。

やネクタイ、靴やパラソルなどは、販売可能な上限価格が設定されている。それを受けて、秩父銘仙・吉田織物工組・西陣着色織物工組などは、七月中に一斉休機を余儀なくされた。

七・七禁令と呼ばれる奢侈品等製造販売制限規則の公布は、『スタイル』に大きな転換点をもたらす。編集長の宇野千代は「奢侈品がなければ女は美しくなれないか」（『スタイル』一九四〇年九月）で、「禁止品目を見て普通一般の生活者にはまるで縁のないものばかりだとか、あれで手ぬるい、もつと低い程度にまで禁止範囲を拡げて貰ひたいものだとか、いろいろと喧しく言はれてゐます」と述べている。事実、実施の翌日の八日の『東京朝日新聞』に、奥むめおは「標準が高すぎる」、平井恒子は「使用禁止に迄進ませたい」というコメントを発表した。それを受けて宇野は、「ああいふ高級贅沢品には何の関係もない私たちさへも」「改めて自分の身のまはりを検討する、強い刺激を与へ」られたと記している。しかしこのコメントの前半部は、ハリウッド女優への憧憬を増幅し、モードを先導してきた、かつての『スタイル』の自己否定に他ならない。そして後半部が、転換後の『スタイル』の編集方針になっていく。

転換後の新企画の一つが、壬生瑛子の「新女性美創造」という連載だった。「〝無技巧な美しさを〟——新女性美創造　第一課 黒髪の美学」（『スタイル』一九四〇年九月）で、「今の時代は、只いたずらに高価な化粧品を使つて、粉飾するといふが如き時代ではありません。あるがまゝの姿を、あるがまゝに、質実に、健康的に美化するといふことが、時代にふさはしい美容法なのです」と壬生は主張している。コティなどの「高価な化粧品」の広告は、かつて『スタイル』の読者の憧れをかきたてた。誰がどの化粧品を使用しているのか、同誌は小特集で明かしてきた。どのように自分を「粉飾」すればいいのか、同誌は読者に教示してきた。自ら歩んできた道を否定して、「あるがまゝの姿」を提案するしかない場所に、『スタイル』は追い込まれている。

宇野千代の「再生品教室」も、九月号からスタートした企画である。「七・七禁令（奢侈品の製造販売禁止）の後に、またどの程度までの禁令が出るでせうか」という、「つぎはぎでこの豪華版——再生品教室」（『スタイル』一九四〇年九月）の冒頭の文章は、企画を立ち上げた動機を語っている。新しいキモノや帯を購入しなくても、古布や小布《ぎれ》のつぎはぎで、どのような品物を作れるのか。それを提示して見せた一例が、写真の帯である。金銀錦織物の小布を気長に溜めていくと、立派な丸帯ができる。しかしその材料は誰でも集められるわけではない。麻の夏帯なら、紺系統や茶系統の、細かい縞・格子・絣などを集めて作ることができる。古木綿つぎはぎ帯を、セルや銘仙の着物用として、一本作っておくと重宝する。

つぎはぎ帯（宇野千代「つぎはぎでこの豪華版——再生品教室」、『スタイル』1940・9）。

類似した企画に、「代用品研究室」というグラビア頁がある。『スタイル』一九四〇年九月号では、羽毛製ハンドバッグや木製ハンドバッグ、うつぼの皮を使用した婦人靴、鰻の皮を加工した草履などを、写真入りで紹介した。翌月の一〇月号では、一枚物の竹の皮を表にして人造皮革を鼻

うつぼの皮を使った婦人靴（「代用品研究室」、『スタイル』1940・9）。

緒で使った草履や、キルク草履、セルロイド製のパウダー・ポットなどを披露している。

新企画のスタートに合わせて、一九四〇年九月号から姿を消してしまう連載もある。芹葉輝夫は「今日の男性」の連載で、ス・フの批判を何度も行ってきた。六月号の「〝現代お洒落道談義〟――今日の男性」は、「かういう《ママ》世の中だからお洒落をする男の人が無くなつたと思ふと大へんな考へ違ひである。今までお洒落の道を履《ふ》んできた人たちは、たとへ時世がどうなつても、やはりその道を歩んで行つてゐる」という文章から始めていた。八月号の「身嗜みは心の表現である――今日の男性」では、創刊間もない頃に「夏は男でも香水をつけていゝといふ意見を書いた」と回想して、「今でもその意見に変りは無い」と述べている。芹葉のスタンスに大きな変化がない分だけ、時局との距離は拡大していたのである。

新生活指導雑誌――「これだけはお止めなさい」の上から目線

日中戦争が始まってからちょうど三年、一九四〇年七月七日に実施された七・七禁令（奢侈品の製造販売禁止）の影響は大きかった。七月一日に発行される七月号には、その影響はまだ及んでいない。この号の目次頁に、「スタイル銃後奉仕――国債を買ひませう！」という呼びかけが掲載されている。スタイル社を通じて「支那事変公債」を購入すると、五円券なら『スタイル』のバックナンバーを三ヵ月分、一〇円券なら半年分を、郵送しますという呼びかけである。一方では「銃後奉仕」を実行しながら、他方では「健全で明朗な、さうして高い意味での娯楽雑誌」（宇野千代「編輯後記」）を編集するというのが、宇野の戦略だった。七月号では木暮実千代・霧立《きりたち》のぼる・山根寿子《ひさこ》、八月号では桑野通子・黒田記代・槇《まき》芙佐子ら、映画女優の「特写」が誌面を飾っている。「お読みになりましたら前線の将兵慰問に是非本誌をお送り致しませう！」と目次頁で呼びかけることで、それらの画像は、「前線の将兵」の「健全」な「娯楽」になっているという論理が成立する。

霧立のぼるの特写（『スタイル』1940・7）。霧立は宝塚少女歌劇団出身の映画女優である。

七・七禁令が実施されたのは、『スタイル』が九月号の企画を立てるときだった。その衝撃は『スタイル』の方向性を根底から変える。八月号までは表紙の「スタイル」という誌名の上に、「健全　宇野千代編輯　娯楽」という言葉を配置していた。ところが九月号では「健全」と「娯楽」を削除して、「スタイル」という誌名の左右に、「新生活」「指導雑誌」と表記するようになる。宇野千代は「編輯後記」で、「若き銃後の女性生活の趣味と教養の指導雑誌でなければならない」と述べている。そのために「編輯の仕方も、衣更へをするやうにさつぱりと変へ」てしまう。映画女優の「特写」は九月号から姿を消した。「衣更へ」をした後の「指導」を体現しているのが、「風俗批判の頁——これだけはお止めなさい！」という連載である。

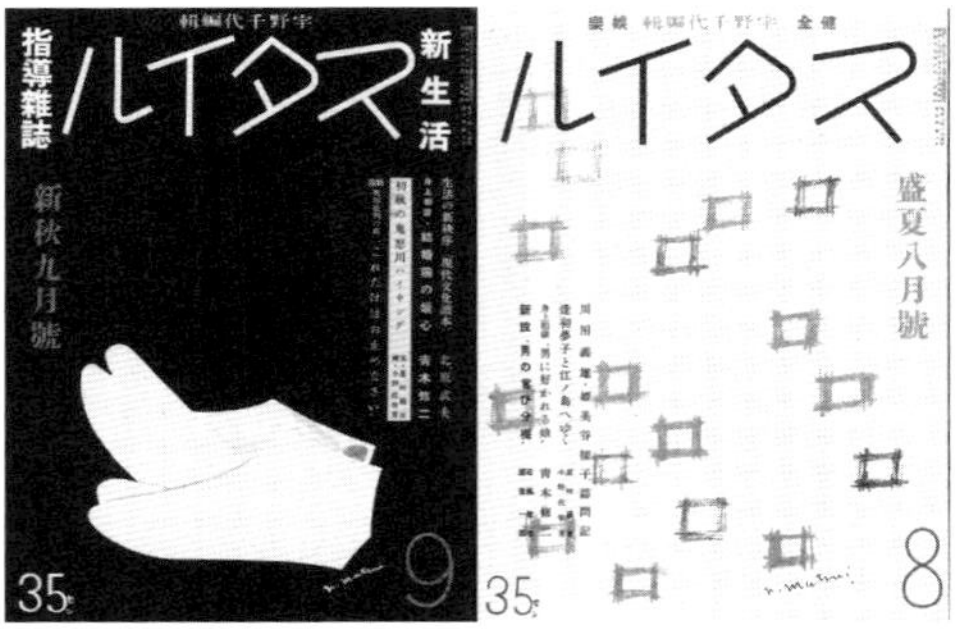

『スタイル』1940年8月号（右）と9月号（左）の表紙。9月号のタイトルの横に「新生活」「指導雑誌」の文字がみられる。

一九四〇年九月号の「風俗批判の頁——これだけはお止めなさい！」には、青山澄子・駒井玲子・宇野千代が執筆した。宇野の「〝デコデコ廃止〟」は三つに分かれ、「お止めなさい」の連呼になっている。「夏だからと言つて、靴下を買はないですむからと言つて、銀座の街の中を、ナマ白い、蠟燭色みたいな、むき出しの足のまま平気で歩くのはお止めなさい」が最初。街で素足を見ると「ゾッ」とするという。「デコデコを飾り立てた帽子はおやめなさい」が二つ目。日本人は体の割に顔が大きくて、肩幅も狭いので、飾りのある帽子は似合わないという主張である。最後は、「胸や袖口にデコデコと飾のついた洋服はおやめなさい」。粋《いき》やシックは、「デコデコ」の対極だと宇野は考えていた。

駒井玲子は仕事柄、頭髪に視線が向くので、「〝髪が汚い〟」というタイトルになる。しかし髪以外でも苦言を呈している。「銀座で時々見かける所謂見るにたへない娘達と云ふのは、正規の教養課程も持たず昨日まで子守ッ子してたのが主家を飛び出して茶房などで働くやうになつた言はゞレベル以下の例外である場合が多く、そんなのの一二を見てすぐ「近頃の娘達は」とやられてはたまつたものではないと常に若い方に同情してゐる」の後半部分は、「若い方」に寄り添った発言にも見える。しかし「レベル以下の例外」というのは、いかにも上から目線の断定だろう。また「若い方」でも、レストランでサテンのシャツの話をする女性の靴先が「キズだらけ」なのを見て、「思ひ半ばに過ぎる感」があると手厳しい。若い女性の「あらさがし」の後は、「「年甲斐もなく未練がましい」派手粧《づく》りの夫人達こそ本当に目障り」と息が荒い。

一九四〇年一二月号の「風俗批判の頁――これだけはお止めなさい」に登場した壬生瑛子は、「女の街頭喫煙と隠れた贅沢」で自分が嫌だと思うことを列挙した。東京駅のプラットホームで煙草を吸う女性、日本髪なのに毛織のコートをまとう女性、和服姿で革手袋をはめる女性、婦人会の国防色のエプロンの下に立派な着物を着る女性、パーマネントと化粧をして防空演習に出る女性、番頭を連れてデパートを歩く女性……。以前の『スタイル』は、パリ・モードであれ、ハリウッド女優のファッション・髪型・化粧であれ、非日常的な高さを提示して、読者の憧憬を組織した。夢が詰め込まれた雑誌の頁を繰りながら、読者はワクワクする気持ちを抑えられなかった。それが「新生活」「指導雑誌」に変わり、批判的な言説が並ぶようになる。批判の言葉は粗野でとげとげしい。そんな雰囲気が満ちる場所に、『スタイル』は追い込まれていった。

横井福次郎の挿絵（壬生瑛子「女の街頭喫煙と隠れた贅沢」、『スタイル』1940・12の「風俗批判の頁――これだけはお止めなさい」）。

吉屋信子は「〝花物語〟の生れた頃」（『スタイル』一九四〇年一一月）で、女子学寮の寄宿舎で過ごした「夢多い乙女の日」を回想している。当時の吉屋はすでに『少女画報』に「花物語」を連載していた。他の入寮者も女学校を卒業して就職したり、高等教育の学校に進学している。ただ寮を運営する宣教師のライダアは、厳しい教育方針の女性で、「何時も監視の眼を光らせ」ていて、散歩にも許可が必要だった。吉屋が寮で親しくなったのは、歌手を目指していた佐藤千夜子で

杉浦幸雄の挿絵（吉屋信子「“花物語”の生れた頃」、『スタイル』1940・11）。

ある。散歩の途中で出会う木に、「Great Singer」と目標を彫り付けていた。日曜日に佐藤は、「新渡戸先生のお宅」を訪問するという理由で、ライダアから外出許可をもらう。佐藤と吉屋は浅草で映画を観て、お汁粉を食べ、門限よりも遅く帰寮した。新渡戸稲造の家で何をしたのかとライダアに問われた佐藤は、「神様のお話を聞いてきました」と涼しい顔で答えて、無事放免となる。吉屋が懐かしく回想した、規範性をかいくぐる愉しさは、「〜をしてはならない」「〜でなければならない」という規範性を強める声に、かき消されていった。

「新体制」に乗り遅れないように

一九四〇年九月号から「新生活」「指導雑誌」を標榜《ひょうぼう》するようになる『スタイル』は、一〇月号の表紙に「十月刷新号」と印刷した。宇野千代は同号の「編輯後記」をこう書き始めている。「本誌も新体制下の意義ある秋を迎へました。新体制に即応、といふよりも積極的に協力する意志で全面的に編輯を改変しましたが、それがどうやら今月号でやつと大体所期の形をとれるやうになりました」と。「新体制」はもともと、四〇年〜四一年に近衛文麿を中心に起きる新政治体制創出運動の言葉である。四〇年六月二五日の『東京朝日新聞』夕刊は、一面のトップに、「強力挙国体制確立に近衛公、積極決意声明——枢相辞任・活動の態勢」という記事を掲げた。ドイツのナチス党や、イタリアのファシスト党のような、一党独裁体制を目指したのである。その影響で「新体制」という言葉は、生活のさまざまな場面で使われるようになる。

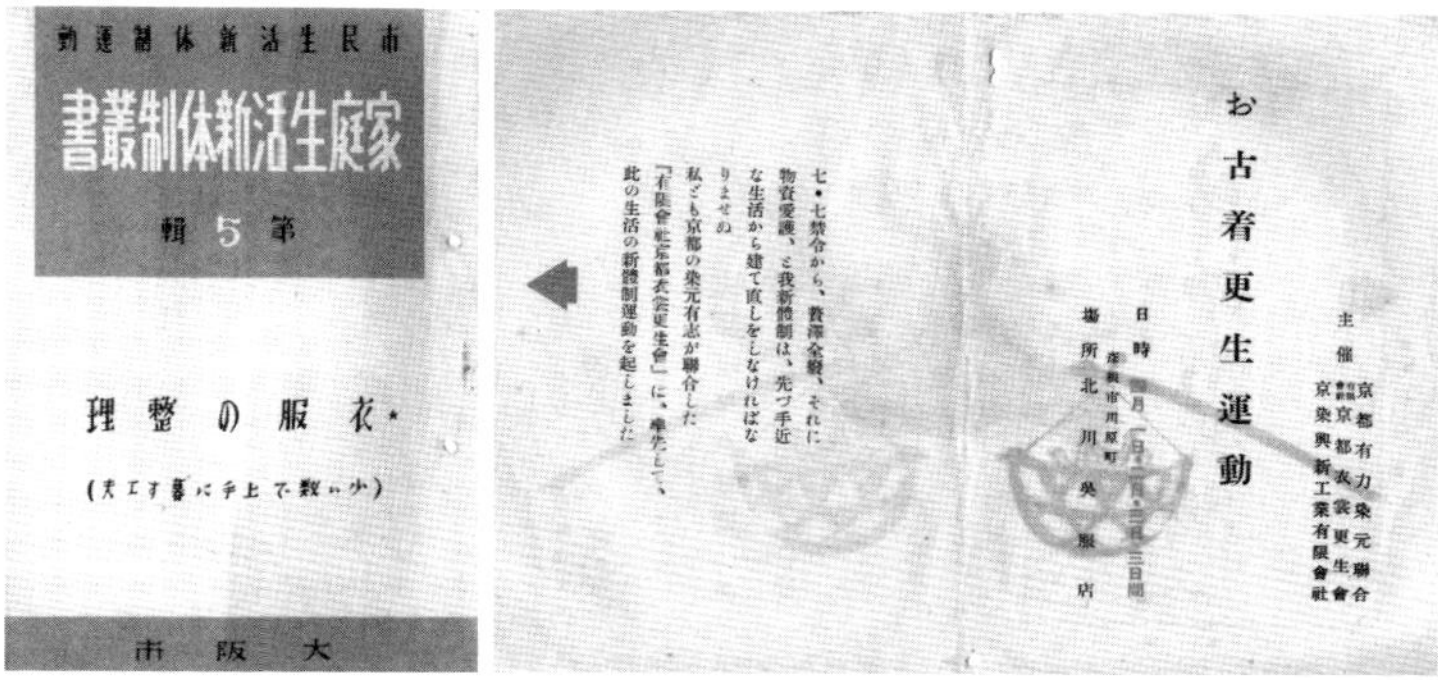

(右)『生活の新本制』(1941・4推定、京都衣裳更生会)。
(左)『家庭生活新体制叢書 第5輯　衣服の整理』(1941・5、大阪市役所)。

文学の世界でも「新体制」という言葉が流行する。一九四〇年一〇月四日の『読売新聞』夕刊に「新体制への文化団体(10)——＊大陸開拓文芸懇話会　＊農民文学懇話会」という記事が掲載されている。後者は最近、「農民文学の正しい発展を期す」という字句に、「新体制の精神に拠つて積極的に活動す」を加えたという。また「全俳壇の握手」(『読売新聞』一九四〇年一二月一三日)は、「俳句界にも新体制が確立」と報じている。「高浜虚子氏を盟主とする伝統派、荻原井泉水氏らの自由律派及最近伝統派から分れて勃興した所謂新興俳句」の三派に、従来の俳壇は分かれていた。しかし内閣情報部の斡旋で、日本俳句作家協会が誕生して、一二月二一日に結成式を挙げると伝えている。

右の図版の『生活の新体制』は京都衣裳更生会が出した「お古着更生運動」のチラシ。発行年月日は不記載だが、期間は四月一日〜三日と記されているので一九四一年だろう。更生会の染元有志が彦根の北川呉服店に出張して、「派手で着られぬきもの」や「たんすの底に忘れられたきもの」などの、更生染替の相談に乗るという内容である。チラシの中には「衣裳更生に就いて」というさらに小さいチラシが入っていて、衣裳更生が「国家新体制の線に副ふ」と謳っている。二四三頁左の図版は、『家庭生活新体制叢書 第5輯　衣服の整理』（一九四一年五月、大阪市役所）の表紙。この叢書ではそれまで、『第1輯　予定生活、予算生活』『第2輯　時間の上手な使ひ方（寝る前の家・起きたての家）』『第3輯　家庭の教育（新学年の用意は更生と手作りで）』『第4輯　体位の向上（正しい献立の立て方）』の四冊が刊行されていた。大阪市役所の「「家庭生活の新体制叢書」について」によれば、一九四一年一月～一二月に大阪市のすべての町会が実行する月々の行事の、解説書として編集されている。

宇野千代は「新体制は細かいところから」（『スタイル』一九四〇年一〇月）で、「この頃は、どこへ行つても、新体制といふことが流行です。何でも彼《か》でも新体制で、新体制のバスに乗り遅れるとか遅れないとか云ふのも流行です」と述べている。大酒飲みの男性が一滴も飲まなくなるのは新体制、昼前まで寝ていた朝寝坊が暗いうちに起きて庭掃除をするのも新体制。ただ「自分の力に不相応」な、大袈裟なことを計画する必要はないと、宇野は考えていた。だから宇野はこう提案する。「女の人はかういふ時代にこそ、女らしい優しい気持を失はないで、小さな自分の家、父と母と兄弟のゐる自分の家、良人と子供のゐる自分の家のために、これまでよりももつと優しい心になつて、朝晩の極く手近かな、細かい手仕事、――その他、人の眼にもつかないやうな細々とした仕事をするやうにしたいと思ひます」と。挙国一致体制が構築されていくなかで、女性は家を守る存在であるという規範性が強まっていった。

その反映だろう、『スタイル』一九四〇年一〇月号では「わが家の新体制」というグラビア頁が新設されている。最初に登場したのは林芙美子。写真は四点使われた。「(1)裏の畑でこの通り」では、ザルと鋏を持つ林が、庭で椅子に上り、インゲン豆を採っている。毎朝味噌汁の具に使うという。図版（二四五頁）は、

「(2) お洗濯もお好き」の写真。割烹着に姉さん被りの林が風呂場で、盥の中の夫の浴衣を洗っている。「女は、やっぱり、お家の中の仕事をする方が愉しいのね。小説なんか書くよりも、どんなに愉しいか知れないわ」という台詞は、「女性は家で」というイデオロギーを後押ししただろう。「(3) 食堂王国」では食堂でコップを手にする林の写真が使われた。「食堂を愉しいところにしておきさへすれば、みんな早く帰つて来るじゃないの」という言葉が添えられている。「(4) 支那茶を一ぱい」に記されている、「林さんの新体制は、どんなことの中にも働くことの愉しさを発見なさるのでした」という一行が、グラビア頁のまとめである。

割烹着に姉さん被りで、夫の浴衣を洗う林芙美子（「わが家の新体制」、『スタイル』1940・10）。

宮薗姚子「月給五十四円のタイピスト――都会の職業婦人の新生活設計報告書」（『スタイル』一九四〇年一〇月）は、「国をあげて、政治上一大転機を画する新体制を実施することになつた。これに並行して国民生活も又新体制が行はれねばならない時なのである」と始まっている。「銃後のお嬢さん達」の生活の、「新体制」に照明を当てる企画で、丸の内の官庁に勤めるタイピストが取り上げられた。「新体制」は「予算生活から始まる」が、収入は月に五四円。支出は家族費が一五円、貯金は一二円（このうち愛国貯金は二円）、教養費は一〇円、交通費・保険費・交際費は各三円、被服費・娯楽費・化粧代・公共費は各二円で、合計五四円になる。マッチ・砂糖・木炭は、すでに切符制に移行していた。洋裁を習っているので、通勤用の洋服は自分で縫う。勤務先からなるべく止めた方がいいと言われたので、パーマネントはしていない。

料理にも「新体制」は及んだ。「お手製十五銭料理」（『スタイル』一九四〇年一〇月）で美川きよが紹介したのは「新体制コロッケ」。最近の香ばしくないパン粉や小麦粉はない方がいいと、「旧体制コロッケ」の衣を取ってしまったコロッケである。「どこへ行つても、新体制」と宇野千代は書いたが、宇野が編集した一九四〇年一〇月号も、あちこちの頁で「新体制」という言葉が躍っている。

ムッソリーニに会見した深尾須磨子、真田幸村の鎧を贈ろうとした三浦環

一九四〇年九月にベルリンで、日独伊三国同盟の調印が行われた。同月二七日発行の『東京日日新聞』号外は「日独伊三国同盟成立」で、「現下国際情勢の急展開に鑑み、東亜における帝国の立場とその態度を是認し、進んで協力の意向を明確にした独伊両国との提携を強固にし、帝国外交を強硬に推進する」と報じている。三国条約の第一条には「日本国はドイツ国及びイタリー国の欧州における新秩序建設に関し指導的地位を認め且之を尊重す」と、第二条には逆に「ドイツ国及びイタリー国は日本国の大東亜における新秩序建設に関し指導的地位を認め且之を尊重す」と、相互の立場を承認することが記載されていた。さらに第三条には、「三締約国中何れかの一国が現に欧州戦争又は日支紛争に参入し居らざる一国に依て攻撃せられたる

ときは三国は有ゆる政治的、経済的及軍事的方法により相互に援助すべきことを約す」と、軍事も含めた協力関係が明記されている。

この時代のドイツやイタリアとの親密な関係は、外交だけに止まらない。一九三六年一一月に結ばれた日独防共協定は、翌年一一月の日独伊防共協定に発展する。それを側面から推進したのが日独伊親善協会だった。日独伊親善協会は三九年三月に深尾須磨子を、文化親善使節としてローマに送り出す。深尾はイタリアを中心に一〇ヵ月間、ヨーロッパに滞在して、ベニート・ムッソリーニ首相やガレアッツォ・チャーノ外相と会見し、ファシスト運動の先駆者で詩人でもある故ガブリエーレ・ダンヌンツィオの墓を訪ねた。「詩聖ダヌンツイオの墓前に献花」(『読売新聞』一九三九年三月五日)によれば、「ムソリーニ首相を通じて追慕の詩と歌を」墓前に贈ることになり、北原白秋・島崎藤村・高村光太郎・与謝野晶子の四人が選ばれている。北原はムッソリーニとアドルフ・ヒトラーに贈る揮毫《きごう》を用意して、深尾はそれらを携えてイタリアを訪れた。

日独伊三国同盟調印の頃から、『スタイル』ではイタリアやドイツの記事が目立つようになる。「紺の制服の美しさ!伊太利女性の生活——深尾須磨子女史に訊く」(『スタイル』一九四〇年九月)は、その一つである。イタリア帰りの深尾は、自分の見聞をこう語った。若いイタリアの女性は、すべてファシストの制服を着ている。イタリアは戦時状態に入るとすぐに、物資節約のために自家用車を禁止した。だから若い女性の間では自転車が大流行している。夕方に学校が終わると、彼女たちはファシストの家という訓練所に行き、ベニート・ムッソリーニが理想とする、「良妻賢母型の女性」になるように訓練を受ける。ムッソリーニが日本女性を「新らしき女性」の理想と考えているので、日本女性の人気は高いと。深尾の話を受けて、「編輯後記」には「友邦伊太利の若き女性達の生活に新しい認識と、何か学ぶべきものを教へられる」と書かれて

（上）イタリアのファシスト女性団の指導者（「伊太利G・I・Lの女性群」、『スタイル』1940・10）。
（下）イタリアのリトミック運動（「踊るフアツシスト永遠の女性」、『スタイル』1940・10）。

いる。

翌月の一九四〇年一〇月号で『スタイル』は、「伊太利G・I・Lの女性群」というグラビア頁を組んだ。図版はその写真。「全伊太利女性の憧憬するオルヴィエト女子大学生の一隊です。若き伊太利フアッシスト女性団の指導者として、信念と肉体とをたたきあげんとする二十世紀のヴィナス」と、キャプションは説明している。このグラビア頁に深尾須磨子は、無題の文章を寄稿した。イタリアのすべての若いファシスト女性が所属する「リットリオ青少年団（G・I・L）」について、深尾は次のように解説している。彼女たちは年齢によって、①狼の子団（六歳～八歳）、②少女団（八歳～一四歳）、③処女団（一四歳～一七歳）、④処女ファシスト団（一七歳～二一歳）の四つに分けられる。総数は三五〇万人に上っている。彼女たちは全国の「フアッシストの家」で、「信ぜよ。服従せよ。戦へ」というスローガンの下に鍛えられる。その頂点がオルヴィエト女子体育大学で、四年間の課程を終えると、①～④のファシスト女性団体のリーダーになると。

同じ一九四〇年一〇月号に、「踊るフアツシスト永遠の女性」というグラビアも掲載されている。二四八

三浦環がムッソリーニに贈ろうとした真田幸村の鎧（館真「三浦環さんのお住居拝見」、『スタイル』1941・5）。

頁下の図版は、イタリアの女性のリトミック運動。「美なきところに文化なし」というベニート・ムッソリーニの信念を反映して、「女性らしい肢体を養ふ」ことを目的に、課目として採り入れられている。

深尾須磨子はイタリアで、亡き詩人アントニオ・ベルトラメッリの旧宅の、ヴィラ・シーザに滞在していた。ベルトラメッリと晩年の二年間を過ごしたのは、ソプラノ歌手のベルトラメッリ能《よし》子《こ》で、三浦環の妹弟子にあたる。館真「三浦環さんのお住居拝見」（『スタイル』一九四一年五月）に、ベニート・ムッソリーニの名前が出てくる。写真は、歌劇団の稽古場に使われる、三浦の自宅の二階の大広間の一角。ピアノの上には、イタリアのテノール歌手、ベニャミーノ・ジーリの写真が飾られていた。その右にある甲冑は、真田幸村の鎧だという。これはムッソリーニに寄贈しようと、三浦が探し求めた一品である。ただ大使館の連絡がうまくいかず、長崎まで運んだものの戻ってきてしまった。館が訪問したときに、三浦は盲腸炎を思い入院している。『スタイル』にはベッドに横たわる三浦の写真も掲載された。

「ナチ的」な生活はあまりない——野上弥生子のドイツでの冷静な視線

新体制運動はドイツやイタリアをお手本にしていた。『スタイル』は新体制運動に協力する編集方針なので、ドイツ関係の記事が増えて、「銃後」のドイツ女性の紹介に誌面を割くようになる。ドイツ大使館のキーファが執筆した「若い独逸——B・D・Mヒットラー少女隊員の生活」（『スタイル』一九四〇年九月）は、そんな一篇である。この記事によれば、ドイツ女子青年団（B・D・M）には一〇歳から二一歳までの女性が所属している。都市部で彼女たちは、「各種交通機関の車掌、運転手、工場、諸官庁内の事務の代行、隣組制度、共同事業、切符制度の運用に、又は託児所病院」で働いていた。また農村部では、「収穫及食料品貯蔵、農家の手伝ひ」に従事している。二五一頁上の写真はそんな一枚で、B・D・Mの少女が農家で「アルバイト・ディーンスト（勤労奉仕）」をしている。

キーファはA・M・キーファ（ドイツ大使夫人秘書）という名前と肩書きで、『スタイル』一九四〇年一二月号にも「楽園の建設——ドイツ婦人の生活」を執筆した。この記事で紹介しているのはドイツの主婦の生活である。「家庭に在つては、婦人は自己を空しくして夫に任《つか》へ、子供を育てることに専念してゐる」という一節には、良妻賢母主義のイデオロギーが現れている。ドイツでは中等教育修了後の進路は、「花嫁学校に入学するか、或は義務奉公に出るか」という二者択一が原則だった。後者は一年間他家に住み込んで、「家事の見習ひ」をする。ドイツの主婦が日本の主婦と違うのは、週に一回一週間分をまとめて洗濯して、翌日にアイロンを掛けることである。買物は三日分の献立表を作ってから出かけるので無駄が出ない。肉が不足しているので、政府は魚料理を奨励していた。ラジオは毎朝、市場に入荷した魚や野菜の情報を伝えている。ヒトラー・ユーゲント女子指導員を務めるゲアトルド・ゲファートは、「ドイツ婦人の生活――〝前進的な女性生活〟」（『スタイル』一九四一年二月）で、キーファよりも詳しく制度について解説した。一〇〜一四歳のドイツ女性には、ヒトラー少女団に所属する義務が課せられる。一四〜一八歳になるとヒトラー女性青年団に所属する。さらに一七〜二一歳の女性を対象に、「美と信念の特別のグループ」があり、家政・体育・衛生医学などの部門に分かれていた。戦時下で役立つ家庭の食糧問題や、代用食について研究する。ヒトラー親衛隊やヒトラー突撃隊の男性と結婚する女性は、花嫁学校で学ぶ必要がある。「没我的精神」の育成

農家で勤労奉仕をするB・D・Mの少女（キーフア「若い独逸――B・D・Mヒツトラー少女隊員の生活」、『スタイル』1940・9）。

傷病兵のため、故郷への手紙をタイプするドイツの女性（「独逸銃後のナチス女性の生活」、『スタイル』1940・11）。

電報配達の女性（「赤い自転車で駆ける独逸銃後のお嬢さん」、『スタイル』1940・9）。

が最重要課題と考えられていた。

模範としてのドイツ女性について、宇野千代は「ドイツ小話集」（『スタイル』一九四〇年一〇月）で、三つのエピソードを紹介した。最初は林芙美子から聞いた話である。一〇年前のドイツでは電力を節約していたが、林が宿泊した小さいホテルのおばあさんは、夕食後すぐに電灯を消して窓辺に行き、「ここでお話しませうね。ほんとに、お話するには、灯りはいりませんものね」と語った。次は山本実彦が語った話。ドイツの若い女性は「木製の靴」を履いている。日本の海水浴場で見かける、「流線型みたいな木の台に、ちよつとレザーの帯をつけた」スリッパ型の下駄である。最後は真杉静枝の体験談。ドイツ人女性と結婚して、日本に帰国した画家がいる。真杉が遊びに行くと、妻はバケツの中の下駄を一生懸命洗っていた。その下駄は道端に捨てられていたという。まだ十分に履けるので、緒をすげ替えて使うつもりだと彼女は語った。

戦時下のドイツを訪れた山本実彦は、何を目撃したのだろうか。「徹底した合理的生活——独逸人の日常生活」（『スタイル』一九四〇年一一月）で山本は、ドイツでは日用品が切符制になっているので、ホテルに宿泊する旅行客も、切符を入手しなければ飲食できない。最初はこの切符制を息苦しく感じた。しかしじきに慣れてくる。肉食は週に一回で、卵は週に三個食べることができた。ヨーロッパで戦勝が続いて、オランダやデンマークから卵が入るようになると、週に四個に増える。ただ牛乳は小児を除くと「搾り粕の牛乳」で、果物はまったく購入できなかった。バターは鯨油で作った代用品で、コーヒーも代用品。被服は年に一人一〇〇点の制限がある。洋服だと六五点、レインコートは五〇点、ワイシャツやズボンでも二〇点が必要で、やりくりが大変だった。夏のベルリンでは、靴下を履かず木靴で歩く女性の姿が目立っている。

第二次世界大戦勃発の二ヵ月前、一九三九年七月にドイツの土を踏んだ野上弥生子の視線は冷静である。「質素といふより寧ろ粗末な服装――若い独逸女性の生活」(『スタイル』一九四〇年一〇月)で野上は、慌ただしい旅だから「通り一ぺん」のことしか知らないと断ったうえで、次のように述べた。「日本に居て、独逸のことを聞いたり、読んだりしてゐますと、何か特別な「ナチ的」な生活」が存在するという印象を与えられる。しかしベルリンでもフランクフルトでもミュンヘンでも、「ナチ的な特色の濃い特別な生活」はあまり見られなかった。アドルフ・ヒトラーの「女は家庭に」というスローガンと相容れないが、街では多くの職業婦人が働いている。戦時下で女性たちが「銃後の職場」を守るのは当然だという感想を野上は抱いた。ベルリン郊外の「贅沢な」遊園地では、大勢の人が楽しそうに遊んでいて、「意外」な感じがする。綺麗な化粧をした女性も、派手なファッションの女性も、野上はドイツで目にした。

興亜奉公日――銀座や新宿で警告カードを配布する

興亜奉公日が設定されて約一年、一九四〇年八月一日の興亜奉公日に、複数の婦人団体が銀座や新宿の街頭に出て、「戦時生活確立」の目的で「警告のカード」を渡した。金子しげり「〝カードを貰つた人々〝――

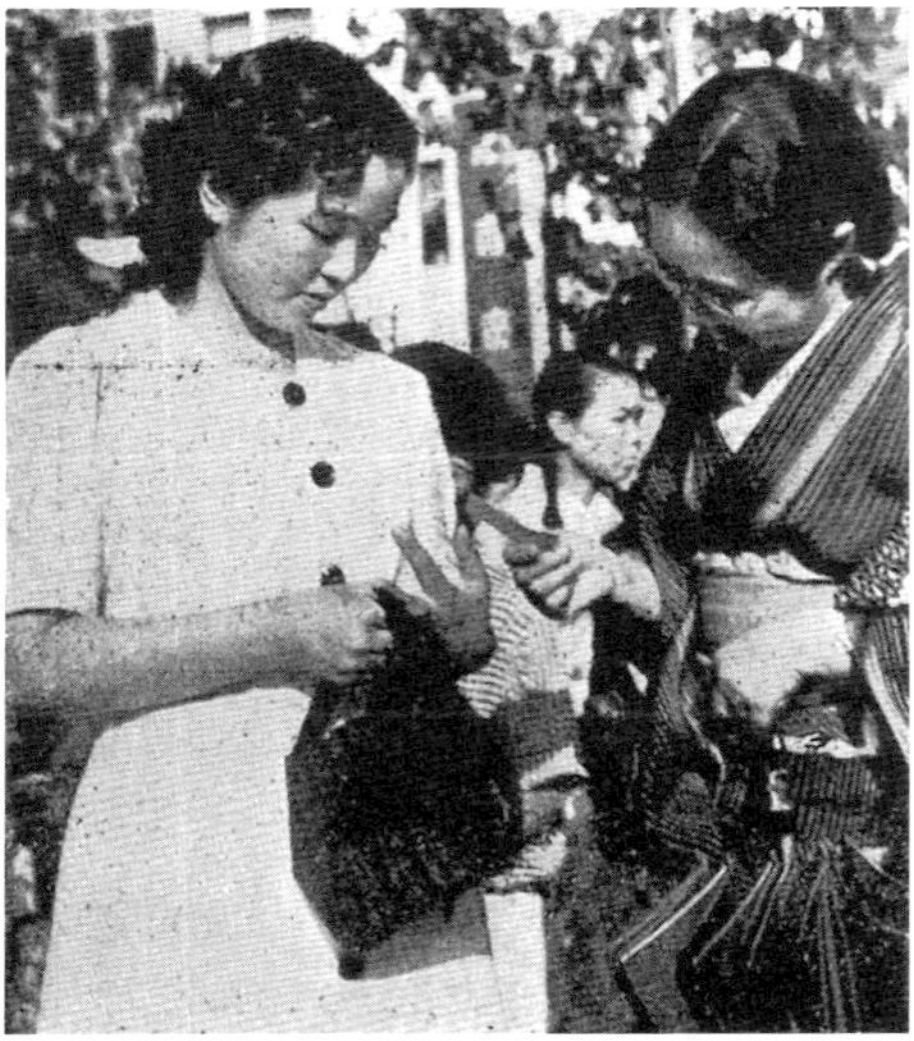

(右上）指環をはめた女性に警告カードを渡す場面（金子しげり「“カードを貰つた人々”——教養の低い人が多かつた」、『スタイル』1940・10）。
(右下）派手な和服の女性に警告カードを渡す場面（金子しげり「“カードを貰つた人々”——教養の低い人が多かつた」、『スタイル』1940・10）。
(左）外見が「軽佻浮薄」と警告カードを渡す場面（金子しげり「“カードを貰つた人々”——教養の低い人が多かつた」、『スタイル』1940・10）。

教養の低い人が多かつた」（『スタイル』一九四〇年一〇月）によると、カードを渡す基準は、「原色をそのまま使用した、ケバケバしい感じの強い着物とか、大きな、派手すぎる柄や模様、洋装では、服の型、突飛な恰好の帽子、ハイヒールの高すぎるもの、派手なパーマネント、それから指輪や金時計、宝石などの実用を越えた装飾品、一見して贅沢品と解る服装」になっている。金子の旧姓は山高。二四年に市川房枝らと婦人参政権獲得期成同盟会を結成したフェミニストである。

この記事には、写真とコメントが添えられた。二五四頁右上の写真の女性は、洋服は「質素」だが指環をはめていたためカードを渡される。髪の手入れも「不充分」だという。右下の写真の二人の女性は、和服の柄が「大きすぎ」て、色は「ケバケバ」しいと書いてある。左の写真のコメントには、女性への配慮がまったく感じられない。「髪もひどいが洋服もひどい。素足をムキ出しにしてゐるのもひどいがマフラのかけ方も人を喰つてゐる。かういふ女性を見ると、髪とか服装とかいふものが、その人の「心の表現」であり「生活の表現」であることがしみ〴〵と分る。この女性などは見るからに軽佻浮薄だが、それは趣味などのせゐではなくやはり生活が浮薄なのであらう」と、一方的な攻撃を畳みかけている。

金子しげりは記事のなかで、「八月一日の私たちの推進班の行動に関して、様々な批難や進退に関する投書が新聞などにも掲載されてゐましたが」と、自分たちの行動に対する批判があることを認めている。「行動」自体は、警告カードを渡して注意を促すことだった。しかしこの記事は写真入りで、『スタイル』の読者の晒し物になるように書かれている。金子の意図は、ファッションや髪型の実例の提示かもしれないが、顔を隠すなどの、女性の人権への配慮は見られない。何を根拠に断定したのか不明なまま、サブタイトルの「教養の低い人」という枠に押し込んで非難する、暴力的な言説である。

興亜奉公日の警告カード配布について、『スタイル』ではどのような声が出ていたのだろうか。蘆原英了「女らしさが欲しい――男の言ひ分」（『スタイル』一九四〇年一〇月）のように、同調する意見が存在することも事実である。「銀座あたりを歩いてゐる娘さん」たちに対して、蘆原はこんな注文を出した。「キチンとした恰好」をしてほしい、「髪から足の先まで清潔に」整えてほしい、「髪のモヂヤモヂヤ」は困る、「靴の汚い」のは不愉快だと。さらに若い女性に、「優しさ」と「女らしさ」も求めている。

一九二七年に社会民衆婦人同盟を結成して、婦人参政権運動を推進した歌人の阿部静枝は、同じ一九四〇年一〇月号に、「男に誠意が足りない――女の言ひ分」を発表した。このエッセイはこう始まる。「近頃の若い女の人たちはどうも評判が悪いやうです。蒲団のやうな大柄な着物を着て、人を喰つたみたいな唇をしてゐると、とても苦々しげに言はれてゐます。それも、同性の女性側からではなく、男性側からの非難の声がとても高い」と。そのうえで阿部は、「早婚、多産、勤労奉仕、母性尽瘁《じんすい》」と、若い女性にさまざまな奨励や指令が下るが、それらを「完全に」行うことは難しいと述べた。この原稿は、蘆原英了の主張に対する、反論として書かれたわけではない。しかし結果的に、反論として読めるだろう。「男の言ひ分」「女の言ひ分」というコーナーなので、「男性側からの非難」への反駁ということになる。しかし金子しげりの言説から分かるように、男／女の二分法は必ずしも妥当ではない。

男性でも興亜奉公日の警告カードに批判的な人々もいる。「風俗批判の頁――これだけはお止めなさい」の原稿を依頼された映画監督の吉村公三郎は、「形よりも精神本能を育てよ」（『スタイル』一九四〇年一二月）を寄稿した。「やれパアマネントがどうの靴下がどうのと言はずとも、節電や材料不足や何やかやで、独りでに時代の流れに沿つて行くものではなからうか」と吉村は問いかけている。他人のことはあまり気にせず、逆に他人から干渉されることを好まない吉村は、「気儘な生き方」が難しい時代でも、「険しい嫌な世相」から距離を保とうとする。だから吉村は「街頭に立つて、ビラを配る事には反対だ」と、自分の意見をはっきり述べた。

同じく「風俗批判の頁——これだけはお止めなさい」の執筆を頼まれた小説家の井上友一郎は、「街頭の勇猛は是非止め給へ」（『スタイル』一九四一年三月）で、やめてほしいことを列挙している。その一つ「街頭の勇士に対して」は、こう始まる。「酔つ払つて婦人の風俗を攻撃するのは止めてほしい婦人は弱いからである。殊に衆人環視のまんなかで、貴様は日本人か、と云ふやうなことは止めてほしい」と。「勇士」「酔つ払つて」「貴様」という言葉を読むと、男性に向けて書いているように見える。しかしそこに記された内容は、街頭での警告カード配布と同じだろう。

興亜奉公日を国民日に改称したらどうかと提案したのは林芙美子である。「興亜奉公日一ヶ条」（『スタイル』一九四一年一月）で林は、「町を歩いても娘にカードが渡されないやうに」したいと希望を述べた。この日だけは「日本人が日本人を叱つたり、叱られたりしない日」になればというのが、林の願いである。

早見美容院だけが「パーマネント」という言葉を使い続けた

一九四〇年七月七日から実施された七・七禁令と、同年八月一日（興亜記念日）の街頭での警告カードの手渡しは、『スタイル』の誌面構成に影響を与えている。『スタイル』四〇年一〇月号の「編輯後記」に、編集部はこう記した。「広告スペースなどもこの機会に大削減を加へて記事面に割愛し名実ともに新編輯を断行

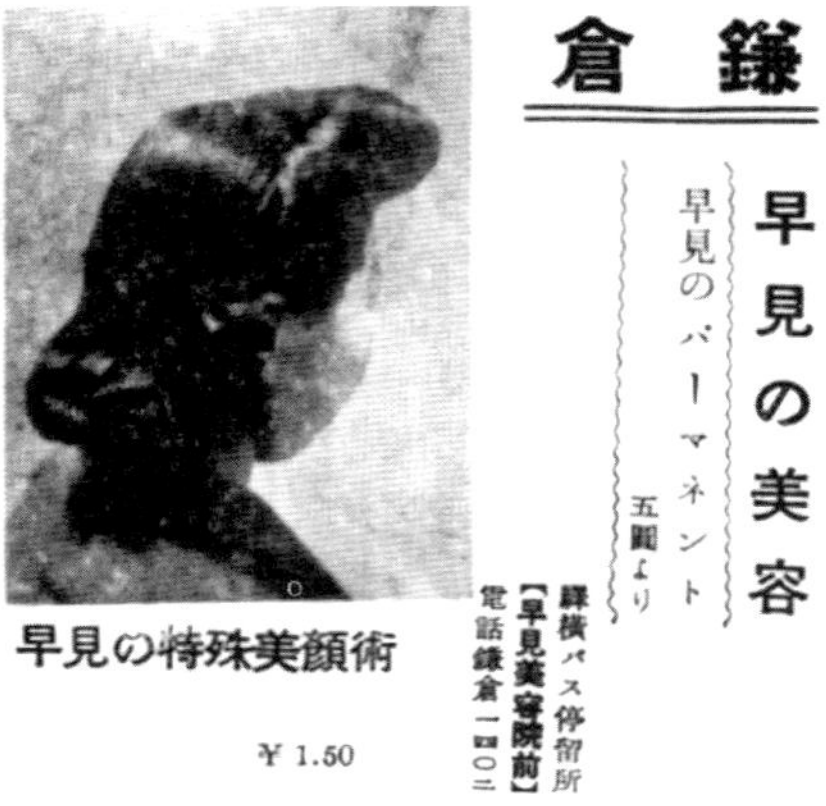

「パーマネント」という言葉を使い続けた早見美容院の広告（『スタイル』1941・9）。

致しました」と。広告のうち、特に大きな変化が見られるのは、美容院の広告である。国民精神総動員委員会総会が「全国民の公私生活を刷新して戦時体制化する基本方策」を決定したと、『東京朝日新聞』が「本極りの生活刷新案――学生はイガ栗頭」で報道したのは三九年七月五日。それを受けてだろう、『スタイル』一〇月号に掲載された、「パーマネント」という言葉が入る美容院の広告は、前月の一一件から八件に減少した。

その後、一九四〇年の前半は、四件～八件の間で推移する。四〇年の後半に入ると、七月号はグランド美容室・シライ美容室・タカサゴ美容室・早見美容院・丸善美容院・ライト美容室の六件。八月号でグランド美容室が抜けるが、メイ・ビューティサロンが加わってやはり六件。九月号ではメイ・ビューティサロンの代わりにアーデン姉妹美容院が入って同じく六件と、減少したなりに安定していた。ところが一〇月号になると、美容院の広告自体が九月号の一四件から六件と半数以下になり、「パーマネント」という言葉は消えてしまう。早見美容院・丸善美容院は、「パーマネント」を「淑髪」に変更した。一一月号でアーデン姉妹美容院が「パーマネントウェーヴ」という言葉を使用するが一回限り。最後まで抵抗を続けたのは鎌倉の早見美容院だけで、四一年二月号で「パーマネント」という言葉を復活させると、九月号まで「パーマネント」を掲げ続けた。

美容院からパーマネントの機械が消えたわけではない。『スタイル』一九四一年三月号に宮薗姚子「月収

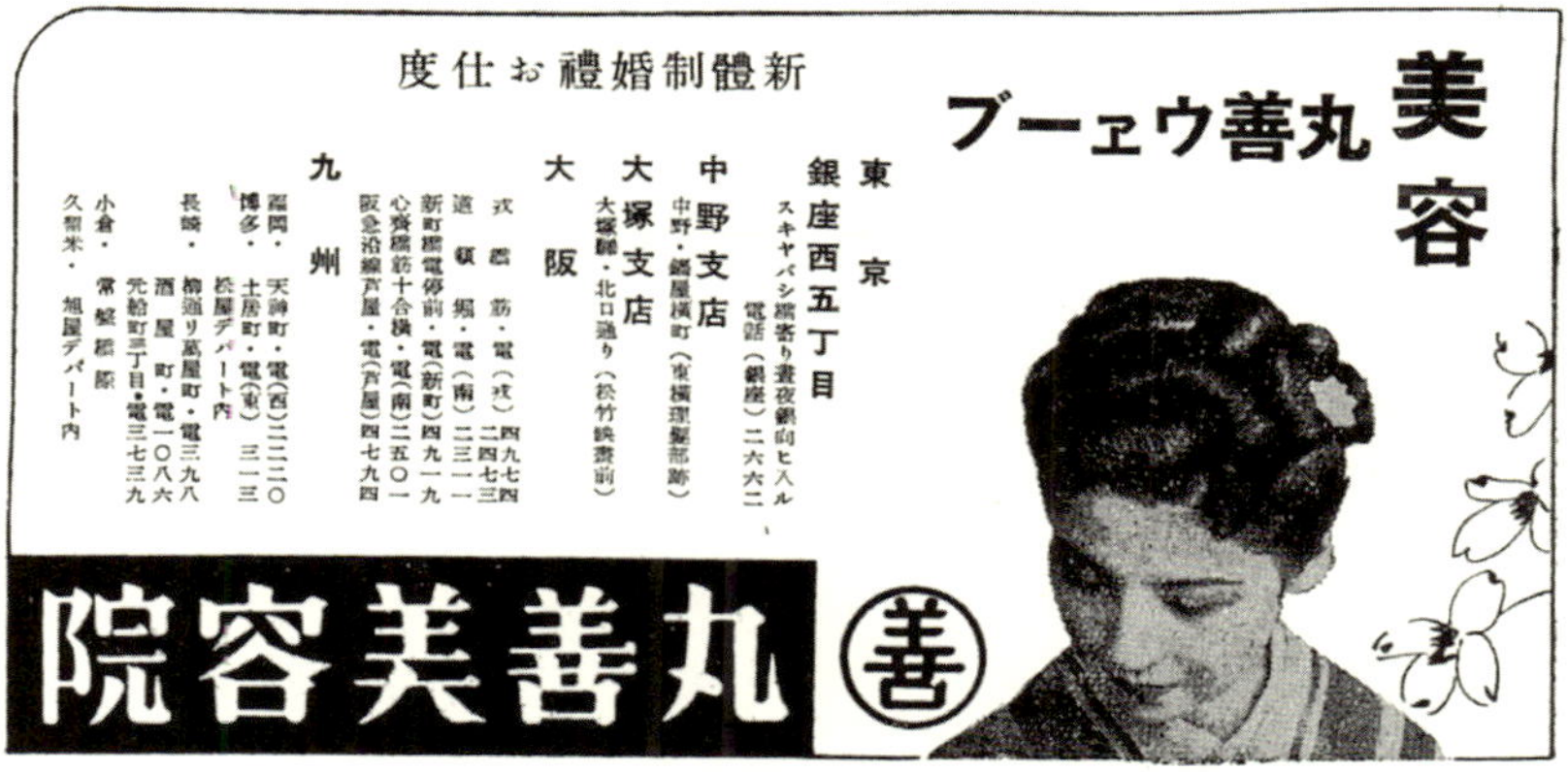

「丸善ウェーブ」という言葉を使った丸善美容院の広告（『スタイル』1941・9）。

吉田謙吉の挿絵（宮薗姚子「月収五十円の美容師——都会の職業婦人の新生活設計報告書」、『スタイル』1941・3）。

五十円の美容師——都会の職業婦人の新生活設計報告書」という記事が掲載されている。登場するのは片山広子という美容師で、北海道から出てきて、M美容院で三年間の内弟子生活を送り、ようやく月給五〇円の「技術者」として自立した。内弟子の頃は一〇円程度の小遣いしかもらえず、美容院の先生の家に寄宿していたが、同じく「技術者」になったユリと一緒に、アパートを借りて自活することになる。吉田謙吉の挿絵を参考に、彼女の生活費の内訳を確認しておこう。六畳の部屋代は折半するので九円。食事は美容院が用意してくれるので、朝食や甘味の五円だけで済む。職場の美容院は近所にあるので交通費はかからない。

それ以外の出費は多い順に、衣服費が一〇円。婚礼の支度などで出張するため、一通りの衣類が揃うまで毎月の出費が続く。いつか美容院を開業したいので、貯金は一〇円ずつしている。内弟子の頃は修業で一杯だったが、少し余裕ができた現在は生花を習っていて、月謝や本代などの修養費が五円かかる。交際費も五円。友達と食事をする以外に、美容院の客との話題作りのため、歌舞伎や展覧会に出掛ける。美容師は立ちっぱなしの仕事なので、保険に四円掛けている。海外の流行を知るために、映画を観る必要がある。ただチケットは客がよくプレゼントしてくれた。映画雑誌や婦人雑誌は店に備えてあるので、娯楽費はわずか一円で済む。興味深いのは化粧代で、一円しかかからない。化粧品は店で安く購入できた。肝腎のパーマネントは、店で稽古台になるので、わざわざかける必要はない。つまり広告から言葉は消えても、パーマネントは店内で健在だった。

松下富士夫「現代小咄集」(『スタイル』一九四一年八月)の「パーマネント是非」は、パーマネントの議論を、笑いの対象にしている。「わたしは、パーマネントだけは、反対ですよ」と「お母さま」が言うと、「銀座を歩いて見てもモシヤモシヤした髪は、たしかにすくなくなつたわ。さぞ雀がびつくりしているでせうね」と「お嬢さま」がまぜかえす。「若しグラグラッと大きな地震でも来たら、どうします？　あゝいふことは地震の少ないアメリカ、フランスにまかせて置けばいいんです」と、「お母さま」はパーマネントを嫌う理由を説明した。すると「お嬢さま」は、パーマネントの利点をこう話す。「でもオ、忍耐力の養成ぐらゐにはならないかしら……？　あれは相当の根気がいつてよ」。珍妙な会話が成立するのは、美容院でパーマネントが行われているからだろう。

壬生瑛子は「感傷的な化粧意識を止めよ」（『スタイル』一九四一年九月）で、「パーマネントそれ自身を排斥する」ことは、私にはできないと断言した。パーマネントを一回かければ、あとは自分の手で自由に髪型を整えられる。粉飾を避けて、自分の個性を活かそうとするなら、結髪に頼るしかない。合理的な理由が存在するから、それは継続していくのである。だから壬生はこんな皮肉を述べた。「雀の巣」は「日本在来の婦道に反する」かのように批判を浴びている。それに代わって、日本髪の様式を基調にして、手のこんだリングカールを盛り上げる、技巧的なパーマネントが現れてきた。こちらは「日本趣味」なので、パーマネントという概念から遠く思われたのか、まったく批判されずに、「流行の大道を闊歩」していると。

小野佐世男が描いた木炭車を押す挿絵（夏村扇吉（文）・小野佐世男（絵）「逢初夢子と江ノ島へ行く」、『スタイル』1940・8）。

壺井栄・藤川栄子の歩行、宇野千代の再製口紅

銀幕のスターと散歩をするシリーズが、小野佐世男は好きだった。三浦光子と散歩したのに味をしめて、次は逢初夢子《あいぞめゆめこ》と歩きたいと夏村扇吉に告白する。その結果生まれた記事が、夏村扇吉（文）・小野佐世男（絵）「逢初夢子と江ノ島へ行く」（『スタイル』一九四〇年八月）である。銀座で落ち合った三人は、新橋で横須賀線に乗り大船へ。そこまでは順調だった。大船で江ノ島行きのバスに乗る。道路はバス専用のアスファルトなので問題はない。ただバスは木炭車だから、坂道にさしかかるとヨタヨタする。「時々道の真ン中でエン

コしちやふんですよ、酔ッ払つた時のサセチみたいに！」と夏村がからかう。「そんな時どうするの？」と逢初に聞かれて、「車から降りて、後押しするんです」と夏村は答えた。実際に押したわけではないだろうが、小野の挿絵を見ておこう。体重が重い小野らしき人物が必死にバスを押して、車内の男女が手を振っている。

　ガソリン不足は木炭車を誕生させただけではなく、自転車の利用や、遠距離の歩行を促した。「歩きませう…」（『スタイル』一九四一年六月）は、後者の呼びかけである。散歩の奨励とは違う。タクシーなどの交通機関が自由に使えないことを逆手に取って、「歩くこと、そのことが精神と肉体の鍛錬にもならなくてはいけない」と記事は主張する。二六二頁右上の写真は街を歩く壺井栄と藤川栄子。近所に住む窪川稲子も誘って、早稲田近くの戸塚から、神田川にかかる小滝橋を渡り、落合を経由して中野まで歩くことが習慣になった。下の写真はバレリーナの貝谷八百子《かいたにやおこ》。以前は自動車を使っていたが、現在は自宅と研究所の間の一五町（約一・六四キロ）余りを、毎日往復している。

（上）街を歩く壺井栄と藤川栄子（「歩きませう…」、『スタイル』1941・6）。
（下）自宅から研究所まで歩く貝谷八百子（「歩きませう…」、『スタイル』1941・6）。

日中戦争下で物資の欠乏は慢性化して、厳しくなる一方だった。上の図版は、『スタイル』一九四〇年八月号に載った「ラッキーバック材料セット」の広告。「有布れ総動員」というキャッチコピーが、生地の欠乏を語っている。同じ号に「大変失礼ですが、あなたのハンド・バッグの内容を、ちよつと拝見させていただきます」というコーナーがある。宇野千代は自分の口紅をこう説明した。「内緒ですけれど、マックスファクター、コテイ、ラントリック、その他の口紅の二分か三分かづつ残つたのを集めて（口紅の古くなつたのは、いくら塗つてもつきません）アルミのお弁当箱のお菜入の中に入れて、とろ火にかけて、椿油を少し入れて匙で練り乍ら温めたんです。そして、どろどろになつたのを、古い口紅の容器に流し込んでしばらく置いて見たら、ちやんと立派な混合口紅が出来上つたんですよ」。その口紅を宇野は「再製口紅」と命名している。

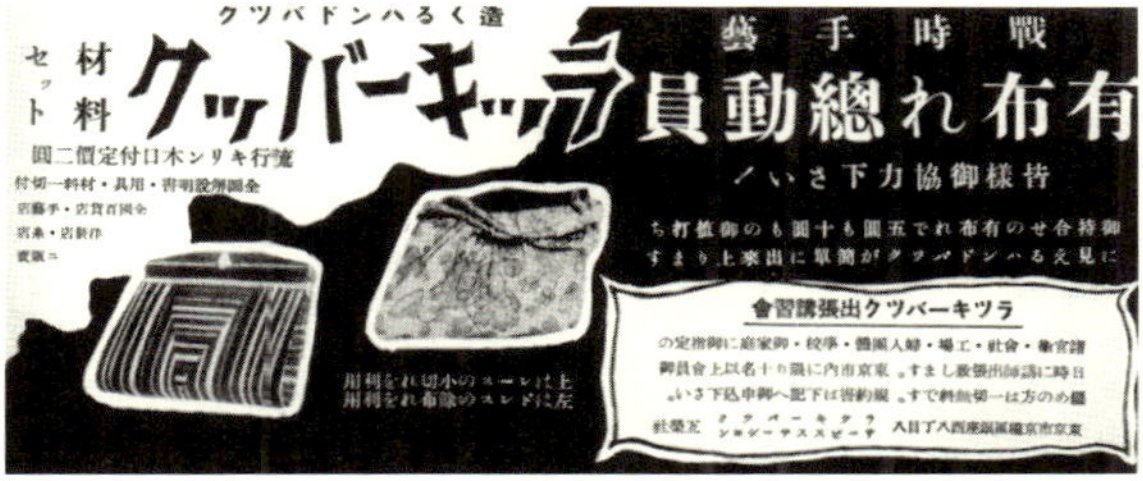

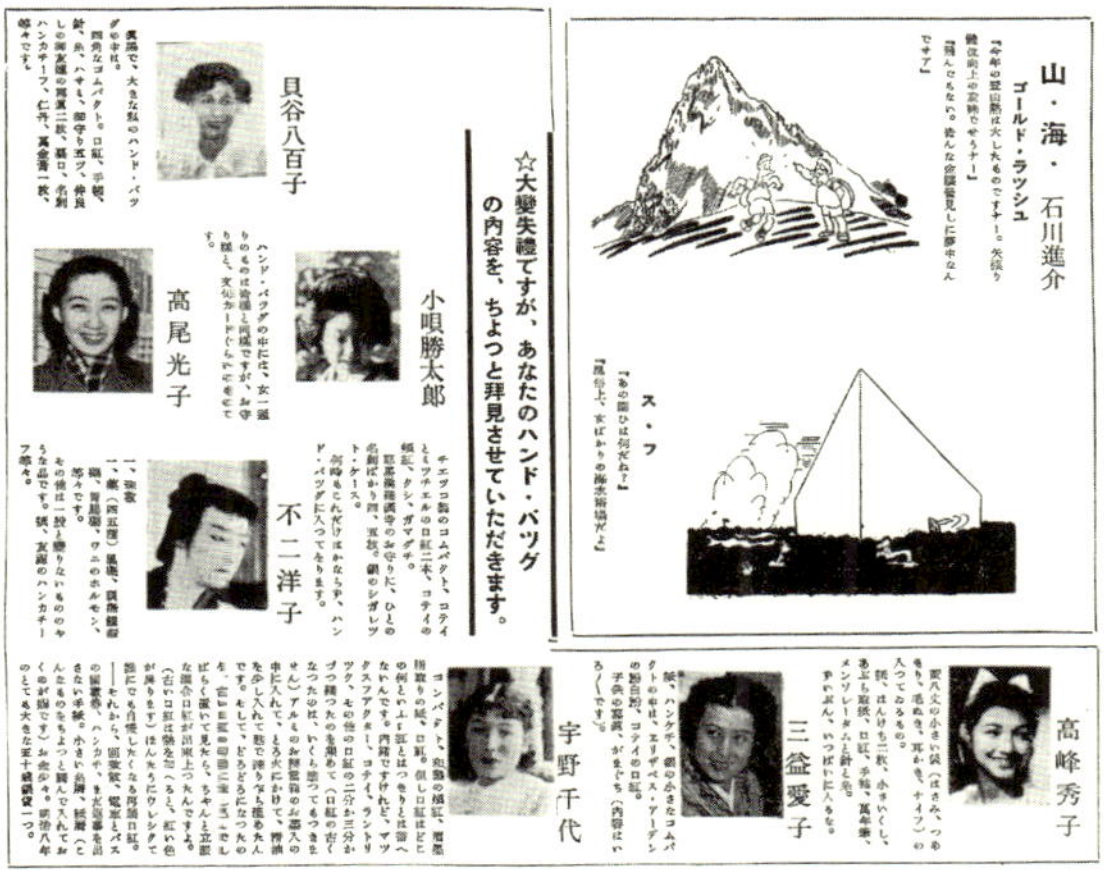

（上）「ラッキーバック材料セット」の広告（『スタイル』1940・8）。
（下）「大変失礼ですが、あなたのハンド・バッグの内容を、ちよつと拝見させていただきます」には顔写真入りで著名人のコメントが掲載された（『スタイル』1940・8）。

宮薗姚子が「月給四十一円貯金は月七円――都会の職業婦人

の新生活設計報告書」（『スタイル』一九四〇年一一月）で取り上げたのは、駒込の自宅から丸の内の会社まで、省線で通勤しているタイピスト。月給は四一円だが、事変手当と残業手当を合わせると五二円余りになる。住居費や銭湯代がいらないので、教養費・娯楽保健費・交際費にそれぞれ六〜七円を支出しても、月に七円の貯金ができる。ただファッションには困っていた。洋装なので靴が必要だが、靴底がどんどん減っていく。靴下は欲しくても手に入らない。それらは職業婦人に共通の悩みだった。

足袋を買えずに閉口していたのは、翻訳家の長谷川修二である。「ああ、足袋不足──風俗時評」（『スタイル』一九四一年八月）によれば、以前から買い溜めをしたことはなかったが、日中戦争開始以降は、それをしないことを方針にした。そのために前年の冬は「隣組随一の炭貧乏」になり、とうとう郡長から一俵分けてもらう。炭には配給制度があるが、足袋は配給の対象外。足袋屋にはストックがあるが、売ってくれない。足袋がないと、和服で訪問できない。閉口した長谷川は怒りを爆発させて、こう述べた。足袋に困っていない人は、買い溜めをしたはずである。買い溜めをするなと説いた者は、それを忠実に守った人に対して、足袋を供給する義務があるのではないかと。

物資不足の声は誌上に散見されるが、紙も欠乏していた。「洋紙配給統制規則公布」（『読売新聞』一九四〇年一二月二八日）によると、この規則は二九日付で商工省令として公布され、四一年一月二一日から実施予定になっている。『スタイル』一九四一年三月号の「編輯後記」に、書店で「年極めの御申込」をしてほしいという、営業部の「お願ひ」が掲載されている。「本誌の新規愛読者の激増は本社留置きの分は申すに及ばず、折角の御注文も御送り出来ない方が多数居られます。素より発行部数は用紙統制などの為め、限られた数量しか出来ません」というのが、その理由だった。物資の欠乏は、『スタイル』を買えないという事態も引き起こしている。

大船松竹撮影所で、木暮実千代や水戸光子が野菜作り

物資不足と並行して、食糧不足も深刻になる。一九四一年三月に生活必需物資統制令が勅令として発せられた。生活必需物資の生産・配給・消費・価格が、統制下におかれることになる。それに基づいて四月一日から、東京・横浜・名古屋・京都・大阪・神戸の六大都市では、米などの穀物が配給通帳制になった。この日の『東京朝日新聞』には、「生鮮魚介類の配給統制令——けふ公布即日実施」という記事も掲載されている。仲田菊代は「今何が幸福か」(『スタイル』一九四一年六月)という欄への寄稿を求められ、「小さな幸福」を執筆した。そこに仲田は、「お昼には珍らしく沢山ある卵子で好きな卵焼でもこしらへてやらう——と思つてゐる。これは私の幸福感である」と記している。いつどんな食材を入手できるのか分からない。そのときに手に入る食材で、献立を考えるしかなかった。

輸入品が不足するのはもちろんだが、かつてはどこでも購入できた食材まで入手困難になってくる。阿部艶子は「不快な商売人」(『スタイル』一九四一年五月)で、「メリケン粉とか干うどん」のように、小麦の輸入がストップして、市場に出回らなくなった商品は仕方ないと書いている。阿部が納得できなかったのは、じゃがいもやさつまいもなど、どの八百屋にも並んでいた野菜が、姿を消したことである。永井保の挿絵は、阿部が顔見知りの八百屋に立ち寄った場面を描いている。一人の女性がじゃがいもの入荷日を尋ねると、店の主人は「さあ、今年中駄目ですねえ」と、「けんもほろゝ」に答えた。右端の女性が立ち去った後で、主

永井保の八百屋の挿絵（阿部艶子「不快な商売人」、『スタイル』1941・5）。

人は阿部に、「へゝゝじやがいも明日の三時に参りますよ」と小声で教える。阿部もあちこちの店で、この女性と同じような目に遭っていた。

この八百屋でじゃがいもを手に入れるためには、明日の一五時に買物に来なければならない。それは八百屋だけではなかった。阿部艶子は同じ一九四一年五月号の「家庭の買物について」というコーナーに、「二種の買ひ方――妻の立場から……」を執筆している。「二種」とは、家具・装飾品などの買物と、生活必需品の買物。後者を得たければ、「パンは何時、お菓子は何時」と、店ごとに違う時刻に買物に行かなければならない。その時刻に訪ねても、商品がまったくないこともある。一日中外を駆け回り、「得難い品物」を購入できても、失った時間と秤《はかり》にかけると、忸怩《じくじ》たる気持ちになってくる。

壺井栄は「新緑の蔭に想ふ」（『スタイル』一九四一年七月）で、パンを入手する苦労についてこう語った。家人が脚気になって、医者からパン食を勧められる。壺井は長年、朝食はパンと決めていたが、最近はパンを食べられなくなった。入手が難しいと話すと、「新宿の中村屋には毎日売つてゐますが、半斤のパンに五十銭かゝります」と医者が笑う。まず早朝に出向いて切符を受け取り、午後に再び出掛けてようやく購入できる。パンの価格は一〇銭だが、バス代は往復二〇銭が二回なので、合計五〇銭になる。病人を抱えているので、家を長時間留守にできない。すると友人が、歩いて二〇分のパン屋なら、一六時頃にパンを買えると誘ってくれた。一五時すぎに家を出たが、すでに数百人が行列している。壺井の背後でも、列はどんどん延びていく。ようやく自分の番になったときに、「あと十人位で売り切れです」と店員が叫んだ。

食糧不足は家庭だけでなく、外食産業も直面している。NHKに勤務していた翻訳家の高橋邦太郎は、サラリーマンの昼食には三パターンがあると、「昼食談義《あれにしようか・これにしようか》」(『スタイル』一九四一年七月)で述べている。一つ目は、自宅から弁当を持参すること。最も経済的だが、毎日続けるのは大変だし、外米なので味が落ちる。二つ目は、勤務先の食堂で食べること。ただし「材料難の昨今、とても問題にはならない」という状態だった。最後は外食だが、これは「厄介千万」である。一四時までと時間が制限されているうえ、その前に売り切れることもある。

食糧不足が深刻になると、自分たちで生産しようという試みが出てくる。大船の松竹撮影所はその一つだった。藤浦洸(文)、杉浦幸雄(絵)「大船撮影所の畑作り――スタア労働見学記」(『スタイル』一九四一年五月)によると、畑作りが始まった翌日に、藤浦と杉浦は撮影所を訪れる。第一期計画として空き地一〇〇〇坪を畑にして、野球場・ラグビー場もつぶす予定だと、撮影所の報道部長は話した。じゃがいも・キャベツ・大根を中心に植えて、収穫物は生産者に分配する。杉浦が描いた二六七頁上の挿絵が開墾風景で、奥に大船観音が見える。空き地は会社の部署ご

(上)杉浦幸雄の撮影所の挿絵(藤浦洸(文)、杉浦幸雄(絵)「大船撮影所の畑作り――スタア労働見学記」、『スタイル』1941・5)。
(下)杉浦幸雄が描いた畑仕事をする水戸光子と木暮実千代(藤浦洸(文)、杉浦幸雄(絵)「大船撮影所の畑作り――スタア労働見学記」、『スタイル』1941・5)。

とに分割され、「助監部」「演技部」「機械部」「脚本部」「衣装部」「字幕部」「事務部」などの札が立っていた。

俳優が所属するのは「演技部」である。その畑から悲鳴が上がった。杉浦幸雄が駆けつけると、飛び上がって足をばたばた叩いていたのは木暮実千代。アブに刺されたという。次に悲鳴を上げたのは、絣の着物に縞のモンペ姿の水戸光子である。下の挿絵を見ると、「コグレ」(木暮)「ミト」(水戸)という名前が書かれている。鍬を放り出した水戸が、「先生、へへへびよ」と駆け寄ったとき、「蛇なんかこはがつてゐたんぢや、百姓はできませんよ」と抱きとめ、優しく答えてくれた「先生」は田中絹代だった。

『スタイル』は隣組・常会のような雑誌……

一九四〇年に内務省訓令「部落会町内会等整備要領」によって、結成を義務付けられたのは、町内会の下部組織になる隣組である。隣組の機能は多様で、回覧板による情報・指示の伝達や、食糧など生活必需品の配給、防空・防火・防犯、資源の回収、国民貯蓄などを実施していた。また隣組には、一〇戸前後で構成され、相互援助や融和を目的とする、常会が設けられている。二六九頁の図版は、鈴木嘉一が四〇年一二月にまとめた『隣組と常会――常会運営の基礎知識』(誠文堂新光社)の表紙。別の観点から見ると、隣組・常会は連帯責任制度によって、相互に監視しあう組織として機能している。新聞に隣組という見出しが頻繁に登場するようになるのは、三九年以降である。見出しに登場する「運動会」「大掃除」「回覧板」「切符制」「共同買出し」「砂糖」「廃品回収」「防火」「防空」「奉公日」「防毒」「防犯」「木炭」などの言葉は、隣組が果た

（右）鈴木嘉一『隣組と常会——常会運営の基礎知識』（1940・12、誠文堂新光社）の表紙。
（左）隣組常会の写真（鈴木嘉一『隣組と常会——常会運営の基礎知識』）。

した役割を伝えている。

秋田雨雀「隣組制度と文化」（『東京朝日新聞』一九三九年一一月一八日）は、「防空」に関わる一篇である。秋田が記事で紹介したのは、防空演習のテントのなかで出た、映画「土と兵隊」の話題。杭州湾上陸に取材した火野葦平の小説『土と兵隊』（一九三八年一一月、改造社）は、田坂具隆《ともたか》監督によって映画化され、三九年一〇月に日活が配給している。テント内の人で実際にその映画を観ていたのは、一人の青年だけだった。町の役員の大半は、火野の名前すら知らなかったという。秋田が書こうとした話題からは外れるが、隣組が防空演習の末端組織として機能していたことを、記事は語っている。

一九四一年一月に『スタイル』は、「隣組について——女はかう考へる」というコーナーを設けた。隣組は新体制下の生活に必要な組織で、「共同炊事、共同仕入れ、共同飼育、共同耕作、共同の子供の遊び場」など、たくさんの課題があると、井上まつ子は「運用が大切」で述べている。ただ同じような職業の者が集まる農村ではまとまりやすいが、隣近所で挨拶をしない都会では難しさもあると井上は指摘した。軍人や官吏が多いある町で、実業

杉浦幸雄の常会の挿絵（北原武夫「常会の印象——現代女性論その四」、『スタイル』1941・6）。

家の一家が暮らしていた。夫の仕事の関係で、妻は外出の機会が多い。隣組ができてから、近所の女性たちの干渉が目立つようになる。「そんなに外出ばかりしてはいけない」とか「髪の毛が短い」と言われ、妻は引っ越しを考えるようになった。自分たちと異質な考え方や行動様式を、排除しようとする動きが、共同体には出てくる。

一九四一年三月の『スタイル』に、「家庭内の翼賛はどうするか？——新家庭読本」というコーナーがある。阿部艶子はここに「身近かな所で（妻の立場から）」を執筆した。隣組のこんな話を、阿部は紹介している。隣組の常会を自宅で開くので、朝早く起きて、寒いなかを一時間半も行列して、主婦はようやく菓子を手に入れた。先月に行われた常会で、隣の家がいろいろとしていたので、同じようにせざるをえない。別の主婦は自宅で常会を開くときに、絨毯や花瓶を片付けるなど、「女中の手」が欲しいくらい忙しくなる。それらを目立たない場所に運んでおかないと、近所の人が「やれ贅沢だのなんのつて煩《うるさ》い」からである。そんな話を書きながら、阿部は暗い気持ちになった。

北原武夫は初めて隣組の常会に出た印象を、「常会の印象——現代女性論その四」（『スタイル』一九四一年六月）で紹介している。北原と組長以外は全員が女性である。出席する前は、主婦が家庭の外の集まりに出るのはいいことだと思っていた。ところが実際に常会に出てみると、少し様子が違う。女性同士の話し合いには、「思ひがけない（或ひは当然の）不快さ」が生じていた。たとえば組長が米の配給について話すと、「うちでは何しろ子供が多いものですから……」とか、「うちでは多人数の上に女中が二人もをるものですから……」と、各自の家庭の私事について話し出す。その結果、「あそこでは家の裕福なのを自慢にしてゐる」とか、「うちの貧乏なのを軽蔑してゐる」といふ感情が生じる。さらに子供の話題になると、「うちの何男は」「うちの何子は」と語るが、他人の話には関心を示さない。それは出席者に共通する「心理的現象」だと、北原は思った。

隣組や常会そのものから離れるが、『スタイル』一九四一年五月号の「紙上常会——スタイル隣組」というコーナーは興味深い。窪川稲子は「廃品の交換を」で、『スタイル』は「雑誌の性質からいつても隣組みたいな感じ」がすると述べた。写真で「皆さんのお住居《すまい》を拝見」すると、そこで常会を開いたような気分になる。近所付き合いのように、宇野千代からは「足袋の作り方」や「掛布の作り方」を教わった。「安いお惣菜のつくり方」もいろいろな人から学べる。窪川は「紙上常会」で、使わなくなった品物を交換したらどうかと提案した。かつて『スタイル』は、パリへの憧憬、ハリウッドへの憧憬をかきたててくれるモード誌だった。創刊から五年、日中戦争は『スタイル』を、日常生活と等身大の雑誌に変貌させたのである。

「翼賛」と「母性」——グラビア頁「女は家でも」が回収される物語

宇野千代は『スタイル』一九四一年三月号に「女の手仕事について」というエッセイを発表している。宇野はもともと家の中で、細々《こまごま》とした仕事をするのが好きだった。数年前まではよく毛糸の編物をしている。この冬は自分で足袋を縫おうと思い立った。型紙を作り、古い木綿の端布《はしぎれ》を探してきて、縞や紺絣の足袋を

（上）洗濯をする佐藤美子（「女は家でも」、『スタイル』1940・12）。
（下）染め物をする大田洋子（「女は家でも」、『スタイル』1941・2）。

作っている。それは趣味の世界に止まる話ではない。「家《うち》の中で、誰かひとり手仕事をしてゐる女の人のある家は、家中が何とも言へない和やかな空気が《ママ》感じさせるやうに思ひます。女の手仕事は、廃物利用のためだけにするのではありません。（中略）女の人が、優しい心を手にこめてする仕事は、どんな偉い仕事よりも、人生にとつて重大な役目をするものだと思ひます」と、宇野はエッセイを結んだ。この考えに基づいて企画したのが、一九四〇年一二月から始まるグラビア連載「女は家でも」である。

一九四〇年一二月号の「女は家でも」では、「女も男と同じやうに、家を外にして働かねばならない時代になりましたけれど、（中略）家へ帰つてから、ちよつとの間でも家の中の細かい仕事をして下さい。女の家のなかでの手仕事は、家庭をとても和かに、暖かくするものです」と、企画の意図が説明されている。執筆者名はないが、後半部分は「女の手仕事について」と同じ内容なので、編集長の宇野千代と考えていいだろう。登場するのは、風呂の支度をする藤川栄子と、洗濯をする佐藤美子、縫物をする美川きよの三人。母がフランス人の佐藤は、エキゾティックな雰囲気を漂わせているが、舞台で「カルメン」を歌う姿とはまったく違う。「パパには良いマダムにならねばなりませんし、子供にはいいママにならねばなりません」と語る佐藤は、裏庭で小さい畑も作っていた。

企画の意図を説明する文章は、一九四一年一月号では削られるが、二月号では少し短くして復活する。二月号で写真が掲げられたのは、声楽家の斎田愛子《さいだあいこ》と、森田たま、大田洋子の三人である。大田は染めるのが好きだった。庭に穴を掘って、そこに釜を設置する。郊外の代々幡《よよはた》にある自宅の前は、広い空き地になっていた。そこで枯れた雑木を集め、薪木用として庭に置いておく。小説を執筆する合間に、大田は写真のように染め物をした。

一九四一年三月号になると「女は家でも」というタイトルの前に、「日々の翼賛」という語句が掲げられる。「翼賛」とはもともと「力を添えて助けること」を意味するが、大政翼賛会の「翼賛」でもある。近衛文麿を中心とする新体制運動は、四〇年一〇月に政治結社の大政翼賛会を生み出した。保守政党から合法的な無産政党まで、党を解散してここに合流することになる。宇野千代も四〇年一〇月号の「編輯後記」で、新体制への協力を表明している。おのずからこの語句には、女性が日々家で行う手仕事が、ささやかでも「翼賛」の一助になるという意味が籠められていることになる。三月号で紹介されたのは、花柳寿美・原信子・宇野千代・窪川稲子の四人。二七四頁上の写真は台所に立つ原である。オペラ歌手のイメージが、家事から遠いためだろう、「わたしがお台所をすると嘘だとおつしやいますけど、いつもお客さまのお料理はみんな私の手製」と原は話している。

（上）台所に立つ原信子（「女は家でも」、『スタイル』1941・3）。
（下）編物をする三岸節子（「女は家でも」、『スタイル』1941・4）。

一九四一年四月号には藤原義江の妻のあきと、村岡花子・三岸節子が登場した。洋画家の三岸は、夫の三岸好太郎と七年前に死別して、三人の子供を育てている。下の写真は、子供のセーターを編んでいる場面。毛糸は古いものを解いて使う。学校の制服が黒か紺なので、それに合わせて自分で色を染める。「これでも日々の翼賛でせう」と、三岸は優しく小さい声で語った。三岸の姿を見ながら、銀座でパンを買うために長い列を作る「若い娘さんたち」も、編物をしたらいいのにと「筆者」は感じている。

足袋の手作り、洗濯や畑仕事、染め物、台所仕事、編物——そんな女性たちの家での手仕事は、「翼賛」という物語に回収されていった。しかしそれだけではない。『スタイル』一九四一年四月号で「女性訓」という小さい特集が組まれている。東京日日新聞社記者の永戸《えいと》俊雄《としお》は、「美と心と愛」という原稿を寄せた。永戸はこう書いている。「母性愛に徹してこそ、女性の生活は最も崇高となるべし。子供に対すると同様に、男性に対してもまた深き母性愛を持て。男性の最後の精神的安息所はそれ以外にない。母性愛によつて疲れたる男性、迷へる男性、悩める男性を済度救済せよ。これ、女性の貴き使命なり」と。「女性訓」は「女訓」（女性に対する戒め）と同じ意味だろう。戦時下で女性たちの家での手仕事は、「母性」という物語にも回収されていくのである。

ハルビンの夜に流れる、白系ロシア人女性の「雨のブルース」

前節で引用した宇野千代「女は家でも」（『スタイル』一九四〇年一二月）の前半部、「女も男と同じやうに、家を外にして働かねばならない時代になりましたけれど」を取って、後半部の「女の家のなかでの手仕事は、家庭をとても和かに、暖かくするものです」だけを残すと、どのような論理が現れるのか。「中川のぶ子夫人」（『スタイル』一九四一年六月）で真杉静枝が描いた、画家中川一政の妻の姿は、その典型である。のぶ子は長唄・踊りの名取りで、「英語はお手のもの」だった。実際に「中川のぶ」という名前で、カアスン・マックカラーズ『話しかける彼等』（一九四〇年二月、四季書房）を翻訳している。装幀は一政が担当した。ただ結婚するときにのぶ子は、「結婚前にうけた沢山な教育は、いちどすつかり地の底に埋め、何も知らない、何の学問もしなかつた白紙にかへり、何でも命令と同時に身軽に立ちふるまひできる女になりませう」と「覚悟」している。

自分の可能性は押し殺して、夫と子供のために尽くす――この滅私の精神は、女性のあるべき規範性として、戦時下で繰り返し説かれた。宇野千代は一九三九年四月に、小説家の北原武夫と結婚する。その二年後の四月に二人は中国を旅行した。北原の「北京の女性——女性時評その1」（『スタイル』一九四一年八月）は、中国での見聞を基に書かれている。北京の燕京大学の女子学生は「欧米風」で、「綺麗な発音でペラペラと」英語を話す。銀座を闊歩する「日本製の近代女性」など、「足許にも及ばない」くらいモダンである。その姿を北原は、自由主義の「弊害」で、男女同権思想の「悪疾」だと主張した。家庭の外に出て、何らかの職業に従事することを、「近代的で進歩的」と捉えるのは、「根強い偏見」だと北原は考えている。「女の天職」は、「良人に仕へる妻であり、子供を育て上げる母にある」というのが、北原の女性観である。だから北原の眼には、中川のぶの姿が理想的な女性と映っていたに違いない。

宇野千代の眼に、中国の女性はどのように映ったのだろうか。「大陸の風俗——満洲・北支にゐる日本女性の服装について」（『スタイル』一九四一年九月）で宇野は、「大陸の風物も珍しかつたが、何よりも街を歩い

（上）清水崑の挿絵（宇野千代「大陸の風俗——満洲・北支にゐる日本女性の服装について」、『スタイル』1941・9）。
（下）中国人の女性（林芙美子「北平の女のきもの」、『スタイル』1937・1）。

てゐる女の人の服装に感心した。朝鮮服もさうだが、満洲服支那服のあの単純で明るい色彩と形とは、ほんたうに美しいと思つた」と、感嘆の声をあげている。ファッションは単独に存在するのではない。「大陸のあの茫漠とした自然、色彩の強烈な建築物」を背景にしたとき、その服装がぴったりと調和していると宇野は感じた。大陸で目にした日本人女性の和服はどうだったのか。対照的に和服姿には、美しさが感じられなかった。大陸の風物を背景にすると、和服の色彩や形が、「何とも云へないゴチヤゴチヤした、埃つぽい、汚い感じ」を与える。

キタイスカヤ街

（上）小野佐世男が描いたキタイスカヤ街（夏村扇吉（文）、小野佐世男（絵）「哈爾浜漫歩記」、『スタイル』1941・7）。
（下）小野佐世男が描いたキャバレー「ファンタジア」夏村扇吉（文）、小野佐世男（絵）「哈爾浜漫歩記」、『スタイル』1941・7）。

宇野千代は中国の女性のファッションが、「肩と腰の線の美しさ」を引き立たせ、「まるで、人魚が街を歩いてゐるやうだ」と述べている。そのように感じたのは宇野だけではない。『スタイル』一九三七年一月号に林芙美子は「北平の女のきもの」を発表している。「北平の女は本当に綺麗です。きものと軀《からだ》が、よくなじみ合つて、一つの俤《おもかげ》をつくつてゐる」と林は書いた。背が高くて、腰の線がふっくらした身体と、服装がよく調和していて、並木の下で裾を引いて散歩する中国人女性を、「東洋女の「いき」」とまで、林は激賞している。それに比べると、「袖や帯がものを云つてゐる日本の着物」は「何とかならないものか」と、林は慨嘆した。

北原武夫も中国人女性の美しさは目にしていた。「北京の女性――女性時評その1」で燕京大学の女子学生を「瀟洒で美しく」と形容している。しかし女性を「母性」という物語に回収することで、北原の言説は成立する。宇野千代が「大陸の風俗――満洲・北支にゐる日本女性の服装について」を発表した、『スタイル』一九四一年九月号に、北原は「母としての日本女性――巻頭言」を書いている。そこで北原は、「満人や支那人が人間の質に於ては日本人に遥かに劣つてゐる」と断言し、その理由を「母としての彼等が母としての日本女性に実に劣つてゐる」ことに求めた。母に「没我的なもの」が見られないが故に、劣っているという論理である。この言説は、単なる個人の考え方の表明ではない。雑誌の「巻頭言」として掲げられた文章である。パリへの憧憬、ハリウッドへの憧憬から出発した『スタイル』は、日中戦争下でこのような岸辺に打ち寄せられた。

夏村扇吉と小野佐世男は、東京を出発して釜山経由で新京に来るまで、宇野千代と共に旅をしている。そして新京に北原武夫と宇野を残して、特急亜細亜号でハルビンを訪れた。夏村の文章と小野の絵で構成した「哈爾浜《ハルビン》漫歩記」(『スタイル』一九四一年七月)によると、昼間に「東洋のモスコオ」と呼ばれる市内を観光した二人は、夜にキャバレー「ファンタジア」に足を向ける。ステージでは白系ロシア人の女性が、拙い日本語で「雨のブルース」を歌っていた。「雨よ降れ降れ悩みをながすまで/どうせ涙に濡れつつ/夜ごと嘆く身は」(野川香文作詞)。一九三八年に発売された淡谷のり子の「雨のブルース」は、満洲の日本兵たちに熱狂的に迎えられて大ヒットした。ハルビンで「眼玉の青い女が『雨のブルウス』を唱つてるとは」、淡谷も知らないだろうなと語り合いながら、二人は「泣けてくる」自分たちを意識していた。流浪しているのは『スタイル』だけではない、二〇年前のロシア革命で難民となった白系ロシア人も、満洲で戦い続ける日中の兵士も、それぞれの流浪の物語を抱えていた。

文化諸領域のモード⑥——社交ダンスと玉置真吉

1936年7月号の「スタイル第三号よりの分担編輯者」で、担当者を決めていない領域はたくさんある。社交ダンスはその一つである。文化学院の事務長を経て、社交ダンス教師として有名になる玉置真吉は、『三〇年型ダンスの手引』(1930年、誠文堂)や、ヴキクター・シルヴェスター著『モダン社交ダンス』(1931年、四六書院、訳補)などを刊行していた。『スタイル』では「社交ダンスのエティクェットに就て」(1936年11月)や「二人評論 二葉あき子」(1939年12月)のほかに、37年4月号から「社交ダンス連続講座」を連載している。

第一次世界大戦後に社交ダンスとジャズは、アメリカから世界の大都市に拡がる。南カリフォルニア大学でシンフォニック・ジャズを学んだ紙恭輔は、「ジヤズのスタイル」を37年1月号に執筆した。紙は赤坂溜池のダンスホール・フロリダで、バンドのアレンジをしている。ロンドン王立音楽アカデミーでピアノを学んだ野村光一は、「近頃好きなジヤズ・レコード」(1937年10月)を寄稿した。「雨のブルース」の作詞者・野川香文は、大井蛇津郎というペンネームで、37年3月号から「本場アメリカのジヤズ」を連載している。

エピローグ

「大東亜戦争」下の女性誌

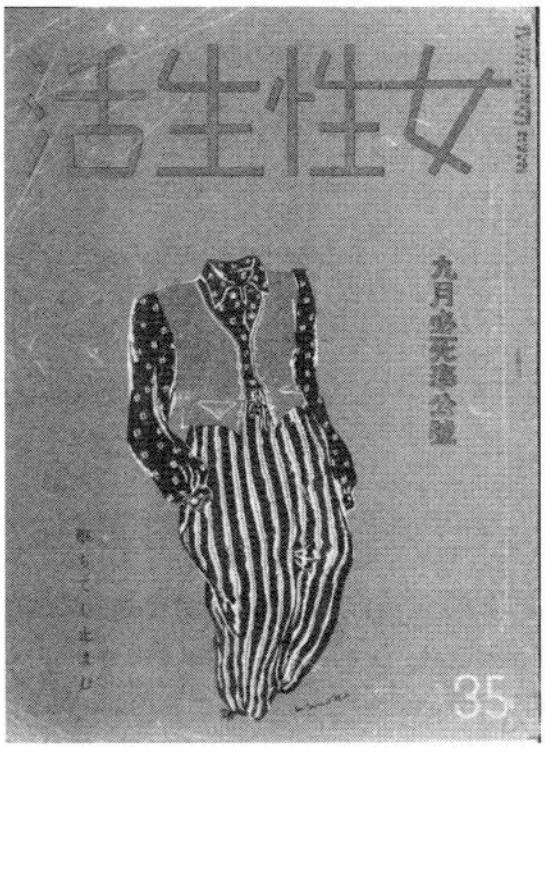

一九四一年九月に『スタイル』は終刊号を出した。「本誌はもう可なり以前から単に洋装とか風俗とかといふやうな面のみを取り上げてゐるのではなく、女性の日常生活の全般に亘つて明日の女性の堅実な倫理建設に努力し」と、宇野千代は同号の「編輯後記」に記している。一〇月からの誌名は『女性生活』。さらに編集部は「編輯後記」で、「未曽有の難局に立つ祖国日本を担ふ僕等として、この本誌の改題は、単なる改題といふ以外に、もつと深い意義と責任を担つてゐる」と述べた。「未曽有の難局」の新しい局面は、その三ヵ月後に訪れる。一二月八日に日本軍はハワイの真珠湾を空襲し、マレー半島に上陸を開始した。閣議は四日後に、戦争を「大東亜戦争」と命名している。

かつての『スタイル』は、パリを憧憬し、ハリウッドを夢見て、「自己」を組織しようとしていた。同時代の『ヴォーグ』の誌面を飾る、パリのデザイナーの仕事や、ハリウッド女優のファッションは、手が届かない世界に見えたかもしれない。だが憧憬の対象に近付こうと「自己」を組織する方向性が、『スタイル』の魅力を創り出していた。そのパリは一年以上前にドイツ軍に占領され、欧米の雑誌やハリウッド映画は届かなくなっている。参照すべきモードはすでに姿を消していた。『女性生活』一九四二年二月号のグラビアの最初の頁に掲げられたのは、一二月一〇日のマレー沖海戦で海の藻屑と消えた、イギリス東洋艦隊の戦艦プリンス・オブ・ウェールズと巡洋戦艦レパルスである。誌面を構成する記事も、「大東亜戦争」下の等身大の現実になる。戦争下で女性が何を思い、どのように生活したのかという記録が、雑誌には綴られている。

同じ一九四二年二月号のグラビアに「母と子」という小特集がある。大田洋子・窪川稲子・三岸節子のエッセイと、母子の写真が掲載された。窪川家の写真（二八三頁）は、座敷机の上に新聞と地図を拡げて、窪川と娘が鉛筆を持ち、息子が地図を指さす場面である。窪川は「ニュースをめぐつて」というエッセイで、こう説明している。「私は、新聞の記事を読み、地図をひろげて男の子に却つておしへてもらつてゐるのです。日本軍に沈められた英国や米国の軍艦の名を新聞で読むと、男の子は、その軍艦の写真の載つてゐる古い雑誌を引き出して来てこれがさうだ、とおしへて呉れます」。このときに拡げていたのは、ハワイとマレー半島の地図だろう。

雑誌が内包する世界地図も変容する。かつてヨーロッパにはパリやロンドンが、アメリカにはニューヨークやロサンゼルスのハリウッドがあった。それらの都市名を記した世界地図は読者の意識から遠去かり、代わりに「大東亜共栄圏」の地図が迫り出してくる。図版（二八四頁）の「南方共栄圏資源図」は、永戸俊雄「持てる大東亜」（『女性生活』一九四二年三月）に収載されている。

窪川稲子「ニユースをめぐつて」（『女性生活』1942・2）。

この地図の特徴は、東南アジアや南洋群島のどの場所に、どのような資源が存在するかを記載したことである。ただ「大東亜の大資源」を「自由に」動かせるようになるまでには、三年か五年かかる。だから現在は「忍耐辛抱」の覚悟が必要だと永戸は説いた。彼が特記したのは、家庭で不足する砂糖。フィリピンやジャワで生産されるので、いずれ「坊やの虫歯予防に苦労」する時代が訪れると、希望的観測を述べている。

一九二〇年代に三年余りフランスで暮らした獅子文六は、「僕ら日本人は骨髄的に、独創的に全体的にアメリカニズムを軽蔑すべきである」（『女性生活』一九四二年五月）で、ヨーロッパとアメリ

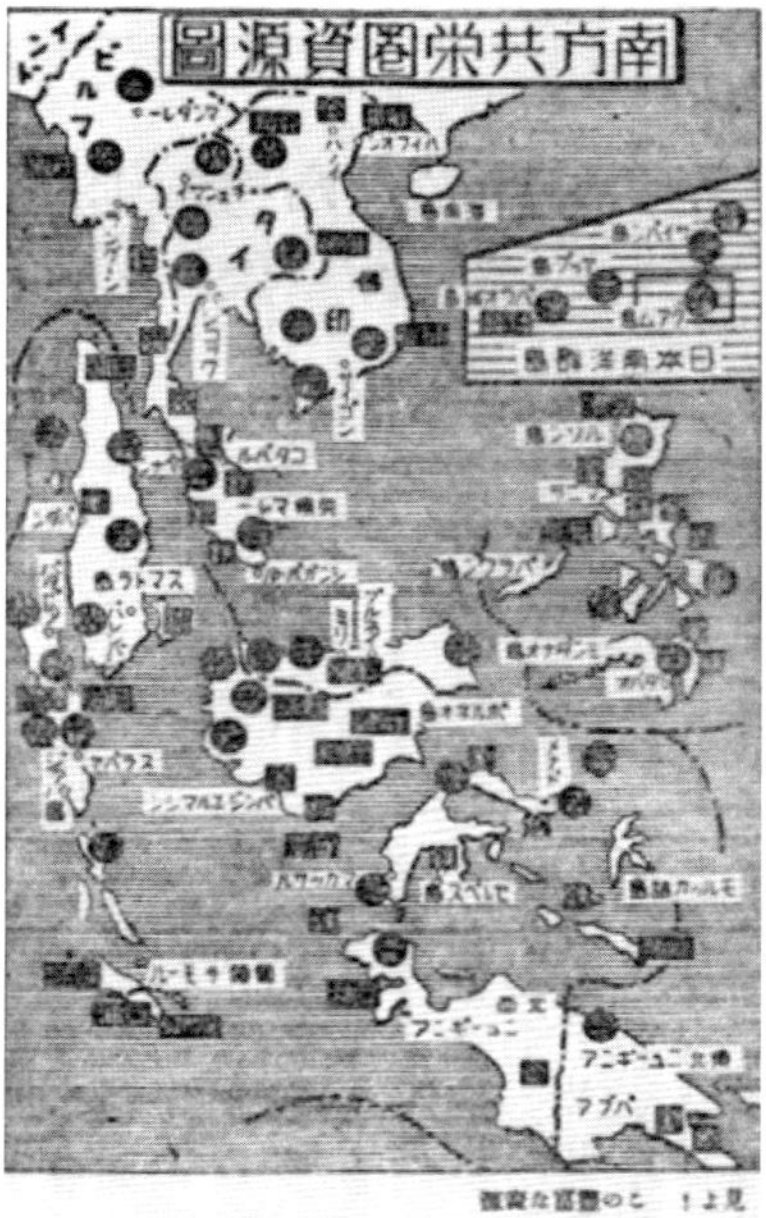

「南方共栄圏資源図」（永戸俊雄「持てる大東亜」、『女性生活』1942・3）。

カの違いをこう指摘する。ヨーロッパでアメリカは、「野卑な国」「文化のない国」「伝統のない国」と見られていた。「僕」も同じようにアメリカを捉え、アメリカニズムを「軽蔑」していたから、アメリカへ行きたいと思ったことはない。しかしアメリカの「物質主義と機械的文化と成金風俗」を笑っているうちに、ヨーロッパ人はアメリカニズムに感化されてしまった。「ジャズと自動車工業と享楽映画」の刺戟がなければ、「夜が明けなく」なった。日本がアメリカと戦端を開いた現在、「欧羅巴人的アメリカ観」は、何の役にも立たないと。獅子の世界地図では、アメリカだけでなくヨーロッパも、意味を持たないエリアと化している。

　パリやハリウッドが世界地図で存在感を失った結果、思考の範囲は生活空間へと縮小していく。「隣組の親睦に就て――女はかう考へる」（『女性生活』一九四一年一二月）というコーナーに、宇野千代は「すべてに節度」を執筆した。宇野にはもともと隣組で何かをやろうという気持ちはなかったが、数ヵ月前に隣組の組長になり、防空訓練で防火責任者を任される。そうなると「不思議」なことに、「やつて見たい」気持ちが生まれてきた。しかし隣組の難しさも、同時に意識するようになる。「組中の者の仲よくなること」が大切だが、人間関係は難しい。「好き嫌ひの気持」を抑え、「無闇にべたべたと仲よくしたいといふ気持」を抑えることが必要になる。それがタイトルの「節度」という言葉を選ばせている。

戦時下の物資不足は、もはや贅沢品の話ではない。生活の基本となる衣食で、事態は深刻化していた。「生活に於ける決戦体制——被服問題」（『女性生活』一九四二年三月）という特集には、「いよいよ切符制になつた」や「最低材料を如何に生かすか」という語句がちりばめられている。箪笥の中に多くの着物を寝かせる余裕も、新しい衣類を購入する余裕もない。阿部艶子は「ぼろ布になるまで二十年」にこう記した。「洋服でも和服でも、一枚の着物をすつかり着つぶすまでには、縫ひ返したり、子供のものにしたりふとんにしたり、袋とかネクタイのやうな小物にしたり、つひにはきれを細くさいて編棒で足のカバーか何かに編むまでには十年も二十年も、或はもつと何十年もかゝる。着物の一枚々々を最大限度に活用する工夫を女の人は考へなくてはならない」と。

一九四二年二月一五日にシンガポールの英軍が降伏し、三月九日にはジャワの蘭印軍も降伏した。五月一日に日本軍がビルマ（現ミャンマー）のマンダレーを占領して、南方進攻作戦は節目を迎えたように見える。しかしその翌月には、戦局の転機が訪れた。六月五日から七日のミッドウェー海戦で、日本は四空母を失い、南太平洋進攻作戦は中止を余儀なくされる。この頃には食料事情が悪化していた。壺井栄は「今年は空地へジヤガイモを作りました」（『女性生活』一九四二年八月）を、「あれがない、これがないといふ声を聞きますけれど、ものが不足して餓えを感じるといふところまではきてない筈です」と始めている。肉や油は足りないが、米や味噌の配給はある。お粥で我慢する日や、中味のない味噌汁を啜る日もあった。だから空き地で野菜を育てることが必須になる。

配給はいつ何が来るのか、先が見えなかった。『女性生活』一九四二年九月号は「こんな嬉しかつた配給

吉屋信子のモンペ姿（『女性生活』1943・7）。

はなかつた」という小特集を組んでいる。佐藤美子は「夏の魅力冷奴の配給と食パン」に、バスを待っているときに耳にした、こんな会話を書き留めている。「今度のお砂糖の増配ほど助つた事はないネ、うちなんか、もう七月の十五日頃で、おしまひだつたのよ」「それどころか、うちなんか五日頃できれてしまひ、おばあちやんの所に泣きこんで少しゆうづうしてもらつたつて二日か三日ですぐなくなるし」。現在は配給があっても、明日はどうなるか分からない。「来月からパンの配給は中止になります」というパン屋の言葉を家族から聞かされて、佐藤は心を痛めていた。

一九四二年の暮れから、南方の日本軍部隊の全滅や、戦死者数の増大が目立つようになる。一二月八日にはニューギニアのバサブアで日本軍が全滅した。四三年五月二九日にはアッツ島の日本軍守備隊が全滅している。そのニュースを受けて永戸俊雄は、『女性生活』一九四三年八月号の巻頭言「厳粛なる事実」を、「アッツ島守備の山崎部隊が、最後の一兵まで玉砕した」と始めた。さらに「この感動、この決意を、女性が実際どんな行ひに表すか」と永戸は問いかけている。女性も銃を取るべきだという主張ではない。「その持場々々で、死んだ気になつて、粉骨砕身し、決戦生活に徹した捨身の行ひ」をするように、永戸は呼びかけた。

物資不足は『女性生活』自体にも及んでいる。「最近、雑誌が薄くなつて内容もつまらないといふことを聞く。薄くなつたのは用紙統制でやむをえない」と、同誌一九四三年六月号の「編輯後記」は述べた。『女性生活』と改題した頃は、五〇頁台後半の雑誌だったが、三〇頁台後半まで落ちている。四三年七月号のグラビア頁「私の防空服」に、モンペ姿の吉屋信子と真杉静枝が載っている。吉屋の「標準服を着て」によると、先日の日本文学報国会の大会では、女性はすべて防空服姿で出席するように求められた。吉屋は写真の「厚生省の婦人標準服乙型作業衣」を着て出かけたが、「い丶モンペね」と好評だったという。吉屋も真杉も防火用水の前で写真に納まっている。

一九四三年九月号の「衣服も弾丸!——揃って繊維節約へ協力しよう!」は、永戸俊雄の呼びかけに呼応した小特集に見える。この小特集名に関して、「衣料も亦弾丸だと云つたところで、家庭の銅や鉄を回収したやうに衣料はすぐに弾丸にはならない」と、壺井栄は「総ての工夫を戦争へ」に書いている。ただ「破けた着物を繕つてもう一度役立てることも、あるもので間に合はせることも、廃物を利用することも、戦争行為」と捉えて、壺井は繊維を節約したいと考えていた。宇野千代は「都会の女性は一人残らず、衣料切符を返納しよう」で、「田舎」で働く人たちは野良着がなく、破れ目を繕う布もないので、困っているという話を紹介した。

真杉静枝のモンペ姿(『女性生活』1943・7)。

エッセイのタイトルは、その対策の提案である。戦時色が深まっていく過程で、ファッションは国策に完全に呑み込まれていく。モードはもはやその気配すら残っていなかった。

あとがき

宇野千代が編集長を務めた『スタイル』について、いつか書き下ろしたいと思ったのは、『資生堂という文化装置　1872－1945』（二〇一一年四月、岩波書店）をまとめたときだった。脚注欄も含めて原稿用紙換算一一〇〇枚の分量のその本で、『スタイル』を『ヴォーグ』のように――宇野千代・岡本かの子・吉屋信子」は全七六節の一節である。言い換えるなら、七六本の枝で構成される樹木（『資生堂という文化装置』）の、一本の枝にすぎない。しかし一九二〇年代から三〇年代のモダン都市のモード誌やファッション誌のなかで、『スタイル』のセンスは群を抜いていて、薄れることなく記憶に残っていた。どうやってこのような雑誌を編集できたのだろうか。この枝を樹木の位置に据えて、そこに開けてくる風景を、書物の空間にしてみたかった。

本書を執筆することで、見え方がまったく変わってしまった絵がある。東郷青児が一九三三年に制作して二科展に出品した「黒い手袋」（本書表紙参照）である。東郷に即して言うと、三〇年代に画風を確立した、女性の肖像画の一点ということになる。宇野千代にとってはどのような絵だったのだろうか。三〇年から三四年まで宇野は、東郷と共に暮らした。「東郷青児の影響力」（『アサヒグラフ別冊――美術特集 東郷青児』一九七七年五月）で宇野は、東郷の絵と出会って、自分の文学は「黒が白になったほどの変貌」を遂げたと回想している。それまでの小説は、「自然主義文学とでも言おうか、蚯蚓《みみず》が地べたを這い摺ってでもいるような、陰気臭い題材の間を彷徨」していた。しかし東郷の絵の「西欧的な抽象世界」によって、「文学の眼」が開いたという。

宇野千代『私の文学的回想記』（一九七二年四月、中央公論社）によると、東郷青児は絵を描くためにアトリエが必要だった。ちょうどその頃に、パリ時代の「仲間」の阿部金剛が、小説家・三宅やす子の娘の艶子と結婚する。そこで三宅の家を設計した建築家に依頼して、三一年に「コルビジェ風のハイカラな家」を建てた。宇野がモデルと言われる「黒い手袋」は、そこで完成している。そのような文脈で改めて絵と向き合うと、後方のギリシャ神殿のような建造物は、「西欧的な抽象世界」が宿る場所に見えてくる。それは宇野の「文学の眼」を開いただけではなかった。三六年六月に創刊される『スタイル』は、東郷の絵の啓示によって、可能になった世界なのではないか。

『スタイル』の新しい世界の開拓を支えたのは、モダン都市の人的ネットワークである。『スタイル』全六四冊に二〇回以上登場する五四人の肩書を並べてみよう。映画関係者・オペラ歌手・音楽評論家・劇作家・作詞家・挿絵画家・詩人・写真家・小説家・柔道家・新聞記者・随筆家・精神科医・装幀家・男性モード評論家・舞踊評論家・翻訳家・美容家・漫画家・漫談家・モード評論家・洋画家・流行歌手など、多様な領域に跨っている。登場回数一〇回以上の一一五人まで拡大すると、映画俳優・音楽家・芸者歌手・芸能評論家・建築家・コメディアン・社交ダンス教師・ジャズ評論家・登山家・皮膚科医・服飾デザイナー・舞台装置家も加わってくる。『スタイル』はさまざまな領域のモードを発信し続けた。しかし一五年戦争によって後退戦を強いられ、やがて挙国一致の波間に姿を消してしまう。

書物の空間は、雑誌と同じように、一人の力だけで成立するわけではない。一冊をまとめていく過程で、多くの方々に力を貸していただいた。この場を借りて、深くお礼を申し上げたい。本書をビジュアルな一冊に仕上げてくださったのは、平凡社編集部の安藤優花さん。ありがとう。

和田博文

二〇二五年一月二一日

主要参考文献

『松竹七十年史』（一九六四年三月、松竹）

奥村博史『わたくしの指環』（一九六五年一〇月、中央公論美術出版）

淀川長治編著『ハリウッド黄金期の女優たち——ハリウッド女優１９３０年代』（一九七九年六月、芳賀書店）

ジョージナ・ハウエル『IN VOGUE——ヴォーグの60年』（ＴＳＧ・海野弘訳、一九八〇年三月、平凡社）

ファッション振興財団編『’30年代パリ・モード展——現代服の原点』（一九八六年八月、ファッション振興財団）

南博ほか編『近代庶民生活誌５　服飾・美容・儀礼』（一九八六年六月、三一書房）

中山千代『日本婦人洋装史』（一九八七年三月、吉川弘文館）

E・ルーシー＝スミス『１９３０年代の美術——不安の時代』（多木浩二・持田季未子訳、一九八七年七月、岩波書店）

深井晃子『パリ・コレクション——モードの生成・モードの費消』（一九九三年四月、講談社現代新書、講談社）

川本恵子『魅惑という名の衣裳——ハリウッド・コスチュームデザイナー史』（一九九三年五月、キネマ旬報社）

山本鈴子『語り継ぐ美容史——近代美容の道を開いて』（一九九三年一二月、ブレーンセンター）

ブリュノ・デュ・ロゼル『20世紀モード史』（西村愛子訳、一九九五年九月、平凡社）

山梨県立文学館編『宇野千代の世界』（一九九六年四月、山梨県立文学館）

千野陽一監修『愛国・国防婦人運動資料集５　大日本国防婦人会十年史』（一九九六年六月、日本図書センター）

フランソワ・ボド『Schiaparelli——Mémoire de la mode』（貴田奈津子訳、一九九七年五月、光琳出版）

生誕百年「宇野千代の世界展」実行委員会編『生誕百年　宇野千代の世界』（一九九八年二月、海竜社）

ジョアン・フィンケルシュタイン『ファッションの文化社会学』（成実弘至訳、一九九八年一二月、せりか書房）

名古屋市博物館編『木炭バスの走ったころ——代用品にみる戦中・戦後のくらし』（二〇〇〇年二月、名古屋市博物館）

『スタイル（復刻版）』（二〇〇三年五月、臨川書店）

世田谷文学館編『宇野千代展——書いた、恋した、生きた。』（二〇〇五年四月、世田谷文学館）

レブン編『決定版宇野千代の世界——生誕１１０年没後10年特別企画』（二〇〇六年三月、ユーリーグ）

津田紀代編『輝きはじめた女たち——20世紀の化粧と旅』（二〇〇七年一〇月、ポーラ文化研究所）

『戦争とくらしの事典』（二〇〇八年三月、ポプラ社）
和田博文『資生堂という文化装置 1872―1945』（二〇一一年四月、岩波書店）
東京都編『都市資料集成11 ぜいたくは敵だ・戦時経済統制下の東京』（二〇一二年三月、東京都）
ブロンウィン・コスグレーヴ『VOGUE ON ココ・シャネル』（鈴木宏子訳、二〇一三年二月、ガイアブックス）
ジュディス・ワット『VOGUE ON エルザ・スキャパレリ』（武田裕子訳、二〇一三年二月、ガイアブックス）
尾形明子『宇野千代』（二〇一四年三月、女性作家評伝シリーズ、新典社）
リンダ・ワトソン『ヴォーグ・ファッション100年史』（桜井真砂美訳、二〇一四年四月、スペースシャワーネットワーク）
岩見照代監修『「婦人雑誌」がつくる大正・昭和の女性像10 美容・服飾・流行1』（二〇一五年七月、ゆまに書房）
岩見照代監修『「婦人雑誌」がつくる大正・昭和の女性像11 美容・服飾・流行2』（二〇一五年七月、ゆまに書房）
伊藤隆『大政翼賛会への道――近衛新体制』（二〇一五年一二月、講談社学術文庫、講談社）
山村博美『化粧の日本史――美意識の移りかわり』（二〇一六年六月、歴史ライブラリー、吉川弘文館）
大丸弘・高橋晴子『日本人のすがたと暮らし――明治・大正・昭和前期の身装』（二〇一六年一二月、三元社）
神奈川文学振興会編『宇野千代展――華麗なる女の物語』（二〇一七年五月、県立神奈川近代文学館）
坂本佳鶴恵『女性雑誌とファッションの歴史学――ビジュアル・ファッション誌の成立』（二〇一九年三月、新曜社）
工藤美代子『愛して生きて――宇野千代伝』（二〇二〇年二月、中公文庫、中央公論新社）
並木孝信『受難と開花と――激動の昭和美容業界史』（二〇二〇年六月、コワフュール・ド・パリ・ジャポン）
DK社編、深井晃子日本語版監修『世界服飾大図鑑 コンパクト版』（二〇二〇年一〇月、河出書房新社）
半藤一利『戦争と人びとの暮らし――1926〜1945 上』（二〇二三年六月、平凡社）
『日本婦人――大日本国防婦人会機関誌〔復刻版〕』（二〇二三年一〇月、金沢文圃閣）
野口孝一『明治・大正・昭和 銀座ハイカラ女性史――新聞記者、美容家、マネキンガール、カフェー女給まで』（二〇二四年三月、平凡社）
黒羽清隆『日中15年戦争』（二〇二四年七月、ちくま学芸文庫、筑摩書房）
平芳裕子『日本ファッションの一五〇年――明治から現代まで』（二〇二四年一〇月、歴史ライブラリー、吉川弘文館）

『スタイル』『女性生活』関連年表（一九三六〜一九四五年）

一九三六（昭和一一）年

一月　日劇ダンシングチームが「ジャズとダンス」の公演でデビュー（13日）、松竹大船撮影所がスタートする（15日）。／二月　皇道派が挙兵して国家改造を要求する二・二六事件（26日）。／五月　木村慶市『英和洋装辞典』（慶文社）。／六月『スタイル』誌を創刊、発行所はスタイル社、総頁は三二頁、「お洒落問答」の連載開始。／七月　スペイン内乱が始まる（17日）。／八月『スタイル』誌の発行所を時事新報社に変更。ベルリンオリンピック大会開催（1日〜16日）、「国策の基準」（大陸・南方への進出と軍備拡張）を五相会議で決定（7日）。／一〇月『スタイル』誌で「お洒落随筆」の連載開始。／一一月　ドイツとイタリアがスペインのフランコ政権を承認する（18日）、日独防共協定締結（25日）。

一九三七（昭和一二）年

一月『スタイル』誌の発行所をスタイル社に変更し総頁は六四頁に。戸板裁縫学校手芸研究会編『新刺繡教本』（三陽閣）。／四月『スタイル』誌で芹葉輝夫「伊達男雑記」の連載開始。大阪・大丸で開かれた「美容講演と実演の会」に矢野目源一と宇野千代が出席（29日）。／七月　盧溝橋で日中両軍が衝突して日中戦争が始まる（7日）、国防婦人会大船分会が結成されて田中絹代が会長に（28日）、矢野目源一『美貌処方書』（美容科学研究会）。／八月『スタイル』誌で「お洒落コント」「お洒落な町々」（後に「想ひ出の町々」）の連載開始。第二次上海事変（13日）、国民精神総動員実施要綱を閣議決定（24日）、スタイル社の大原芳郎が出征。／九月　輸出入品等臨時措置法公布（10日）。／一〇月　商工省が臨時輸出入許可規則公布（11日）、景山鹿造『国民精神総動員教程』（日本青年教育会出版部）。／一一月『スタイル』誌が「一九三八年のヴォーグ」の小特集を企画。イタリアが日独防共協定に参加（6日）、東京高等技芸学校編纂部編『洋裁店開業案内　附就職案内』（東京高等技芸学校通信学部）。／一二月『スタイル』誌で「お洒落訪問記」の連載開始。内務省が活動写真の興行時間を三時間以内に制限する（7日）、日本軍が南京を占領（13日）。この年に千人針や慰問袋が盛んになる。

上海共同租界の北の閘北一帯の焼け跡を歩く日本の陸戦隊員（『アサヒグラフ』1937年11月17日）。

一九三八（昭和一三）年

一月『スタイル』誌で館真「ヴォーグ・スタヂオ」と「スタイル専科」と「お洒落男子部」の連載開始。岡田嘉子が杉本良吉とソ連に亡命（3日）、国民政府を相手にしないという第一次近衛声明（16日）。／二月『スタイル』誌で「美貌研究室」と「スタアここが魅力」（後に「スタア採点」「想ひ出のスタア」）の連載開始。／三月　ドイツがオーストリアを併合（13日）。／四月『スタイル』誌で「お手製全集」（後に「私のお手製十五セン料理」）の連載開始。国家総動員法を公布（1日）、灯火管制規則を実施（10日）。／五月『スタイル』誌で「スタイル小説」欄を新設。商工省が切符制によりガソリンの強制的消費節約二割を実施（1日）、日本軍が徐州を占領（19日）。／七月　東京の青バスが木炭車に改造開始。／八月　ヒトラー・ユーゲントの青年を乗せたドイツ船が横浜港に入港（16日）、北原白秋作詞「万歳ヒットラー・ユーゲント――独逸青少年団歓迎の歌」を含む『国民歌謡』第三三輯（日本放送出版協会）。／九月『スタイル』誌が「スタイル相談所」の連載開始。商工省が新聞用紙制限を実施（1日）、矢野目源一『美と魅力への道』（美容科学研究会）。／一〇月　日本軍が広東を占領（21日）、日本軍が武漢三鎮を占領（27日）。／一一月『スタイル』誌でハリウッド女優名を「〜」に入れた「〜風のお化粧法」の連載開始。東亜新秩序建設を声明する第二次近衛声明（3日）。／一二月『スタイル』誌で「アベック評論」の連載開始。

ハンブルク港に入港したドイツのUボート（『アサヒグラフ』1938年1月19日）。

一九三九（昭和一四）年

一月　加藤春鼎・竹中久七『陶磁往来』（春岱寮美食会）。／三月　フランコ軍がマドリッドに入りスペイン内乱が終結する（28日）、日独伊親善協会が深尾須磨子を文化親善使節としてローマに派遣。／四月『スタイル』誌が「〜」に俳優名を入れた「お化粧研究〜の巻」と「スタイルサロン」の連載開始。米穀配給統制法公布（12日）。／六月『スタイル』誌で「エチケット講座」の連載開始。国民精神総動員委員会がパーマネント廃止や学生長髪禁止の生活刷新案を決定（16日）、日本パーマネント協会と東洋パーマネント協会に所属する東京市内八〇〇軒の業者が「自粛大会」を開催（23日）、加藤春鼎・竹中久七『陶器を見る眼』（春岱寮美食会」。／七月『スタイル』誌で壬生瑛子「お化粧美学」の連載開始。／九月『スタイル』誌で「〜」に日本の女優名を入れた「スタア検討〜の巻」の連載開始。ドイツ軍がポーランドに侵攻して第二次世界大戦が始まる（1日）、初の興亜奉公日でバーや料理屋が酒不売（1日）、映画法の細則が決まる（22日）、「興亜奉公の歌」を含む『国民歌謡』第五〇輯（日本放送出版協会）。／一〇月　映画法の施行で外国映画の上映制限（1日）。／一一月『スタイル』誌で「スタアのお化粧〜研究」も「〜風のお化粧」もなくなり、ハリウッド女優の研究が姿を消す。「廃物講座」と「往復『私の手紙』」の連載開始。／一二月　映画法による最初の外国映画輸入割当を内務省が配給会社に通達する（22日）、木炭の配給統制実施（25日）。

ドイツ軍の爆撃で破壊されたポーランドのトチェフ駅（『写真週報』1939年10月4日）。

一九四〇（昭和一五）年

一月『スタイル』誌で「三頁自叙伝」の連載開始。／三月『スタイル』誌で「私のお化粧法」の連載開始。内務省がミスワカナら一六名に改名指示（28日）。／四月　価格形成中央委員会が、米・味噌・醬油・塩・マッチ・木炭・砂糖など一〇品目の切符制（配給統制）採用を決定（24日）。／五月　ドイツ軍がマジノ線を突破（14日）。／六月　ドイツ軍がパリに無血入城（14日）、近衛文麿が枢密院議長を辞任して新体制運動推進の決意を表明（24日）、福田敬太郎・本田實『生鮮食料品配給統制』（千倉書房）。／七月　商工・農林両省令として公布した奢侈品等製造販売制限規則（七・七禁令）を実施（7日）、大本営政府連絡会議で武力行使を含む南進政策を決定（27日）。／八月　興亜奉公日に国民精神総動員本部が「贅沢品は敵だ！」の立看板を東京市内に一五〇〇本設置（1日）、複数の婦人団体が街頭で「警告のカード」を手渡す（1日）。／九月『スタイル』誌が表紙の「健全」「娯楽」を削除して「新生活」「指導雑誌」を掲げる。「風俗批判の頁――これだけはお止めなさい！」と北原武夫「生活の新秩序」と壬生瑛子「新女性美創造」の連載開始。「部落会町内会等整備要領」で隣組の結成が義務付けられる（11日）、ベルリンで日独伊三国同盟の調印（27日）。／一〇月『スタイル』で「新家庭読本」「女はかう考へる」「都会の職業婦人の新生活設計報告書」の連載開始。砂糖・マッチ配給統制規則公布（4日）。／一一月　大日本帝国国民服令公布（2日）。／一二月　鈴木嘉一『隣組と常会――常会運営の基礎知識』（誠文堂新光社）。

コンコルド広場を行進するドイツ兵と、それを見るパリ市民（『世界知識』1940年9月）。

一九四一（昭和一六）年

一月　映画館でニュース映画の強制上映実施（1日）、洋紙配給統制規則を施行（21日）。／四月　生活必需物資統制令公布、六大都市で米穀配給通帳制・外食券制実施（1日）。／五月　初の肉なし日（8日）、『家庭生活新体制叢書第5輯　衣服の整理』（大阪市役所）。／九月『スタイル』誌が終刊を迎える。早見美容院の広告だけが「パーマネント」という言葉を終刊号でも使用した。／一〇月『スタイル』誌が『女性生活』誌と改題。乗用自動車のガソリン使用を全面禁止（1日）。／一二月　日本軍がハワイの真珠湾を空襲し、マレー半島に上陸開始（8日）、マレー沖海戦でイギリス東洋艦隊のプリンス・オブ・ウェールズとレパルスが撃沈される（10日）、閣議で戦争の名称を「大東亜戦争」と決定する（12日）、香港の英軍降伏（25日）。

一九四二（昭和一七）年

二月　衣料の点数切符制を実施（1日）、シンガポールの英軍が降伏（15日）。／三月　ジャワの蘭印軍が降伏（9日）。／五月　日本軍がビルマのマンダレーを占領して南方進攻作戦が一段落する（1日）、金属回収令により寺院の仏具・梵鐘の強制供出が命じられる（9日）。／六月　ミッドウェー海戦で日本は四空母を失い、戦局が転機を迎える（5日～7日）。／七月　大本営が南太平洋進攻作戦の中止を決定する（11日）。／一一月　百貨店が売場面積を縮小。／一二月　ニューギニアのバサブアで日本軍が全滅（8日）、日本出版文化協会が雑誌で四割の用紙割当大幅減配を決定（28日）。

ハワイ真珠湾空襲に向かう日本の爆撃機（『アサヒグラフ』1942年2月4日）。

一九四三（昭和一八）年

一月　ニューギニアのブナで日本軍全滅（2日）。／五月　アッツ島の日本軍守備隊が全滅（29日）。／六月　戦時衣生活簡素化実施要綱を閣議決定（4日）。／九月　イタリアが無条件降伏（8日）、国内必勝勤労対策を閣議決定し、二五歳未満の女子を勤労挺身隊として動員（23日）。

一九四四（昭和一九）年

二月『女性生活』九巻二号を発行（同号まで確認）。／三月　宝塚歌劇団がこの日限りで休演（4日）。／六月　マリアナ沖海戦で日本軍は空母・航空機の大半を失う（19日）。／七月　サイパン島守備隊全滅（7日）、中央公論社と改造社が解散。／八月　グアム島守備隊全滅（10日）、女子挺身勤労令公布（23日）。／一〇月　米機動部隊の沖縄空襲（10日）、レイテ沖海戦で神風特攻隊が出撃（25日）。

一九四五（昭和二〇）年

三月　東京大空襲（10日）。／四月　米軍が沖縄本島に上陸（1日）。／五月　独軍が無条件降伏（8日）。／八月　広島に原子爆弾投下（6日）、長崎に原子爆弾投下（9日）、日本が無条件降伏して第二次世界大戦終結（15日）。

一九四五年三月一〇日の東京大空襲の消火作業（『アサヒグラフ』1945年3月21日）。

モードの主な発信者たち

〈凡例〉

・本リストの対象は、『スタイル』創刊号（1936年6月）〜第6第9号（1941年9月）の全64冊である。
・登場回数は、『復刻版『スタイル』別冊　総目次・執筆者別索引』で確認した。
・登場回数20回以上の54人の氏名を、回数順に並べて、（　）内に肩書きまたは勤務先を記載している。
・生没年の後に、登場回数を記載した。

宇野千代（小説家）　1897〜1996。168回。『スタイル』の編集長。代表作は『色ざんげ』(35)。小説「雨に濡れてゐた扇」の他に、「自転車に乗りませんか」「新しい日本の着物」「黒襦子」「私のお化粧」「下駄の古典調」「新しいセルのキモノ」「細かい柄のキモノ」「キモノも一流　藤田嗣治画伯和服訪問記」「和服訪問　板についてる舶来趣味　仲田菊代さん」などを、『スタイル』に発表した。

館真（モード評論家）　生没年不詳。122回。「スタイル専科」のコーナーで「帽子の被り方」「ドレスと調和して」を発表。「ヴオーグ・スタヂオ」の連作で「パリスオプニング早見案内」「パリス・オプニングのハイカラ趣味」を執筆。「パーテイへの御用意は？」「スコツトランドの格子縞」「秋冬流行のシルウエツト」「黒と白とのお好み　名流ベスト・ドレッサー訪問　山本満喜夫人」「ミス・銀座はどこにゐる？」など。

壬生瑛子（美容家）　生没年不詳。120回。「ダニエル・ダリウ風のお化粧法」など「〜風のお化粧法」シリーズで「これが秘訣！」を担当。「スタア検討　入江たか子の巻」など「スタア検討」シリーズや、「スタイル専科　眼の使ひ方」など「スタイル専科」シリーズにもたびたび登場した。他に「お嬢様はロマンチツクに誘ひませう」「「お嬢さん」の着物」「恋でお腹は張りませぬ」「アベツク読本　シネマ見物テクニツク」などを発表。

芹葉輝夫（男性モード評論家）　生没年不詳。118回。「伊達男短信」「伊達男雑記」の連載で、テーラー・紳士服・髪型・ステッキなどを論評した。「クリスマス・パアテイーの服装」「スタイルの統帥　英国前帝陛下の御容姿」「モード国策組」「洋服屋愚痴聞書　非常時にうつかり新調すればこのていたらく」「舶来羅紗の思ひ出」「洋服はどうなるか？　スフ地登場によるスタイルの変遷について」「男は何故没落したか？」など。

桜井誠人（挿絵画家）　生没年不詳。１０７回。38年1月に『スタイル』の目次頁の挿絵を担当したのを皮切りに、挿絵画家として起用されるようになった。他に、「お洒落コント」「スタイルコント」「お散歩コント」「スタイル風俗時評」「廿行小説」のコーナーの挿絵も描いている。

阿部艶子（小説家）　１９１２〜１９９４。１０６回。小説家三宅やす子の娘。画家の阿部金剛と結婚した。『スタイル』の編集に従事。著書に『朝餐』（40）など。コントに「喧嘩も愉し」「外套」がある。他に、「流行断片」「油を塗つて夏の陽に」「好きだつた映画」「女のお酒」「アベックの散歩道」「好きな食物」「私の欲しいお化粧間」「私の着たい着物」「流行に負ける女たち」「往復『私の手紙』　高見順様」などを発表。

杉浦幸雄（漫画家）　１９１１〜２００４。91回。著書に『主婦之友』の連載漫画を単行本化した『ハナ子さん』（42）。漫画「アキレタ人タチ」「釣りのキセツです　みなさん！　何が釣れましたか？」やマンガコント「叫ぶ映画監督」の他に、コント「私の願ひは只一つ」「彼氏よあなたは強かつた！」を発表。また「私のねまき十人集」「うそ　くらぶ」「僕の化粧」「夜更けて帰へる六人集」などの挿絵を描いている。

松井直樹（装幀家）　生没年不詳。81回。37年2月以降『スタイル』の表紙を担当するようになる。またヂョルヂェリック「身投げ綺譚」や藤沢桓夫「女学生の手紙」などの挿絵も描いた。「スタイルパタン」の連載で「二月のタウン・ウエア」「ボタンはいつも若くてスマート」「春のポイント」「春から初夏への普段着」「この夏の流行のポイントをつかんだ六つのシルエット」「海浜ヴアラエテ」などを執筆。

夏村扇吉（著作家）　生没年不詳。76回。「人気女優――お洒落訪問記」で竹久千恵子・水の江滝子を訪問。「お洒落訪問記」で吉屋信子・江戸川蘭子・天草美登里・川畑文子を訪問。「アベックのモード　みんなあなたに」「スタアのスタイル」「宵闇せまれば花街漫歩」「夏の鎌倉　お洒落ハイク」「撮影所巡り　日活の巻」の他、コント「蝶々は銀座にゐない」「男の子は眠れない」「あ！敵前渡河」、小説「お嬢さん」を発表。

名越辰雄（写真家）　生没年不詳。72回。雑誌『モダン日本』で活躍。『スタイル』ではグラビア頁などで、逢初夢子・青山君子・天草美登里・淡谷のり子・入江たか子・岡譲二・岡田嘉子・川畑文子・神田千鶴子・霧立のぼる・桑野通子・崔承喜・高杉早苗・高田稔・高峰三枝子・武林イヴオンヌ・竹久千恵子・堤真佐子・轟夕起子・花柳寿美・細川ちか子・藤山一郎・水の江滝子・宮川静子・三宅邦子らを撮影した。

小野佐世男（漫画家）　１９０５〜１９５４。67回。『東京パック』『日曜報知』などに漫画を発表。42年にはジャワで横山隆一と宣伝用壁画や漫画を執筆。「日劇ダンシングチーム お洒落調査」「国際劇場一寸拝見」「女になつたターキー」「OSSK 楽屋のぞき」「美容院のひととき」「銀座　喫茶店のひととき」の他に、ユーモア小説「狸とチユリツプ姫」やコント「盗られた水着」を発表。夏村扇吉の文章の挿絵を数多く担当した。

浜野武夫（写真家）　生没年不詳。66回。「ミス・ギンザのそぞろあるき」「スタイル規格型第1号」「前進座のお住居拝見」「独逸大使のお住居拝見」の他、阿部艶子・青地文子・貝谷八百子・霧立のぼる・木暮実千代・佐藤美子・里見藍子・高峰秀子・滝田菊江・竹久千恵子・対馬洋子・堤真佐子・戸川弓子・轟夕起子・仲田菊代・花井蘭子・原節子・藤川栄子・美川きよ・水の江滝子・山田五十鈴・吉屋信子・李香蘭らを撮影している。

石黒敬七（柔道家）　１８９７〜１９７４。53回。24年〜33年にパリを中心に海外に滞在し『巴里週報』を発行した。著書に『蚤の市』（35）『巴里雀』（36）。「とてもうまいナポリのサンドウィッチ」「小林千代子訪問記」「将棋」「往復『私の手紙』林芙美子さんへ」の他、小説「減票演説」、コント「恋人出征」「忠犬『イシ公』の告白」「ガソリンはないけれど」、「お色気お洒落座談会」と多方面で活躍した。

藤川栄子（洋画家）　１９００〜１９８３。50回。安井曽太郎に師事した。彫刻家藤川勇造の妻。「キモノずいひつ」「平結城」「STAR'S STYLE」「美貌研究室　眉の魅力」「趣味新版　古いキヤンバスから」「想ひ出のまちまち　奈良」「十行随筆　子供・洋舞」「スタイル相談所　コオトの着こなし方　単純な色彩と型を」「サロン随筆　若い女と流行」などを執筆した。「お洒落コント」「スタイル小説」「スタイル風俗時評」の挿絵も担当している。

早見君子（美容家）　生没年不詳。49回。銀座美容院を経営。著書に『見違へる程美しくなる美容法と結髪』（27）『どなたにもわかる洋髪の結ひ方と四季のお化粧』（28）がある。「帯」「半襟の表情」「美人は夜作られる」「新しい髪型」「若い人の二つのモード」「海・お化粧　眉は濃く」「向日葵娘の健康美！」「スタイル相談所　粋な背線美を」「ディアナ・ダービンのお化粧法　眼」などを執筆。「Q et R」での回答も多い。

森田たま（随筆家）　１８９４〜１９７０。49回。著書に『随筆きぬた』（38）『石狩少女』（40）など。39年に中央公論社特派員として中国へ行く。「夏すがた」「麗人」「秋の夜の客」「紫繻子」「紫。黄八丈」「SPOT LIGHT うまいもの」「雪輪、麻の葉」「すつぽん」「緑の着物」「とんぼ飛白」「夏の令嬢」「私のお化粧」「きもの　帯止めその他」「お手製全集　御風味若菜ノ雪」「浴衣の着こなし　足袋はいけません」などを発表。

青木修二（男性モード評論家）　生没年不詳。45回。「お洒落男子部」の連載で「オーバコート」「ア・ラ髭モード」「ハンチングのモード」「帽子は如何に凹ますべきか」「パンツにも個性がある」「カンカン帽の冠り方」を発表。他のエッセイに「煙草の喫ひ方心理学的ルール」「想ひ出のスタア　女優」「アベック評論―長谷川一夫―」「お洒落研究　ゲーリー・クーパー氏の巻　隅に置けぬ神経」など。女性のモードへの言及もある。

谷長二（伊東屋）　生没年不詳。45回。「スマートエコノミイ」「スタイル・ニッポン」を連載している。その他のエッセイとして「夏のモード」「Xマス・プレゼント」「国産か？　舶来か？」「服飾品心得帳」「初夏のアクセサリー」「夏の背広服」「三七年ビーチ・ライフ」「クリスマス・プレゼント」がある。「Q et R」では回答者として活躍した。

中村正常（劇作家）　１９０１〜１９８１。44回。30年に新興芸術派倶楽部に参加。今日出海らと新劇運動を行った。著書に『ボアの求婚』（30）『隕石の寝床』（30）など。「山でもオシヤレは必要」「フユウネラル・マーチ」「千人唇」「ヤリクリ上手」「一万円を百万円に」「一夜の垣」「長椅子の上で」など、常連のコント執筆者である。他に「僕がお化粧したげるなら」「新形式スタイル・ショウ　長期抗戦」を発表している。

松井翠声（漫談家）　１９００〜１９７３。44回。活動弁士をしていたが30年に渡米して俳優として映画出演。漫談・司会・文筆と多方面で活躍した。「夏は運動着から」―ハリウッド・おしやれ素描」「サンタ・クロースの意味」「お手製全集　実にウマイですぞ」「高杉早苗訪問記」などを発表。「ランデヴ（漫談）」「ダンサアとミツ豆」というコントを執筆した他、「お色気お洒落座談会」にも出席した。

矢野目源一（詩人・翻訳家）　１８９６～１９７０。44回。詩誌『オルフェオン』『文芸汎論』の詩人。詩集『光の処女』（20）の他に、『美貌処方書』（37）『新美容科学読本』（40）がある。「デザイナアの横顔」「美への回帰　顔・軀・首・手・髪」「お洒落の世界に横行する仏蘭西語」「口唇と歯のお化粧」「アフロデイトの横顔」「たべてるうちにきれいになる美容化学」「手のお化粧」「美貌の建設」などを執筆。

蘆原英了（舞踊評論家）　１９０７～１９８１。40回。藤田嗣治の甥。32年にフランスに留学しバレエ・シャンソン・演劇を学んだ。著書に『現代舞踊評話』（35）『舞踊美論』（訳編、42）がある。「舞踊」「男装の麗人にお叱言」「舞踊随筆」「フランスのシャンソン歌手」「レヴュウ界の新人を語る」「ヴアリエテ月評」「スタア採点―女優―」「ロツパとエノケン」「市丸訪問記」「高峰三枝子訪問記」「アベツク評論―三浦環―」などを執筆。

原奎一郎（著作家）　１９０２～１９８３。40回。原敬の姪の子で、幼児期に養嗣子になる。イギリスに留学。著書に『紙の日の丸』（42）がある。「お洒落問答」に繰り返し登場した。「私情三昧」「お洒落女王哀史」「廿行小説　夜露に濡れて」「夜寒哉」「眼に青葉」などの小説や、「化粧問答」「行きずり」などのコントを発表。その他に「がに股の俳優」「僕の化粧」「スタア採点―男優―」などがある。

駒井玲子（美容家）　１９０８～１９４２。37回。29年に上京してマネキンガールになる。33年に資生堂に入社して、化粧法の実演を行った。「ダニエル・ダリウ風のお化粧法」で「眼」を担当するなど、「～風のお化粧法」シリーズで多数執筆。「美貌研究室」では「肌にも春を！」を、「スタイル専科」では「禁断饒舌即是明瞳」を書いている。「お洒落訪問記」の仕事では岡譲二・高田稔・藤山一郎・大日向伝・長谷川一夫らを訪問した。

南美子（美容家）　生没年不詳。37回。「美容ハリウツド」「柊林・ニユウ・トピツクス」「ハリウツド・トピツク」「ハリウツドヴオーグトピツクス」「はりうつど・おしやれ女優」といつた、ハリウツド関係記事を多数執筆している。「お化粧研究　キヤロル・ロムバードの巻」のようなハリウツド女優の「お化粧研究」のシリーズや、「スタイル相談所」のコーナーも分担執筆した。他に「ダンスホール心得」「スタアのすたいる」など。

青山澄子（美容家）　生没年不詳。33回。「スタイル専科」のコーナーで、「いきなあるき」「靴と靴下」「煙草の吸ひ方」「帽子の被り方」「眼の使ひ方」「手の使ひ方」「ハンドバツグの持ち方――軽く小脇に」を、「美貌研究室」のコーナーで「鼻のお化粧」「眉の描き方」を執筆した。「ドロシイ・ラムーア風のお化粧法」で「唇」を書いたのを嚆矢に、ハリウツド女優をモデルにした「～風のお化粧法」「お化粧研究」を担当。

藤田嗣治（洋画家）　１８８６～１９６８。33回。第一次世界大戦前にパリに渡り、エコール・ド・パリを代表する画家の一人になる。著書に『藤田嗣治画集』（29）『地を泳ぐ』（42）など。1巻1号～5号の表紙を担当した他、「私のねまき十人集」「僕はこんな書斎がほしい」「僕の化粧」「お正月は日本娘に」「春は早く羽織を脱いで」「お手製全集　スフ料理」「趣味新版　古い布を利用して」などを発表した。

真杉静枝（小説家）　１９０１～１９５５。33回。大阪毎日新聞社記者を経て、文芸雑誌に小説を発表する。著書に『小魚の心』（38）や『ひなどり』（39）がある。「エキストラ」「愉しき経済市況」「りんごの花の東海道」「初恋」「恋のならひ」などのコントの他に、「百貨店あるき」「スタア・ここが魅力―男優―」「東海林太郎訪問記」「アベック街（神田）」「ダアビンは唄ふ〝庭の千草〞——懐しの「庭の千草」」を寄稿した。

久久雄（挿絵画家）　生没年不詳。32回。5巻と6巻で、目次頁の挿絵や、連載原稿（北原武夫「現代文化読本」、「女はかう考へる」、青木修二「身ノ上相談」）の挿絵を担当した。それ以外に、北林透馬「コント　小包について」や岡成志「一頁小説　回覧板綺譚」の挿絵も担当している。

岡成志（新聞記者）　１８８９〜１９４５。31回。大阪朝日新聞社記者や北國新聞主筆を務める一方で、『イヴと蛇の恋』（39）などのユーモア小説を書いた。小説「若き母は颯爽と」の他に、コント「香水であります」「神様が助けて下さる」「一万円貰つたら」「煖房装置」「おおわが嘉子よ」「しづ心なく」「競馬」「アイスクリームは何故溶けるか」「佗しい冷房」「豪奢な昼寝」「男ごころと」を発表している。

長谷川修二（翻訳家）　１９０３〜１９６５。31回。雑誌『新青年』の編集部記者としてコラムやファッション記事を執筆。『キネマ旬報』などの映画誌でも活躍し、映画「モロッコ」の字幕を担当した。『スタイル』の「男子専門部」の連載で、「ネクタイ廃止論」「男は洒落れてもいゝか？」「伊達の秘訣は何か？」を書いた他、「夏のスポーツ服その他」「米国映画女優と服飾」「お洒落男子部　靴とスーツの組せ方」などを発表。

林芙美子（小説家）　１９０３〜１９５１。31回。代表作に『放浪記』（30）、詩集に『蒼馬を見たり』（29）、31年〜32年の渡欧の成果として『三等旅行記』（33）がある。「お色気お洒落座談会」に出席、「お住居拝見　林芙美子さんのお家」で紹介された他、「大島へ行きたし」「北平の女のきもの」「私のアルバム」「飛白のきもの」「私のお化粧」「お手製全集　サラダとあさり御飯」などを執筆した。

美川きよ（小説家）　１９００〜１９８７。31回。著書に『恐ろしき幸福』（38）『女流作家』（39）『太陽の娘』（40）がある。画家の鳥海青児と結婚。短編小説「かくれんぼ」やコント「男ごろし」「秋の夜長集」「可愛いゝ女」「恋のならひ」の他に、「女なんだもの」「お手製全集　野菜サラダ」「スタイル相談所　羽織る」「ハガキ通信　好きな人へ一寸一筆欄　太宰治様」を発表している。

仲田菊代（洋画家。51年に好江に改名）　１９０２〜１９９５。30回。安井曾太郎に師事し、二科展で活躍した。27年に美術評論家の仲田定之助と結婚。「好きな着物」「私の欲しいお化粧問」「お手製全集　マカロニイタリヤ風」「コムパクトの使ひ方　ソツト帯の間から」「ネツカチーフの使ひ方　思ひきつて派手に！」などを発表。また『スタイル』に掲載された高見順・田村泰次郎・楢崎勤・丹羽文雄らの小説の挿絵を担当した。

永戸俊雄（新聞記者）　１８９９〜１９５６。30回。東京日日新聞社の欧州特派員としてロンドン・パリ・ジュネーヴに滞在。訳書に、ジョルジュ・シメノン『モンパルナスの夜』（37）など。「巴里流行界の楽屋裏」「お洒落問答　おひげマダム砧槌暴行事件」「うまいものろん」「スタイル風俗時評　まア大体文句はない！」を執筆した他、「エチケツト講座」や「現代教養講座」の連載を担当した。

花柳寿美（日本舞踊家）　１８９８〜１９４７。28回。「新橋雛伎七人娘」の一人だったが、日本舞踊家になるため妓籍を抜け、25年に花柳寿美を襲名。翌年に曙会を起こして新舞踊運動の担い手となる。グラビア頁を飾った他、談話筆記「初秋の和服を語る」、「初夏」「帯」「簪」「おいしいもの」「春は早く羽織を脱いで」などのエッセイを執筆している。

野村光一（音楽評論家）　１８９５～１９８８。27回。21年にロンドンに留学、王立音楽アカデミーでピアノを学んだ。『楽壇随想』（31）『レコード音楽読本』（34）などの著書がある。「レコード界異変」「近頃好きなジャズ・レコード」「音楽者と映画」「クリスマスの音楽」「日本の音楽家」「鎌倉の音楽好き」「女流洋琴家の音楽室」「映画に現れたベートーヴェンの恋と事実」などを、『スタイル』に発表。

福田勝治（写真家）　１８９９～１９９１。27回。女性を中心に人物写真が人気を博した。著書に『女の写し方』（37）や『銀座』（41）など。「レンズを鏡に！――写真とお化粧――」を執筆した。それ以外に、入江たか子、桑野通子、仲田菊代、花柳寿美、福島慶子、摩耶まりゑ、水の江滝子、宮川曼魚の娘静子、李香蘭、渡辺はま子らの写真を撮影している。

北原武夫（小説家）　１９０７～１９７３。26回。フランスの心理小説の影響を受ける。『スタイル』の編集に加わって親密になった宇野千代と39年に結婚、41年には宇野と満洲・中国へ旅行した。「短篇小説　口笛と共に」「廿行小説　女の心」「スタイル風俗時代　蜜豆屋は何故はやるか」「スタア検討　山田五十鈴の巻――美貌の独自性」「奥様訪問　藤原義江夫人の巻」などを発表している。

三浦環（オペラ歌手）　１８８４～１９４６。25回。14年にドイツに留学、イギリス・アメリカ・イタリアで「蝶々夫人」を演じ、出演回数２０００回を達成する。36年以降は日本で活動した。「スタイル専科――無邪気に」「お手製全集――伊太利のタリアテリ」「お手製全集――リゾット・アラ・ボロネーズ」「ワタシの若返り法」「往復『私の手紙』藤原義江さんへ」「小型自叙伝――〝世界的歌姫への道〟」などを執筆。

淡谷のり子（流行歌手）　１９０７～１９９９。24回。東洋音楽学校で声楽を学ぶ。31年に日本コロムビアに移籍して流行歌手に、35年に日本草分けのシャンソン歌手になる。37年の「別れのブルース」、38年の「雨のブルース」が大ヒット。「お色気お洒落」「私のお化粧」「想ひ出の歌――胸にひそめて」「〝モデル女の頃〟――小型自叙伝」「芽の出たチャンス――浅草の舞台が機縁」などを発表。

式場隆三郎（精神科医）　１８９８～１９６５。23回。精神病理学研究とゴッホ研究が知られている。著書に『バーナード・リーチ』（34）。「接吻の心理」「和服の美」「女と鏡・男と鏡」「お洒落な町々――静岡」「お洒落な町々――新潟」などのエッセイを発表した他に、「医学おもしろペーヂ」「優生学的にみた女性の生理」の連載を担当した。

中村篤九（漫画家）　１９０９～１９４７。23回。札幌の先駆芸術協会で演劇運動をしていたが、29年に上京して新漫画派集団に加わる。「スターご散歩」「コント　倹約の士」「映画コント　我が家の楽団」「映画コント　世界を賭ける男」「漫画　お歴々がハイキングすれば」「高峰秀子　漫画訪問記」「漫画漫文　銀座八丁八つあたり」を発表。それ以外に、「スタイル読物」「自分をほめる欄」の挿絵を担当した。

深尾須磨子（詩人）　１８８８～１９７４。23回。25年～28年に渡欧してコレットに師事、『牝鶏の視野』（30）などを刊行した。30年～32年の二度目の渡欧の際は生物学を研究している。39年～41年に三度目の渡欧。「おしゃれの真理」「音楽といふもの」「私のお化粧」「想ひ出の町々」「伊太利女性の生活――紺の制服の美しさ」「伊太利G・I・Lの女性群」を発表し、「お洒落問答」にもたびたび登場した。

石川進介（漫画家）１９０６〜１９９５。22回。32年の新漫画派集団に参加し、社会風刺漫画を発表した。「無用論」「山・海・」などの他に、「夕立コント」「秋風コント」「ハガキ通信」「男の言ひ分」「女の言ひ分」「朝、何の音で眼をお醒しになりますか？」「顔を語る」「笑話」「わが家の子供の育て方」「女はかう考へる夏のアッパッパについて」など各欄の挿絵を描いている。

美町淑夫（映画関係者）生没年不詳。22回。「スターお洒落マスコット」「スタアはお洒落」「スターは読書家デス」「スターは朝寝がお好き」「世はドライヴ時代」「撮影所キャメラ熱」「スタアはゴルフマニア」「映画スターの軍国熱」「映画界出征譜」など、映画スターについての記事を多く執筆している。

宮川曼魚（随筆家）１８８６〜１９５７。22回。鰻屋「宮川」の仕事をするかたわら、江戸文学や江戸俗曲の研究に打ち込み、『江戸売笑記』（27）や『花鳥風月』（35）の著書がある。「男物の和服について」「羽織の紐」「夏と女」「日本髪と和服」「男のきもの」「身巾はせまく」「足袋はキヤラコで」「たなごころ随筆　白髪」というように、和服を中心とする原稿を執筆している。

山本鈴子（美容家）１９０７〜２０００。22回。32年にテルミーハウス銀座を開設、34年〜36年にアメリカのウィルフレッド・ビューティ・アカデミーで美容術を学ぶ。著書に『語り継ぐ美容史——近代美容の道を開いて』（93）。「紐育土産」「輪郭線をキレイにする美顔術」「アイシャドウの使ひ方」「クロデット・コルベール風の唇」「学窓を巣立つお嬢様方へ」「ディアナ・ダービンのお化粧法——眉」などを寄稿。

徳山璉（声楽家）１９０３〜１９４２。21回。「カルメン」などのオペラにも出演したが、「侍ニッポン」「天国に結ぶ恋」の流行歌手として有名。古川ロッパ一座に出演するなど活動は多彩だった。「お洒落問答」の常連執筆者で、コント「喫茶ガール」「別れのブルース」の他に、「流行歌手申し上げます」「御手製全集——夏の飲みもの」「サロン・ずいひつ——座右銘」「男の言ひ分」などのエッセイを発表。

大辻司郎（漫談家）１８９６〜１９５２。20回。活動写真の弁士として人気を博すが、24年に漫談家として再出発、33年には徳川夢声・古川緑波と「笑の王国」を結成した。小説「サンマースタイル」や、「越境コント」「冷蔵庫」「上海だより」などのコント、「我家の七・七禁止令」を発表している。「お洒落随筆」「お洒落問答」にも繰り返し登場した。

北村小松（劇作家）１９０１〜１９６４。20回。小山内薫に師事して新鋭劇作家として頭角を現す。松竹蒲田撮影所では、日本初の本格的トーキー映画「マダムと女房」のシナリオを手掛ける。著書に『猿から貰つた柿の種』（27）『初化粧・港街』（36）『髯と口紅』（37）。小説「実況放送」やコント「ＤＲＩＶＥ」の他に、「おしゃれ随筆」なども執筆した。

高見順（小説家）１９０７〜１９６５。20回。東京帝大時代に左翼芸術同盟やナップに参加する一方で、劇団制作座を結成する。治安維持法違反容疑で逮捕され、転向の苦悩を抱えながら、長編小説『故旧忘れ得べき』（36）をまとめた。「瞬間」「翼の影」「光彩」「樹影」などの小説の他に、「お洒落随筆」「エチケット講座」に執筆。「ハガキ通信　好きな人へ一寸一筆欄」では、二葉あき子宛の手紙を書いている。

原信子（オペラ歌手）１８９３〜１９７９。20回。三浦環に師事。帝国劇場歌劇部・ローヤル館を経て、原信子歌劇団を結成し、田谷力三や藤原義江らと浅草オペラを担った。20年代はアメリカやイタリアでオペラを学び、ミラノ・スカラ座でプッチーニの指導を受けている。34年に帰国。洋装の色の配合、スーツの仕立て、メーキャップ、スマートな笑い方、花のつけ方についてのエッセイを寄稿している。

藤浦洸（作詞家）　１８９８〜１９７９。20回。浅草オペラの俳優を経て、37年に作詞した「別れのブルース」（歌・淡谷のり子、作曲・服部良一）が大ヒットする。翌年にコロムビア・レコードに入社。ショパン・シューベルト・シューマン・チャイコフスキーを紹介した「楽聖物語」の連載の他、「新帰朝　崔承喜訪問記」「大船撮影所の畑作り――スタア労働見学記」などの訪問記を担当。

26回　北原武夫（小説家）

25回　三浦環（オペラ歌手）

24回　淡谷のり子（流行歌手）

23回　式場隆三郎（精神科医）、中村篤九（漫画家）、深尾須磨子（詩人）

22回　石川進介（漫画家）、美町淑夫（映画関係者）、宮川曼魚（随筆家）、山本鈴子（美容家）

21回　徳山璉（声楽家）

20回　大辻司郎（漫談家）、北村小松（劇作家）、高見順（小説家）、原信子（オペラ歌手）、藤浦洸（作詞家）

19回　黒田初子（登山家）、徳川夢声（漫談家）、山脇敏子（服飾デザイナー）

18回　伊馬鵜平（劇作家）、野口久光（ジャズ評論家）、横井福次郎（漫画家）

17回　阿部金剛（洋画家）、飯田蝶子（映画俳優）、高橋邦太郎（翻訳家）、玉置真吉（社交ダンス教師）、丹羽文雄（小説家）

16回　相川寿子（挿絵画家）、井上まつ子（作詞家）、牛山隆介（松屋）、佐藤美子（オペラ歌手）、宮薗姚子（――）

15回　岩田専太郎（挿絵画家）、唐沢寿（皮膚科医）、小島政二郎（小説家）、小林秀恒（挿絵画家）、田村泰次郎（小説家）、村岡花子（翻訳家）、吉屋信子（小説家）

14回　岡田真吉（映画評論家）、窪川稲子（小説家）、中村研一（洋画家）、松崎雅夫（ワーナー）、マヤ片岡（美容家）、三益愛子（映画俳優）、山田桜子（皮膚科医）

13回　北林透馬（小説家）、小林千代子（流行歌手）、豊田正子（随筆家）、林房雄（小説家）、平山蘆江（新聞記者）、松下富士夫（映画評論家）

12回　早乙女武（芸能評論家）、ダン道子（音楽家）、古川緑波（コメディアン）、吉田謙吉（舞台装置家）

11回　井上友一郎（小説家）、小唄勝太郎（芸者歌手）、ささきふさ（小説家）、竹久千恵子（映画俳優）、堀口大學（詩人）、山口蚊象（建築家）

10回　麻生豊（漫画家）、飯島正（映画評論家）、牛山充（音楽研究家）、大田黒元雄（音楽評論家）、尾崎士郎（小説家）、小沢静枝（クローバ洋装店）、三枝桃子（――）、辰野九紫（小説家）、堤真佐子（映画俳優）、壺井栄（小説家）、新居格（評論家）、藤井省三（医学博士）、藤沢桓夫（小説家）、双葉十三郎（映画評論家）、横山美智子（小説家）

執筆者登場回数リスト

〈凡例〉

・本リストの対象は、『スタイル』創刊号（1936年6月）〜第6第9号（1941年9月）の全64冊である。

・登場回数は、『復刻版『スタイル』別冊　総目次・執筆者別索引』に依拠している。

・登場回数10回以上の115人の氏名を回数順に並べ、（　）内に肩書きまたは勤務先を記している。肩書きが不明の人物は――と表記した。

168回　宇野千代（小説家）
122回　館真（モード評論家）
120回　壬生瑛子（美容家）
118回　芹葉輝夫（男性モード評論家）
107回　桜井誠人（挿絵画家）
106回　阿部艶子（小説家）
91回　杉浦幸雄（漫画家）
81回　松井直樹（装幀家）
76回　夏村扇吉（著作家）
72回　名越辰雄（写真家）
67回　小野佐世男（漫画家）
66回　浜野武夫（写真家）
53回　石黒敬七（柔道家）
50回　藤川栄子（洋画家）
49回　早見君子（美容家）、森田たま（小説家）
45回　青木修二（男性モード評論家）、谷長二（伊東屋）
44回　中村正常（劇作家）、松井翠声（漫談家）、矢野目源一（詩人・翻訳家）
40回　蘆原英了（舞踊評論家）、原奎一郎（著作家）
37回　駒井玲子（美容家）、南美子（美容家）
33回　青山澄子（美容家）、藤田嗣治（洋画家）、真杉静枝（小説家）
32回　久久雄（挿絵画家）
31回　岡成志（新聞記者）、長谷川修二（翻訳家）、林芙美子（小説家）、美川きよ（小説家）
30回　仲田菊代（洋画家）、永戸俊雄（新聞記者）
28回　花柳寿美（日本舞踊家）
27回　野村光一（音楽評論家）、福田勝治（写真家）

や行

ら行

わ行

は行

ま行

た行

な行

か行

さ行

人名索引

人名は原則として姓→名の順に表記した。本文、および写真キャプションの人名を網羅している（号についても立項）。ただし姓もしくは名しか記載がなく、特定できない人物名、および参考文献の著者名、コレクション名、屋号などは除いた。漢字の読みが確定できない人物は、原則として音読みで配列した。また、別名でも記載されている場合は（　）で示している。

あ行

章扉写真
プロローグ：『スタイル』1937年5月号表紙
第1章：『スタイル』1937年6月号表紙
第2章：『スタイル』1937年12月号表紙
第3章：『スタイル』1939年4月号表紙
第4章：『スタイル』1940年7月号表紙
第5章：『スタイル』1940年9月号表紙
エピローグ：『女性生活』1943年9月号表紙

掲載にあたり、著作権者の方とご連絡が取れなかったものがあります。
お心当たりの方は編集部までご一報いただきますようお願いいたします。

著者略歴

和田博文（わだ・ひろふみ）

1954年横浜市生まれ。東洋大学名誉教授。東京女子大学で副学長・比較文化研究所長・丸山眞男記念比較思想研究センター長を歴任。専門は文化史・比較文化・日本近現代文学。ロンドン大学SOAS、パリ第7大学、復旦大学大学院の客員研究員や客員教授を務めた。著書に『漫画家が見た百年前の西洋――近藤浩一路『異国膝栗毛』の洋行』（筑摩選書）、『日本人美術家のパリ 1878-1942』（平凡社）、『三越 誕生！――帝国のデパートと近代化の夢』（筑摩選書）、『海の上の世界地図――欧州航路紀行史』（岩波書店）、『シベリア鉄道紀行史――アジアとヨーロッパを結ぶ旅』（筑摩選書、交通図書賞）、『資生堂という文化装置 1872-1945』（岩波書店）、『飛行の夢 1783-1945――熱気球から原爆投下まで』（藤原書店）など。編著に『石の文学館』『森の文学館』『星の文学館』『月の文学館』『猫の文学館Ⅰ・Ⅱ』（以上、ちくま文庫）、『近現代日本思想史「知」の巨人100人の200冊』（平凡社新書、共編）など。監修に『コレクション・モダン都市文化』全100巻（ゆまに書房）、『ライブラリー・日本人のフランス体験』全21巻（柏書房）、『コレクション・日本シュールレアリスム』全15巻（本の友社）など。

モード誌と戦争　宇野千代が『スタイル』で描いた夢

2025年3月21日　初版第1刷発行

著者────和田博文
発行者───下中順平
発行所───株式会社平凡社
〒101-0051
東京都千代田区神田神保町3-29
電話 03-3230-6573（営業）
ホームページ https://www.heibonsha.co.jp/
印刷────株式会社東京印書館
製本────大口製本印刷株式会社
装丁────岡本洋平（岡本デザイン室）

ISBN 978-4-582-83981-4